公路工程施工技术建设与创新

杨利民　翟志勇　崔云龙　著

吉林科学技术出版社

图书在版编目（CIP）数据

公路工程施工技术建设与创新 / 杨利民，翟志勇，

崔云龙著． -- 长春：吉林科学技术出版社，2021.10（2023.4重印）

ISBN 978-7-5578-8916-6

Ⅰ．①公… Ⅱ．①杨… ②翟… ③崔… Ⅲ．①道路工

程－工程施工－研究 Ⅳ．① U415

中国版本图书馆 CIP 数据核字（2021）第 216117 号

公路工程施工技术建设与创新

GONGLU GONGCHENG SHIGONG JISHU JIANSHE YU CHUANGXIN

著	杨利民　翟志勇　崔云龙
出 版 人	宛　霞
责任编辑	赵维春
助理编辑	赵　沫
封面设计	李　宝
制　　版	宝莲洪图
幅面尺寸	185mm×260mm　　1/16
字　　数	260 千字
印　　张	12
版　　次	2021 年 10 月第 1 版
印　　次	2023 年 4 月第 2 次印刷
出　　版	吉林科学技术出版社
地　　址	长春市净月区福祉大路 5788 号
邮　　编	130118
编辑部电话	0431—81629507
印　　刷	北京宝莲鸿图科技有限公司
书　　号	ISBN 978-7-5578-8916-6
定　　价	50.00 元

前　言

　　进入 21 世纪以来，我国经济发展较快，交通运输业迅猛发展，在我国大力支持互联网技术和科技创新这一政策的推动下，运输业的规模庞大，现有的交通网络已不能适应其发展，所以公路建设不断增加。随着公路建设技术的日趋成熟，公路建设的质量也得到了较大完善，理论结合实践使我国公路施工技术取得较大发展的成果。

　　随着我国交通运输对于公路质量的要求越来越高，传统的公路施工技术已不能满足施工要求，当公路施工新技术应用后，公路工程的总成本明显的降低，具体表现在有效地提升了施工的效率，工程施工的安全性得到强化，施工工期得到缩短。当前我国的公路施工技术已基本达到国际水平，首先可以根据地基土质情况，在公路施工时使路面的强度得到较大的强化，运用先进的地基加固技术和加固材料使公路的路面强度得到较大提升，公路施工中管桩技术的应用取代了使用混凝土加固的复合型桩基。具体操作方法：使用混合材料以桩基的形式进行加固，使用专用的大型机械搅拌混凝土，公路施工中混凝土的使用技术得到提升，为了节约成本，混凝土仍然以泥浆的形式运用到道路施工中去，这是由于技术的提升使混凝土的质量以及施工水平较以前有了较大的发展。现在，一些大型的公路施工中，已经运用到了现浇模板，其带动了混凝土搅拌技术的发展，要制造高质量的现浇模板来保证公路施工的质量就要用到高质量的混凝土技术来支撑。公路施工技术的发展还有一个重要的方面，就是防水技术的发展，高分子的新式防水材料应运而生，将这些新式的材料运用到公路工程施工中，使得公路工程的质量得到空前的提升。随着科学技术的不断发展，防水材料技术也在不断地发展，相信这些新技术的应用定可以提升公路工程施工的质量。

　　公路道路工程施工技术的发展，公路施工工程技术的不断成熟完善，合理地利用自然环境以及地理环境，合理的运用科学的公路施工技术，这就要求首先要构建合理的公路工程施工技术体系，确保公路施工技术的可行性和科学性，严格控制公路施工过程严格监督检查公路施工的每个环节，其次是关键技术的落实在公路施工中的作用，合理地配比混凝土，严格按照公路施工的实际情况合理利用地形，严格按照相关的执行标准进行公路工程施工，使我国的公路工程质量得到较大程度的提升。

目　录

第一章 公路工程施工的理论研究

第一节 公路工程施工中的难点

我国公路建设总路程已经仅次于美国位居第二，但是发展很不平衡，经济发达的地区，公路面积密度比较大，完整的公路网基本建成；而经济欠发达的地区，公路建设相对滞后。随着"西部大开发"和"一路一带"战略的实施，公路建设势必迎来大发展，目前国内公路建设大多集中在经济欠发达的地区和山区，受到山区地形和环境的多重因素影响，使得施工过程中常常面临较大的困题。基于此，本节结合作者在实际工作中遇到的难点问题进行分析研究，并且根据分析出来的问题给出相应的解决措施。希望可以为相关的施工单位带来参考价值。

在公路桥梁隧道工程施工过程中，常常会受到工程技术、地形、环境等方面因素的影响，施工出现这样或者那样的难题，需要我们工程技术人员不怕困难，努力克服不利影响避免造成施工质量降低，甚至产生质量隐患。对此，本节简要分析公路桥梁隧道工程施工中的难点和要点，并以此探索具体的施工技术路径。

一、公路桥梁隧道工程在施工过程的特征

（一）施工时间长

路桥建设是一项非常复杂的系统工程，所以施工的时间比较长，一般的工程至少五年，复杂的大型工程如港珠澳大桥历经九年才能建成通车，而且施工过程还要不断解决地形、地质以及当地经济发展状况、材料供给等难题。尤其是在有长大隧道、涉（江）河、涉铁、涉路等关键工程的建设项目，施工更加困难、耗时更长。

（二）不确定性较大

虽然在公路建设的过程中要严格按照国家规范及图纸进行，并且在施工之前编制详细的施工组织计划。但是具体施工的时候还会遇到文物及各种不利的地形、地质条件影响，需要设计变更才能解决；还有地材的差异性，运输条件的差异，所以在中标后、施工之前就要做好详细的调查和分析，充分考虑各种可能性，认真做好前期规划工作，以免决策失

误，造成重大经济损失。

（三）经济意义巨大

公路也是现代经济的催化剂，除了改善区域交通状况外，对地方经济发展也发挥越来越重要的作用，对社会发展的拉动作用也是多方面的。因为一条公路从前期科研、设计、施工、材料供应等需要许许多多相关的部门和单位参与、配合，不仅需要消耗巨大的人力、物力，还涉及项目管理的各个方面，拉动当地经济快速发展，对上下游产业链的拉动和刺激作用明显。

二、公路桥梁隧道工程在施工过程中的难点

（一）在施工过程中成本较高，且对其成本管理不够

随着我国经济的日益发展，使得有更多资金支持公路逐步向欠发达、山区覆盖，由于山岭地区修建公路的施工难度较大、造价高、工期长，一条百公里高速动辄至少佰亿。虽然整体造价看起来很高，但是由于建筑市场的恶意竞争，其实单价已经被压到相当低的水平，利润相当低，加之每年上涨的人工费、材料费、机械费，大部分施工企业基本上处于不赚钱，甚至亏损状态。如何在当前竞争环境中生存下去，这就需要施工企业有较高的项目管理水平，组建强有力的领导班子，做到了解市场状况及自身企业特点、优势，制定最佳经营策略，降低经营风险，给管理要效益，寻求降低施工成本最佳途径，从而提高经济效益，避免给企业带来严重的经济损失。

（二）市场不规范，监督不到位

人是最活跃的生产要素，也是决定作用的生产要素，但是现今大部分企业为了节约成本大量招收刚毕业的大学生，仅仅派出很少有经验的技术管理人员，由于高校扩招、网游盛行，新毕业大学生水平参差不齐，专业知识水平让人堪忧，很难找到认真负责的，写个方案不是东拼西凑，就是张冠李戴。还有的企业为了中标，不惜压低报价，中标后再将工程分包给一些价格便宜但是资质差的外包单位进行建设，这部分承包商一般对于桥梁施工没有太多的经验，只想图省、图快，所以给工程留下很多的质量、安全隐患。个别企业为了经济利益先采购场达标符材料用于试验，合格同意进场后偷偷更换成非标材料以次充好，这些材料用在桥梁建设中，留下重大的质量隐患，远远达不到正常设计承载能力。这些问题都是普遍存在的问题多而杂，作为工程建设的第三方监理想管好，但是迫于建设方的压力，往往得不到正确的解决，反而助长不良风气，一旦发生质量事故，后果将不堪设想。所以说该行业存在诸多不规范行为，急需国家、行业主管部门顶层从政策、制度方面予以完善。

三、改善公路桥梁隧道施工技术的措施

"富则达济天下，穷则独善其身"。作为一名工程人、从业者、工程师，我们还是应该有所为、有义务通过个人努力和职业操守来提高工程质量，坚守职业道德和质量底线，认真履行"修路架桥，造福子孙，回报社会"的社会职责。在自己工作范围，通过自己技术坚持质量标准，提高工程质量，起码我们能做到以下几点：

（一）抗腐蚀技术是关键

众所周知，在公路桥梁的施工中，原材料占到造价的70%，用得最多的是钢筋混凝土，也是保证工程质量的重中之重。为了混凝土的耐久性，保证合理的设计年限，除了采用高性能、优质的外加剂，还应使用符合国家规范和设计要求的优质钢筋主材，通过优化混凝土配合比设计，选择抗渗、抗腐蚀能力强的配合比用于施工。可喜的是，近年来，经过工程人的不懈努力，设计出大量高性能混凝土配合比，大大提高公路桥梁工程质量和安全性，为人民群众安全出行，保护生命财产提供了有力保障。

（二）选择最佳施工方案

大家都知道不同的施工方案、不同的施工工艺，所消耗的人料机是不同的，同时也决定施工成本的高低，因此选择最佳施工方案，不仅体现施工企业的技术水平，更是降低施工成本的有效措施。如如何解决道路不均匀沉降、桥头跳车的问题，可以提出多种施工方案，结合对当地材料供应情况考察和询价情况，选择质优价廉、适用性强的材料在批准的试验段进行工艺试验，以获取各种试验参数和机械组合，判断是否能达到规定的质量验收标准，对可行的方案进一步进行造价对比分析，最终确定最佳施工方案。

（三）确保施工安全

近年来建筑工地上安全事故频发，对家庭和社会造成重大影响，引起广泛的关注。工地上一旦发生伤亡事故，不仅要对家属进行经济补偿，还要停工整顿，造成重大经济损失。为达到对安全充分的认识，国家及行业亦出台"安全一票否决制"等许多安全管理办法，也产生极大的效果，避免了不少安全隐患的发生，极大保护了从业人员的生命财产安全。但是还存在不容忽视的问题，随着国家发展，生活水平的不断提高，大多80、90后不愿意向父辈一样从事建筑行业，造成建筑用工缺口大，老龄化严重，现在大部分农民工都在60岁以上，文化素质不高，安全质量意识不强，安全工作面临的困难较大。为了保障安全，首先在施工前进行三级安全教育，开好班前班后安全教育，帮助其进行风险源识别，主动规避风险。其次严格要求按照规章制度操作，避免违章，并做好风险告知，签好安全责任状。另外建立考核奖惩制度，提高他们积极性，让其主动服从工地安全管理人员的管理，对考核不达标的人员首先进行集中的培训，对经过培训仍不达标的人员坚决予以清退。

（四）管控质量措施

质量是企业的生命线，没有质量企业将无法在日益成熟的建筑市场上生存，作为一名工程管理人员一定要坚守质量底线，既是为社会、企业负责，也是为自己、为家庭负责，在工作中守好质量底线，坚决与社会不良风气做斗争。

对自己负责的工程首先保证混凝土强度符合设计要求，减低标号，一旦发现坚决予以退回。其次严把钢筋加工、安装质量，应对每个构造物验收时，逐一核对钢筋型号、规格、数量、尺寸、搭接长度、焊缝质量，不符合要求的坚决要求返工，并做好施工记录，对坚决不整改的队伍发出清退建议。再者就是混凝土浇筑前检查钢筋保护层厚度是否符合设计，钢筋保护层对工程质量影响较大，起到对受力钢筋的有效锚固、避免钢筋暴露在大气中氧化、锈蚀破坏，现在有钢筋保护层厚度检测仪，要求也是相当严格，允许误差正负1厘米，合格率达不到50%，就要返工重做，因此必须要严格检查。

对于隧道工程，现在设计主要采用新奥法是应用岩体力学理论，以维护和充分利用围岩的自身承载力，以此为基点，采用锚杆和喷射混凝土为主要手段，必要时架设格栅钢架，及时地进行支护，控制围岩的变形和松弛，使围岩成为支护体系的组成部分，并通过对围岩支护的量测、监控来指导隧道施工和地下工程设计施工的方法和原则，由此可以看出，整个过程混凝土二衬不受力，目前好多施工人员因为不懂存在误区，认为二衬才是受力主体，这是相当危险的。一旦二衬受力过大，会导致开裂、甚至会造成隧道严重塌方，整条隧道无法使用。为此在施工中必须重视超欠挖控制，尽量减少对围岩的扰动，尽早施做初期支护。采用有效的控制隧道超欠挖及初支质量措施，有条件的施工企业采用先进的机械设备，如"两机（多臂凿岩台车、自动湿喷机械手）、一桥（自行液压仰拱栈桥）、六台车（自动化立拱台车、二衬预检台车、自动化防水板铺挂台车、带逐窗入模浇筑系统二衬台车、二衬养护台车、电缆沟台车）"提高工程质量，避免人为误差，从而加快施工进度。作为一名工程技术人员，施工中严格控制拱架安装质量、锚杆安装长度及数量、锁脚锚杆的施工质量，杜绝拱脚脱空，控制安全步距，确保工程质量及安全，为业主、为人民、为国家交出满意的答卷。

公路工程的建设关系到国家经济的发展，对经济水平有拉动和刺激作用，在中国经济突飞猛进的今天，拥有一辆属于自己的私家车不再是梦，家庭轿车数量成几何爆发性增长，且人们对道路出行要求也越来越高，虽然我国公路建设已经取得巨大成就，道路交通也得到了很大的改善，但是仍然满足不了人民群众日益增长的需求，尤其偏远山区，还存在出行难的问题。随着国家实施"西部大开发"及"一路一带"战略实施，公路建设市场方兴未艾，所以每个工程人履行质量责任、提高管理水平、技术水平，做一个有益社会人，为实现"中国梦"、"中华民族的伟大复兴"不懈努力。

第二节　公路工程施工建设与改进

首先介绍了公路工程施工建设的重要作用，指出工程施工建设中存在的不足并提出完善对策，主要包括加强材料质量管理，健全施工质量管理制度，注重施工安全管理，落实成本管理制度与措施，重视工程质量检测和验收等内容。结论证实，重视施工建设与管理，改进施工管理的不足，不仅能有效约束和规范施工，还能预防质量和安全事故发生，让公路工程建设取得更好效益。

一、公路工程施工建设的重要作用

随着各地联系增强和经济社会发展，加强公路工程施工建设是必不可少的。作为施工人员和施工单位，有必要结合现场基本情况，制定健全的管理制度与措施，然后严格执行和落实相关规定，使其更好约束和规范工程施工，让工程建设取得更好效果。

（一）增进不同地区联系

公路工程建设能有效增进不同地区联系，满足车辆通行需要。整个施工过程中，施工单位应制定健全的管理制度，明确施工人员具体职责，让他们严格按要求开展工程建设。加强原材料质量控制，保证每道工序质量合格。进而能有效规范和约束施工，防止质量缺陷发生，促进公路工程施工任务顺利完成，满足车辆通行需要，有利于增进不同地区联系。

（二）方便人们日常出行

通过加强公路工程建设，增进不同地区联系，能有效约束和规范工程施工，保证公路工程质量。进而为车辆安全顺利通行提供保障，有利于预防桥头跳车现象发生，让工程施工取得更好效果，同时也有利于方便人们日常出行。

（三）推动经济社会发展

加强施工建设和工程质量管理，不仅能有效约束公路工程施工，还有利于保证施工效果，预防裂缝、沉陷等质量问题发生，提高工程效益。作为施工单位，有必要根据现场基本情况，制定完善的管理制度与措施，让施工人员按要求开展工程建设，把握每个细节，加强每道工序质量控制。进而保证施工任务顺利完成，防止质量缺陷发生，有利于满足车辆通行需要，方便人们日常出行，最终更好推动经济社会发展。

二、公路工程施工建设存在的不足

尽管公路工程施工建设具有重要意义，也受到施工单位和施工人员重视，但不能忽视的是，目前在施工过程中，部分施工人员责任心不强，没有严格落实质量管理与安全管理制度，制约工程效益提升，存在的问题表现在以下方面：

（一）材料质量不合格

例如，对施工材料质量管理不重视，忽视材料供应商基本情况调查，导致采购的材料质量不合格。此外，材料试验检测不到位，抽检工作被忽视，没有按要求加强防潮防水，制约材料综合性能提升，最终影响公路工程建设效益。

（二）质量管理被忽视

正式开展施工前，没有按要求加强现场巡视和检查，对公路工程建设基本情况不了解。未能根据工程施工实际情况，制定完善的质量管理制度，对质量控制目标和要求不了解，质量管理人员具体职责不明确。再加上施工过程质量管理被忽视，未能有效保障每道工序施工效果，最终导致裂缝、沉陷等问题发生。

（三）安全管理不被重视

施工单位将工作重心放在如何拓展市场，提高工程效益等方面，对安全管理不重视。未能结合公路工程建设基本情况，制定完善的安全管理制度，没有明确施工班组和施工人员安全管理职责。再加上现场巡视和检查不到位，对可能出现的安全隐患没有及时排查，最终可能导致安全隐患发生，给公路工程施工带来不必要损失。

（四）成本控制不到位

例如，施工预算不合理，没有对资金使用做出科学合理安排，难以有效指导工程施工。再加上忽视成本动态控制，不注重施工过程的成本管理，材料费、机械费和人工费控制不到位，未能将实际成本消耗与成本控制目标进行对比，对存在的缺陷没有及时采取修复措施。此外，设计变更审核不到位，导致出现不必要的设计变更，增加工程建设成本。施工合同管理被忽视，未能认真履行职责和义务，增加不必要资金支出，甚至给公路工程施工带来不必要损失。

（五）工程质量检测和验收被忽视

部分施工单位在工程建设任务完成后，没有按要求开展质量检测和验收。即使安排工作人员开展质量检测和验收，也没有严格落实相关规定，忽视详细和全面采集数据资料。未能按要求对数据进行分析，对存在的质量缺陷没有及时修复和处理，难以确保公路工程建设效果。

三、公路工程施工建设的完善措施

为弥补公路工程施工建设的不足，提高工程质量和效益，使其更好满足车辆通行需要，也为人们日常出行奠定基础，有必要采取以下完善措施：

（一）加强材料质量管理

材料质量控制是关键内容，也是确保公路工程建设效果的基础。正式采购施工材料之前，应该对供应商基本情况开展调查，从质量可靠、供货及时到位的供应商处采购施工材料。然后严格按要求试验检测，详细掌握施工材料各项指标，保证材料质量合格。对于不合格的材料，一律不得将其用于公路工程施工。对运往施工现场的粗细集料、外加剂、水泥、沥青、钢筋等材料也要严格抽检，保证质量合格。重视防潮防水，保证施工材料综合性能良好，使其有效满足公路工程施工规范要求，为提高工程质量奠定基础。

（二）健全施工质量管理制度

作为施工单位，应该提高对质量管理的重视程度，深入施工现场调查，详细掌握公路工程建设基本情况，然后制定健全的质量管理制度，严格落实各项规定，使其有效规范工程施工。落实质量控制责任制，明确施工班组和每位施工人员质量控制的具体职责，让他们按要求开展公路工程施工，落实各项施工技术措施。要重视新技术和新工艺应用，顺应时代发展趋势，保证每道工序质量合格。要注重预防裂缝、沉陷等质量问题发生，实现对工程质量的严格控制。加强路基、路面工程质量管理，防止边坡滑塌现象发生，确保施工效果和工程质量，使其更好满足车辆通行需要。

（三）注重施工安全管理

提高对施工安全管理的重视程度，将施工安全管理摆在突出位置，防止事故发生。建立健全施工安全管理制度，实现安全管理制度化与规范化。明确管理人员具体职责，落实责任制，让管理人员认真遵循安全管理措施开展各项工作，避免发生安全事故。加强施工现场巡视和检查，及时排除可能存在的安全隐患，防止因安全事故发生而带来不必要损失。一旦发生安全事故，要立即采取控制措施，避免事故发生而给工程施工带来损失。

（四）落实成本管理制度与措施

根据公路工程建设具体情况，制定科学合理的施工预算方案，对资金使用做出科学合理安排，确保预算到位，有效指导工程施工。加强成本动态控制，对存在的不足及时采取修复措施，一旦发现成本超支现象时，应该立即调整。重视人工费、材料费和机械费控制，将成本实际控制情况与控制目标进行对比分析，发现不足时采取调整措施。严格审核设计变更，防止出现不必要变更，避免成本增加。加强施工合同管理，认真履行职责和义务，避免出现不必要索赔，避免资金浪费，让公路工程施工取得更好效益。

（五）重视工程质量检测和验收

公路工程施工任务完成后，应该重视质量检测和验收，详细掌握施工基本情况。要安排专门人员开展该项工作并加强相关规范标准学习，严格落实取样和试验检测规范流程，把握质量检测要点。进而准确获取数据资料，按要求开展分析工作，客观、公正评定工程质量状况。对公路工程施工存在的质量缺陷，应该要求施工单位立即采取修复措施，直至满足施工规范要求为止。

公路工程施工建设中，健全管理制度与措施，改进工程施工存在的不足是必要的。作为施工单位和施工人员，应深入现场调查，详细掌握公路工程建设具体情况，然后制定健全的管理制度与措施，对存在的不足采取完善对策，从而更好约束和规范公路工程施工，预防裂缝、沉陷等质量问题发生，延长公路工程使用寿命，使其更好满足车辆安全顺利通行需要。

第三节　公路工程施工工艺

结合某实际工程，并通过对当前我国公路路基施工建设过程中存在的问题进行分析，进一步阐述了公路路基路面施工工艺的具体施工要点，并提出了质量控制措施。结论证实，为确保施工质量，相关部门必须要加强对施工工艺以及质量方面的监管力度，采用最新的施工工艺进行解决，为建设出优质的公路奠定良好基础。

近年来，我国交通建设迅速发展，在很大程度上改变了人们的出行方式，为人们提供了便利。然而由于我国地形的复杂多样性，在实际施工建设以及后期投入使用中，往往会受到天气以及人为因素的影响，使公路出现质量问题，因此，必须应用先进的公路施工工艺，保障施工正常进行。此外，在后期投入使用过程中，还应做好管理维护工作，提升公路的使用效率和使用寿命。

一、工程概述

某公路全长共 73.28km，K0+000—K36+820 段，设计时速为 100km/h，路基宽度为 27m；K36+820—K72+200 段，设计时速为 80km/h，路基的宽度为 24.5m。全线共划分为 10 个合同段。本工程合同段主要是第 8 合同段，起止桩号为 YK59+340（ZK59+300）至 YK63+830（ZK63+810），合同段全长为 4.49km。

二、公路路基路面施工工艺

（一）路基填筑施工工艺

路基施工主要采用推土机进行整平，重型振动压路机碾平，较为特殊的路基应结合实际的水文、地质状况，采取特殊的方案进行处理。在路基填筑过程中应注意填料的选择，选择容易压实、强度高、水稳定性好的填料。填石路堤石料主要采用隧道弃渣，石料的强度应不小于 15MPa，风化程度必须符合规定要求，填石路堤松铺度应不超过 40cm，不能大于层厚的 2/3，采用重型压路机压实，通常路床以下 80cm 范围不能填石。土质挖方段和土质路床路堤的填土高度应小于 80cm，反挖到路床顶面下方 80cm，开挖后基底压实度不能小于94%。如果不满足要求，需进行翻松压实，达到要求为止。

（二）路面摊铺工艺

公路路面施工中较为常见的是水泥混凝土路面以及沥青混凝土路面两种。在实际的路面施工过程中，主要涉及的施工工艺主要包含了压实工艺以及横向接缝处理工艺，在进行摊铺工艺施工过程中，应根据实际状况，安排专门人员对沥青及混合材料的温度、厚度进行分析检测，尽可能地防止路面受到损坏，同时禁止人员在路面上站立或行走。

（三）公路路基建设过程中的压实工艺

为最大程度保障公路路基路面施工质量，应加强技术性要求，主要包括冲击压实施工技术以及振动压实施工技术。

冲击压实施工技术主要是将物体本身的重力进行转化，形成一定的冲击力，该工艺对土壤黏性较高的路段效果极为明显。振动压实技术通常情况下是使用相关自动化机器所产生的振动频率，将土壤进行黏结，以提升路面整体质量。

这两项技术首先要对材料中的水分进行严格控制，一旦土体中的含水量过高，则会影响其润滑作用，影响压实工作的进度，对路面造成严重的质量问题，另外含水量也不能太低，这样土壤材料会太过干燥，不利于压实工作正常开展。

（四）公路路面建设过程中碾压工作流程

碾压设备的使用应结合实际状况，采取有效的方法进行控制，最大限度地保障路面施工压实质量。由于轻型碾压设备有着诸多限制，且不利于大规模碾压工作正常进行，所以，相关部门往往采用大型压实设备对公路进行碾压工作。此外，还应选择合适的碾压位置，在实际碾压过程中结合实际需求，采取恰当的速度进行碾压，对提升施工质量有着极为重要的影响。

三、路基施工质量要求

公路在投入使用后会承载较大的荷载，因此必须保证其具备一定的稳定性，以有效避免由于路基本身的结构问题，在车辆行驶以及自然环境较为复杂的情况下出现路面整体失去稳定的情况，或出现路面变形以及破坏的意外状况。因此一定要结合实际状况，采用科学合理的方案保障路基结构的整体稳定性。

（一）路基压实厚度以及宽度控制

路基应进行分层填筑，在填筑过程中对路基的厚度进行严格控制，严格按照相关规定要求执行。路基压实度视填料性质及不同粒径确定：当粒径大于4cm的石子含量占30%以下时，采用重型击实试验法求得最大干密度作为控制指标；当粒径大于4cm的石子含量占30%以上时，采用固体体积率作为压实度控制指标。混凝土分层厚度严格控制在30cm内；振捣时振捣器移动半径不大于规定范围；振捣手进行搭接式分段操作，避免漏振。

（二）压实

在进行碾压前一定要对含水量进行严格控制，相关实践证明：含水量需比最佳含水量略大（通常大于最佳含水量的 2% 左右），以保障碾压效果，因此，应及时测定土的含水量是否达到最佳的碾压效果。在实际施工过程中，由于不可能一直使用仪器测量含水量，因此一定要掌握好略大于最佳含水量的观感以及手感，通常情况下，压实应按先边后中的顺序，以便形成路拱。

四、加强公路路基路面施工工艺质量策略

（一）前期的准备工作

施工前的准备工作是极为重要的，且与整个工程的施工质量有着直接关系。公路工程建设施工难度较大，一旦出现相关问题很难进行及时抢修，所以，必须要加大对前期准备工作的重视程度，对整体工程状况进行全面了解。结合实际状况，科学合理地设计施工图纸，并进行严格的测量勘察，熟悉工程基本概况，保障设计图纸符合建设和维护需求。考虑工程周边的环境、地质、气候类型等方面的因素，为保障万无一失，还应对施工现场的地下水位状况、水准点状况进行检测分析，避免在实际施工过程中出现漏水的状况，有效避免事故的发生。

（二）对公路路基压实质量严格控制

公路建设过程中，压实质量会直接影响公路整体质量的好坏，所以，必须要对压实质量进行严格把控，对每一个细节都应做到严苛细致，保障路基中的水分以及紧实度都能够处于最佳水平。当公路投入使用后，由于恶劣天气会对土层中的水分含量产生巨大的影响，所以在对路基填土过程中，一定要对含水量采取质量管控，且必须要全面考虑天气因素的影响，最大程度提升公路的使用寿命。

（三）加大对公路路面裂缝的防治力度

在对公路路面进行维护过程中，存在着不同程度的裂缝问题。根据裂缝性质主要分为荷载型裂缝以及非荷载型裂缝，导致出现荷载型裂缝的原因是因为超载车辆过多，且公路未达到标准的施工质量，出现非荷载型裂缝的原因较为复杂且种类较多，如气候因素、沉降、干缩等，因此，相关部门必须要对非荷载型裂缝的防治投入更多精力。

（四）加强对施工材料的测验

对公路施工而言，建筑施工材料对施工质量有着直接的影响，因此必须要加强对施工建筑材料中含水量的控制，一旦混凝土中的含水量过高，便会导致发生润滑作用，增加施工的安全防护难度，对于含水量较低的施工材料，其颗粒密度也相对减少，在一定程度上增强了公路的密度，且加强了土壤间的黏结力，对提升路基路面质量有着极为重要的作用。

公路质量与社会经济具有密切的关联，在实际施工建设过程中，公路路基路面建设施

工难度相对较大且施工环境复杂，因此，相关部门必须要加强对施工工艺以及质量方面的监管力度，采用最新的施工工艺，结合实际状况，采用不同的方式进行解决，为建设出优质的公路奠定良好基础。

第四节 公路工程施工成本控制

当前我国经济飞速发展，大基建项目遍地开花，交通建设对促进我国经济发展有着重要的作用，而公路工程在交通建设中比重较大，因此对公路工程成本管理进行研究具有重要的现实意义。基于此，本节首先对当前国内公路工程项目成本控制现状进行分析，然后讨论其在成本管理方面存在的问题。最后，根据分析结果，结合当前国内实际情况，本节有针对性提出了降低公路工程项目成本的几条合理对策，为公路工程项目成本控制提供一定的借鉴意义。

项目管理涵盖项目前期调研、成本测算、项目中期跟进及后期评估等，任意一环节出现疏忽或是纰漏，都会造成不可估量的影响。直观来讲，成本控制及成本管理，在整个项目进行中发挥着至关重要的作用，成本预算直接决定着项目如何推进、项目工期如何制定、项目采购如何进行、项目完工如何招商，等等。如若未对项目进行严格的成本测算与管控，很可能造成资源浪费致使后期资源与资金不足，难以维持项目的正常运转，工期延长，各种费用及成本可想而知。公路施工项目涉及主体较多，其项目正常运转需严格做好项目分工及把关，使项目各环节资源合理利用，各司其职、各尽其责，严格做好成本控制与管理，才能为企业及施工争取更大的利润空间，实现更好的创收，推动公路工程施工项目较快较好地发展。

一、公路工程施工成本控制现状问题

（一）缺乏完善的公路工程施工管理体系

公路工程施工项目缺乏完善的管理体制，这主要表现在：管理制度欠缺，部分细化管理不到位，致使上传下达及项目执行较为滞后，项目施工环节得不到强有力的支持，也没有明确规范，项目运转没有严格可供参考的标准；管理理念和技术较为传统，无法充分利用有限资源进行项目建设，项目资源浪费严重，项目精细化要求与项目管理的粗糙形成鲜明的矛盾，难以保证项目的正常运转；形式化管理导致项目进展困难，整个公路施工过程形成拖拉、散漫、无标准可言的情形，造成严重的资源浪费及不必要的成本，整个施工管理体系形同虚设，未真正发挥作用。

（二）缺乏合理的公路工程施工管理方式

企业对施工过程要求的精细化管理还存在一定的缺陷，缺乏精细化管理概念，无法下达精细化任务，导致项目执行及操作较为简单粗暴，流于形式，项目实施中各项问题频出，严重阻碍项目的顺利进行。有的企业虽然懂得项目管理需要精细化，知道在哪个部分哪个节点该进行怎样的项目操作，但管理方式及管理制度的欠缺在项目施工时暴露无遗，依旧没有达到精细化项目管理的要求。有的企业精细化体系及管理方式虽然都有完善，但却因个别管理者在实施过程中没有真正起到执行、监督管理的作用，致使项目施工环节问题百出，这些施工问题终将由于质量、工期、成本、交付等问题影响整个项目质量，是项目管理中不得不重视的重要环节。

（三）注意事后控制，忽视事中及事前控制

公路工程建设的成本控制，必须从建设前、建设中、建设后三个方面着手，而不能单单只重视事后，而忽略掉极其重要的事前和事中环节。成本控制不仅是成本核算部门的事情，而是整个企业，整个公司的事情，公司所有人员都要参与到成本控制中来。一方面，成本核算及控制计划的制定，需要成本部门与其他部门的共同参与，在成本计划的指导下，根据实地情况进行最为精准最为高效的成本控制方案，各部门人员，包括施工人员需极力配合及协助成本核算计划的制定。另一方面，现场施工过程，不是盲目施工，而要物料尽其所用，施工过程需有专业技术人员的指导，何时何地采取何种方式何种物料，达到真正节约成本，控制预算。工程部门作为项目实施的主体，必须对项目成本控制有较为清晰的认识，必须与成本核算部门保持高度联系，在项目进展与成本控制发生矛盾时，两部门能及时协调，做好项目成本管控。

二、公路工程项目施工成本管理的应对措施

（一）加强施工安全的精细化管理

施工安全精细化管理主要体现在公路工程实际施工过程中的安全防护、安全应对、安全处理等。这需要首先做到安全预防，运用大数据及高科技应用信息，使施工现场不可预料的安全问题有迹可循，在安全问题的预防中尽最大限度做出准确的预算，为施工现场安全管理提供一定保障。其次，施工现场人员多且杂，施工场所也较为分散，这就需要对施工人员进行合理的分工，优化资源配置，使各场所、各人员、各物料、各路段都能找到相应负责人和责任人，使大家都能发挥主人翁意识，真正保障好各方安全问题。再者，各部门之间要保持信息畅通，一旦有安全事故发生，各部门能第一时间知晓、支援，并适时调整自己所在组织及场所的安全措施，避免类似安全问题，最大限度做好施工现场安全防护。

（二）加强施工项目质量的精细化管理

公路工程项目质量的高低直接取决于施工现场的精细化管理，而精细化管理涵盖所有项目阶段、节点、工期、安全性能等问题，必须要在项目管理过程中建立完整的管理体系和管理制度，并做出精准划分、明确分工，使精细化管理落到实处。其一，要建立一支高

效管理队伍，这对管理人员提出了较高的要求，不仅自身要具备精细化管理知识，还能严于律己，严格要求自己和同事按时按责高效完成工作。其二，管理体系要用到实际施工中来，要加强对现场的巡视，做到图纸与施工契合，切忌出现现场施工与图纸不符的情况，要严格做好工地现场的技术交底工作，公路施工过程中，在严格遵守质量管理的前提下，结合新工艺技术，提高项目整体安全性能和质量。

（三）方案优化到位，上场策划精细

公路工程项目在开工前，都会有不同建设公司、不同项目方案的投标，不同方案意味着不同的成本控制，但这并不意味着要一味追求低成本，忽略项目安全问题。要在最好的成本控制范围内用最好的选材提高项目质量，就必须对实地进行对比勘测考察，对实地各地段进行了解后才能选择更为适宜的方案，优中折优。当然，方案选择后，还需要联合企业各部门进行多次考察，对项目前期策划宣传、物料采购、资源配置等进行全面部署，项目实施中要再根据实际情况进行二次经营，使财务、劳务、信息等都能为缩短项目工期贡献力量，真正形成一套具有系统标准及要求的管控体系。

公路工程项目最重要的是控制成本，所以成本管理是决定着企业长远发展的关键一环。不仅如此，成本管理还对公路项目施工进度和施工质量有决定性影响，应该将成本管理当作企业核心工作来抓，在整个工程中体现出成本控制思想。本节以公路工程项目成本控制的现状问题着手，详细分析当前公路工程项目成本控制方面存在的问题，在此基础上提出了公路工程施工安全、施工质量管理、成本控制方案等方面的合理对策，以期为当前公路工程项目实施提供切实有效的成本管理方案。

第五节　公路工程施工中的环境保护

随着社会经济水平的快速提高，公路的使用率大大提升，为了能够更好地提供便捷的交通环境，越来越多的公路被建造。公路工程的施工尽管缩短了地域距离，便捷了大部分人的日常交通生活，但从另一个方面来看，公路工程施工给周围的环境带来了很多影响，不仅影响了生态环境，还影响了社会环境。

公路工程是提高我国交通条件，扩增社会经济的一大方式，一个城市的公路建设也代表着城市的发展状况，可以说，国家层面下的公路建设也体现着国家的综合实力。公路工程施工有许多的好处，但同时也造成许多的影响，例如树木砍伐、农田利用、道路改造等都会给城市环境与周边居民带去较多影响，因此在公路工程的施工中，不应只看重经济效益，也需要重视生态效益。

一、公路工程施工中产生的环境污染

（一）对社会环境的影响

由于公路工程的施工范围广、面积大，常常需要占用居民用地，因此在土地征用过程中发生价值冲突是不可避免的，居民长期使用的土地被征用会影响农业生产与生活，因此价值不可计量。另外，公路工程的施工会影响周围居民的出行与生活，使得大部分居民出行需要绕路，且施工建设的拆迁等也严重影响了居民的电力、水力等正常使用。这都给社会环境造成了影响，给公路周边居民的心理形成压力，影响了居民的正常生活。最后，公路工程的施工产生了大量的工业废料，这些废料大多是弃土、弃石与建筑用垃圾，在公路工程施工结束后若是不及时回收，容易对周边居民的生活环境造成影响。

（二）对生态环境的影响

公路工程施工过程中对大气、水源等都会造成影响，施工材料的装卸、搅拌与使用，包括运输材料的运输车尾气等都会造成大气环境的污染。混凝土搅拌、养护用水等施工废水也会造成水环境的影响。另外，公路施工是一项长期的规划，夜间赶工对于白天的交通影响较小，但在这个阶段中，周边居民容易受到夜间光污染与噪声污染，由于打桩机、切割机、打磨机等的使用，给公路周边居民造成了严重的噪声污染。

二、公路工程施工中的环境保护工作

针对公路工程施工中的环境污染类型及原因，需要在今后的施工过程中得到较好的解决措施，这样才能更好地在提高经济效益的同时提高生态效益。具体的环境保护措施有以下几点：

（一）社会环境的保护

公路施工占用农田、道路等情况，需要提前与周边居民沟通协商，在协商过程中还应该邀请居民参与监督管理，给予居民一定的参与权，这样能够较好地缓解居民的不适应，也能够获得居民的理解与配合，减少社会争端。另外，公路工程施工过程需要保障居民的日常生活不受到影响，一方面，公路施工的建筑垃圾、石料、废料等需要及时回收与处理，避免给居民生活造成影响。另一方，在公路工程施工中应尽量不影响居民用水与用电，对于可能产生破坏性的施工工程部分，需要提前与居民做好沟通预防工作，减少不良影响。

（二）水土流失的管理措施

首先，公路工程要尽量贴合原有的山型地势进行建造，在不影响工程质量的前提下，控制好土壤挖掘深度，避免对原有的土壤环境造成破坏；其次，对于那些裸露在外的地表，要有时进行覆土和加盖植被，做好水土保持工作；此外，当施工结束后，要尽快恢复原有的植被覆盖率，并且做好植被保护，阻碍地面污染源对土壤及地下水的污染破坏。

（三）空气污染的管理措施

在选择工程材料时，要将材料的扬尘程度纳入到考虑事项当中，尽量避免使用扬尘程度较大的材料；同时，在堆放施工材料时，要选择下风口的位置进行摆放，还要视天气或季节情况对施工区域进行围挡，周边环境包括附近居民区进行洒水作业，使地表处于湿润状态，最大限度的控制粉尘飞扬，减轻公路工程施工对空气的污染程度。

（四）水质污染的管理措施

首先，在公路工程施工时期，要定期对周围水体进行水质检测，随时了解水质情况。一旦发现水质下降，要立即查明污染原因，并且针对污染源提出有效的治理方案，从源头上保持水体清洁；其次，对含有化学成分的工程材料进行集中管理，合理堆放，并进行必要的遮盖，避免雨水冲刷导致其中的有害物质渗透到水体和土壤当中，造成水质污染；此外，对于水下施工设备要进行全面的养护管理，避免渗油、漏油等问题对水体造成污染。

（五）噪音污染的管理措施

对于公路工程施工产生的噪声污染，可从以下三个方面对其进行控制：首先，合理安排施工的时间段，例如早六点之前、晚八点之后禁止施工；其次，尽量降低噪音分贝，通常情况下，白天要控制在 70dB 以下，夜间控制在 55dB 以下；此外，在施工区域选择适当位置设置一些围挡，阻隔噪音的传播路径，缩小其传播半径；在选择围挡材料时，尽量选择隔音效果好的材料，最大限度的降低噪音污染。

（六）光污染的管理措施

首先，避免使用带来有反光效果的装饰材料；其次，施工人员在切割或者焊接施工中，要佩戴好防护工具，还要控制好电弧产生的光芒，避免施工过程中的光芒刺激视觉神经；此外，在施工区域周边建立起围挡及护栏，避免光源的大范围扩散。

公路工程的施工建设对于经济效益的提高有很大推动作用，但其也会影响生态效益，造成环境污染。因此在今后的施工建设中，需要加强对于环境保护的意识，在施工过程中通过防护措施等减少污染的产生，更重要的是，施工队伍的规章制度与环境保护意识应得到有效提高，通过标准化的限制提高施工相关人员的岗位责任意识与环境保护意识。

第六节 公路工程施工安全浅析

一、桥涵的安全施工控制措施

（1）在施工以前，必须要进行浇筑墩台，并且要根据相应的规范标准进行操作。首先要搭设一个完整的作业平台以及设置好脚手架，同时必须要由负责人进行检查验收，合格后才能进行作业。如果墩身的高度超过了一定范围时，必须要在平台的外侧设置安全扶梯以及应栏杆，此外，也应用密网做一个较为安全的围护设施，如果高度已经超出了十米以上时，就必须要在每一层加设一个安全网，作为进一步防护。同时施工到墩台顶的位置时，也应做好防护准备工作，如果施工人员在架子上进行操作，一定要做好安全防护措施。

（2）如果在围堰内进行施工浇筑墩台时，必须要设置一个跳板或者设置一个扶梯，这样也是方便作业人员来回地移动。如果在进行凿除桩头施工时，施工操作人员应做好一系列的防护工作，戴好防护措施。此外，如果是人工操作进行凿除时，就必须要检查锤头的牢固度，先检查再操作。在进行吊斗出渣作业时，必须要关好门，拴好挂钩，做好防护工作，由于吊机在扒杆会出现转动，所以在这个范围当中人是不能随便进入的。

二、施工墩台的控制措施

（1）进行砌筑墩台的准备工作时，必须要搭设一个完好的作业平台以及脚手架和护栏等相应的防护工作，必须要根据规定铺设兜网，按照要求做好防护准备。如果要利用人工的手推车或者是应用预制构件时，必须要搭设好一个脚手跳板，并且安全的计算出跳板的宽度以及坡度，达到安全的标准。如果需要在作业平台以及脚手架堆放一些材料时，其重量不能超出荷载。在施工当中，如果要应用吊机或者是桅杆进行吊运材料时，必须要服从指挥，不能擅自行动，在进行吊运砌筑的材料时，现场人员应离场，不管在什么条件下都不能把手伸到缝隙当中，以免发生安全隐患。当施工人员需要抬运体积较大的石料时，必须要对其进行牢靠的捆绑，缓慢平放，避免造成事故。

（2）公路桥涵在进行施工时，作为负责人必须要与技术人员进行相互的沟通，并且设计一套完整的工程方案以及控制安全措施，负责现场的施工人员也应了解安全控制的主要目的，及时地进行交流。在施工高桥墩或者是索塔等一些结构较高的工程时，必须要应用滑升模板，并且根据建筑工程当中规定的各项标准安全作业，必须要做好防护措施，以免发生危险。如果我们应用滑板进行施工时，必须要对其提升它的设计标准以及施工管理进行安装使用，在操作时，必须要对滑升模板进行相应的试验，如果验算结果合格才可以进行使用，在应用提升设备以及顶杆时，它的形状以及要求必须要符合相应的标准。如果要应用爬模的方法进行施工，要提前做好特殊位置的设计，此外，也要确保爬升架、脚手架以及操作平台设置的安全性以及它的刚度要达到标准要求。如果在施工过程当中要提升架体时，应先做好保险装置，减少隐患的发生。应用模板爬升时，施工人员坚决不能站到支架上。当我们安装好液压系统以后，应对其做好检查工作，并且液压设备必须要经专门人员进行维护，出现问题要尽快解决。在施工当中如果要提高模板的高，并且达到两米时，就必须要安装脚手架，并且在架体铺设好安全网以及脚手板的安全防护设施。如果要在操作平台进行施工时，其重量是不能超出负荷要求的，并且在其周围要安设相应的防护栏，也应为操作人员配备通信设备，当发生危险时可以及时的联系。此外，如果要提升模板时，必须要先排除故障，再对其进行检查，同时应用千斤顶也可以共同作业完成。

（3）在桥涵的施工过程当中，我们必须要对操作平台的倾斜度以及水平度进行全面的检查，如果有问题存在时必须要尽快地解决处理，不能留下安全隐患。在使用各用电器、机具以及一些运输设备时，要做好操作人员的管理工作，按照交接班的管理规程操作，在进行交接班时，应先对机器进行全面的检查。如果是在操作平台上进行作业时，不得多人操作，以免超出荷载的要求，对摆放的材料应合理，以免造成操作平台发生倾斜，作为操作人员同时也应戴好各种安全准备措施，系好安全带。对材料进行运送时，施工人员必须要使用外设的电梯，并且要设置安全卡和开关装置，如果是在夜间进行工作时，必须要安装良好的照明设备，要并且在各个运输过道以及设备使用当中都进行安装，同时也要注意电压问题，要确保在安全范围之内。在安装支座时，必须要按照设计要求进行施工，可以应用橡胶支座，并且在进行装配以后要进行分部的吊装。在施工完成后，如果要对滑模设备进行拆除时，必须要先做好防护准备，对其拆除过程当中，可以进行分组的拆除解体，这样可以降低作业量的同时也可以避免杆件发生变形。另一方面，最重要的一点就是在施工过程中必须要提高操作人员的安全意识，对他们加强安全培训工作，要在全过程当中，全方位地做好安全教育管理工作，并且在施工前就要制定完整的安全管理制度，从各个方面入手，更为全面的提高安全意识，减少隐患的发生，在施工当中要不断地研究安全管理措施以及相应的创新模式，从而确保桥涵工程得以更为平稳、有效的发展。

桥涵工程是要求最高的一种施工技术，所以对它的质量要求也是相对较高的，在当前发展条件下，桥涵工程已经成为公路建设最为重要的一个部分，所以它起到了关键的作用，对此，怎样可以更好地控制桥涵施工安全管理已经成为我们必须要解决的问题，从而才能更好地确保桥涵耐久性，确保安全生产的稳定性，达到控制目标。

第二章 公路工程设计研究

第一节 公路工程设计隐患及解决措施

当前，我国国民经济水平不断提高，公路工程建设作为基础设施建设的重要组成部分，受到了社会各界的广泛关注。为了保证项目整体水平的提高，必须重视公路工程设计管理。确保工程设计文件与现场情况相一致，对设计中存在的隐患采取积极有效的对策，将公路工程设计的隐患降到最低。本节主要分析了公路工程设计中存在的隐患，并提出了相应的解决方案。

一、公路设计的基本要求

首先，公路路线的设计必须与土地要求相结合，满足相应的空间要求。道路空间必须经过科学合理的分析和研究，才能充分保证公路工程的使用和安全。同时，还必须结合工程的经济效益、沿线居民的生活和工作条件，使公路工程设计更加合理、科学。其次，在整体空间布局的基础上，从公路工程承载需求出发，做好公路设施布置，改进以往公路设计中的不足。道路权配置是公路路线设计中极为重要的一部分。从道路的具体等级和优先级出发，科学配置道路权资源，综合考虑公路工程的安全性。最后，路线的周边功能也是路线设计中需要考虑的一部分，是对道路交通功能的补充。公路工程设施的功能需要深入分析研究，找出重点，制定施工组织方案，为公路工程设计人员提供最佳参考。

二、公路工程的设计隐患

（一）设计方案滞后

公路工程设计是工程的基础，对工程的质量和安全起着决定性的影响。为了满足实际需要，设计理念要及时更新，以适应时代的发展。然而，很多设计理念太过陈旧，设计上没有创新，相关标准没有得到完善和提高，严重制约了公路工程的全面发展。今天的交通状况和过去不一样了。如果按照最初的设计理念进行设计，将无法满足实际的交通需求。设计是施工的源泉，是整个工程的重要指导思想。部分设计师更新速度太慢，技术含量低，当他们投入使用后，他们会发现有更多的问题。

（二）平面交叉口主要问题

通过文献回顾和现场调查分析，发现大多数的十字路口存在以下问题：（1）平面交叉口的设计有问题，和最多两条路路口的转角不是直角，导致汽车转弯半径太小，对司机来说并不容易判断道路到十字路口的距离，容易发生交通事故，使十字路口的交通状况不容乐观。（2）交叉口渠化设计不合理。如交叉口车道功能混乱，车辆左车道渠化设计不合理，进出交叉口车道数不匹配，交叉口标识模糊等。（3）十字路口的交通控制。例如，十字路口的信号灯的不合理设计，非理性的信号灯，十字路口的信号灯可见性差等。（4）十字路口的行人街道的安全设施不足。例如，缺乏区域等待行人穿过街道十字路口。平交道口的几何安全设计是在分析安全角度的基础上，建立交叉口的几何设计技术。主要包括平面交叉口的水平、垂直、纵向设计；设计的控制标准和因素；功能区设计的定义和视距；访问管理技术。

（三）公路工程的设计缺陷

由于不同地区经济发展水平的不同，公路工程建设的具体需求也不同。由于公路设计人员没有做前期调查，导致公路设计存在缺陷，不利于后续施工的有序进行。在设计过程中，设计者没有充分了解现场情况，并不清楚施工的具体要求，并没有考虑对施工实践的影响，导致设计和实际施工之间的断开，无法承担相应的负荷，降低公路的使用寿命，并埋葬严重的安全风险。

三、解决设计隐患的相应措施

（一）在施工前做好可行性论证

公路工程是露天工程，公路工程的区域跨度很大。在具体的施工过程中，必然会遇到各种恶劣的地质条件和环境，但公路工程是基础工程，它是国家建设的关键，即使遇到恶劣的条件和条件也无法避免。因此，需要对项目进行前期规划准备。联系政府有关部门和地质勘探单位提前准确、迅速完成工程地质和水文条件的调查，充分验证施工方案的科学性和合理性，并结合具体情况来计划和优化公路路线，有效减少施工的难度。如果你不能避免一些严重的地质条件或环境，你需要去你的单位，寻求当地地质和气象单位的帮助，结合具体的天气变化和地质条件，试图消除这些因素的影响，或将其降低，使公路工程设计更加科学合理。

（二）优化公路设计方案

在设计阶段，应采用多种设计方法，通过不断地对比分析，选择最经济、最合适、最方便的施工方案。一个优秀的公路设计应满足当地地质条件、人文条件、交通流量等方面的需要。在施工过程中，采用科学的施工方法，可以提高工程质量，延长公路的使用寿命，保证公路工程的经济效益和社会效益。本项目的实现将通过优化设计方案提高公路建设水平。

（三）提高设计人员的责任意识和专业水平

设计是设计者脑力劳动的成果。设计的质量直接关系到设计者的专业水平。设计应完全按照国家规定进行。对于一些不确定的内容，应多次实地调查，并咨询行业专业人士，综合考虑各种影响因素，根据不同的地理位置和项目建设需求，进行有针对性的设计。开拓探索，精益创新，力求设计出高水平的图纸和解决方案，造福大众。公路工程是公共基础设施。设计时要有相应的责任感，认识到工作的重要性，形成认真负责的工作态度。设计单位应经常组织设计人员进行学习，形成良好的工作氛围，对设计成果进行严格检查，避免使用在设计中存在明显隐患的解决方案。

（四）合理设计平交路口交角

当一辆车经过一个十字路口，即使行驶速度低于一般路段，司机应该能够看到十字路口地区的交通方向提前确保平面对齐。因此，有必要严格控制平交道口的斜交角，十字路口的道路应接近直角。这可以有效减少车辆通过十字路口的时间，减少锐角驾驶员的视线限制。平交道口的交角为直角，斜交时的锐角不应大于 70°。如果条件允许，次要道路可以修直。

总之，为了满足人们的实际需要，公路工程的设计理念应该与时俱进，不断探索、创新新的材料和技术。加强责任心，提高专业水平，调整工作态度，避免在设计中出现质量、安全、交通等方面的隐患，影响公路的正常使用。

第二节　公路工程设计阶段造价控制

随着当前我国基建工程的快速发展，关于公路工程在设计作业中的造价控制也引起了施工单位及业主单位的重视。在实际施工作业中如何有效的控制工程造价，并且确保工程设计质量的合格性，成为当前公路工程设计施工发展中主要面临的问题。文章针对公路工程设计阶段造价控制，进行简要的分析研究。

公路工程在施工发展中良好的造价成本控制，对工程施工单位的实际收益提升，以及工程业主单位的实际权益保障发挥了重要的作用。其中公路工程设计作为影响工程造价的主要因素，分析在工程设计作业的实施中如何合理的控制造价成本，则引起了广泛的关注。笔者简要剖析公路工程设计阶段的造价控制，以盼能为相关公路工程项目设计阶段的造价控制作业实施提供参考。

一、公路工程设计阶段造价控制的发展现状

从当前我国公路工程的施工发展现状方面进行分析，公路工程设计阶段的造价控制，从宏观分析整体的发展现状较为良好，为区域财政投入效果的合理发挥，以及区域交通工程应用质量的合理提升发挥了重要的作用。同时，良好的公路工程设计作业实施，对于行车安全的保障，以及区域经贸活动的发展也发挥了积极的作用。另外，从细节方面剖析公路工程的设计作业，由于其涉及的设计细节内容较多，因此在具体的设计造价评估中因设计不完善，设计缺失，设计错误，造成的造价升高现象也较为多见。基于公路工程的设计实施现状，以及对造价控制现状进行考量，设计单位在公路工程的设计作业实施中，为降低因工程设计存在问题，造成的造价升高现象，还应从上述问题的优化及规避方面进行发展。

二、公路工程设计对造价控制产生的影响

（一）设计错误引起的造价变化

公路工程设计作业在实施中，设计错误造成的工程造价控制失效，以及造价成本升高的现象较为普遍。其中设计错误造成的造价控制失效现象，主要表现在：公路工程项目设计错误，造成在具体的施工作业中出现了一定的施工事故，施工返工，以及重复设计的现象，从而造成了一定的造价升高现象，对于项目工程的施工进度推进，以及项目工程的造价成本合理控制，均造成了一定的影响。

（二）设计变更引起的造价变化

公路工程项目在设计作业中，因设计变更引起的造价升高，以及造价控制失效现象较为多见。其中设计变更引起的造价变化现象，主要表现在：工程设计中因设计缺陷，基础勘察不完善引起的设计变更，从而造成的施工造价成本升高，施工进度延长，以及工程量增加引起的造价控制问题。另外，从经济性的角度进行分析，设计变更引起的工程造价控制失效，严重地影响了业主单位的实际权益，同时对工程项目的施工质量控制，以及整体工程的进度控制也造成了较大的影响。

（三）设计增量引起的造价变化

公路工程设计作业在具体实施中，设计方主要基于业主方需求，以及工地现状进行公路工程项目的设计作业。其中在具体的设计作业实施中，因业主方需求变化引起的设计增量，产生的造价升高现象也较为多见。其中因设计增量引起的造价变化现象，主要表现在：工程设计增量引起的工程量增加，工程进度延长，投入成本增加，人员应用成本增加，从而引起的造价升高，以及造价控制失效的现象。

三、公路工程设计阶段造价控制策略

从公路工程设计阶段造价控制的实施现状，以及产生的影响现象方面进行分析，笔者针对公路工程设计阶段的造价控制作业，提出了以下控制策略：落实限额设计、落实设计科目编订、提升设计人员专业技能、完善工程设计的前期勘察作业、加强工程设计审核作业、落实工程量核准作业、加强了解区域政策信息变化现状。笔者针对上述公路工程设计阶段的造价控制策略实施，以及具体实施中的注意事项进行简要的研究。

（一）落实限额设计

从公路工程设计阶段的整体设计及作业程序方面，评估造价控制作业的实施现状，落实限额设计作业则为有效的造价控制策略。其中限额设计作业策略的实施，应以业主方的项目预算造价金额为基础，基于预算造价金额进行限额设计作业。通过限额设计达到合理控制设计阶段的造价控制质量，从而达到提升整体工程项目造价控制效果的目的。另外在具体的限额设计作业实施中，为确保限额设计实施质量的合格性，业主单位在进行项目造价预算，以及限额基数出具的过程中，应注重落实市场调研作业以及项目工程施工区域的实地调研作业，以此确保其出具的限额金额总值，符合市场规则，符合实地现状。规避因缺乏基础参数支持，缺乏行业常识即出具限额设计金额总值，造成的设计作业无法开展以及其他不良现象。

（二）落实设计科目编订

公路工程设计作业的实施涉及的设计参数、设计项目、以及工程量核算作业较多，应从实际出发，关于公路工程设计阶段的造价控制作业实施，落实设计科目编订作业，则为有效的造价控制策略。其中关于设计科目编订作业的落实，设计单位应基于常规的公路工程设计内容进行科目编订，之后再通过工程项目施工工地的实际勘察作业，进行设计编订科目的完善和补充，以此确保工程设计作业实施的完善性和准确性。同时通过合理的设计科目编订，达到降低工程设计误差，减少重复设计，控制设计周期，以及减少设计返工引起的造价控制失效现象。

（三）提升设计人员专业技能

"术业有专攻"，公路工程设计作业作为一项专业性较强的设计工作，在设计作业的实施中设计人员的专业技能现状，则对于工程项目的设计质量，以及工程设计阶段的造价控制造成了较大的影响。在具体的公路工程设计作业实施中，提升设计人员的专业技能，则为公路工程设计阶段造价控制的主要控制策略。其中关于设计人员的专业技能提升，设计单位可通过多个举措进行落实。第一，通过招聘的形式，提升其项目设计作业人员的专业技能；第二，邀请行业专家针对现有设计作业人员，进行专业技能培训及理论知识讲解，以此提升设计人员的专业技能；第三，实施班组设计作业，通过细分工期和工段，进行差异化技能设计人员的分组，以此提升工程设计质量，同时达到降低设计误差率，以及提升设计效率的目的。

（四）完善工程设计的前期勘察作业

公路工程项目在设计作业实施中，基础勘察作业质量对于工程设计质量，以及后期的工程造价控制影响重大。在设计阶段的造价控制中，设计单位也应注重落实设计作业前期的勘察作业。其中关于前期勘察作业的实施，设计单位勘察人员应从基础地质信息勘察、水文信息勘察、交通现状勘察、地面及地下既有建筑物勘察、地下既有管网设施勘察，以及气候环境信息勘察方面进行作业。以此确保后期在工程设计作业的实施中，其设计内容符合施工工地的地质结构现状，符合区域气候环境，符合业主方需求，同时减少因设计误差，引起的既有建筑，既有管网破坏，造成的安全事故，人员伤亡，进度延误，以及造价成本升高的现象。

（五）加强工程设计审核作业

公路工程设计阶段的造价控制作业实施，加强工程设计审核作业，对于公路工程设计阶段的造价控制质量提升意义重大。其中在具体设计审核作业实施中，设计单位可通过"两步走"的方式进行落实。第一，设计方审核作业，设计方针对完成的设计图纸进行自行审核，并针对其中存在的问题进行纠正和处理，以此完善第一步审核作业；第二，联合审核，设计方、业主方、施工方、监管方组成联合审核小组进行联合审核。通过四方联合审核，完善实施项目设计审核作业，并及时优化设计中存在的缺陷及不足，最终达到提升工程设计应用质量，合理控制造价成本的目的。

（六）落实工程量核准作业

从公路工程设计阶段造价控制的本质方面进行剖析，工程量的多寡为影响最终工程造价数额的主要因素。落实工程设计中的工程量核准作业，也为公路工程设计阶段造价控制的主要控制策略。其中在具体实施中，关于工程量的核准作业实施，应由设计单位、业主单位及施工单位组成联合审核小组，通过设计方预先核准提交工程量编订科目材料，以及工程量单价价目表的方式，进行其项目工程量的联合核准作业。以此减少因工程量虚设，工程量核算错误，单价核算误差，引起的造价控制失效现象。

（七）加强了解区域政策信息变化现状

公路工程项目的施工发展影响范围大，影响人群多，且投资成本也较高，在具体的项目设计作业实施中，因区域政府政策变动，主管人事变动，引起的设计变更及造价控制失效现象也较为多见。基于该类现象分析，落实工程施工区域政府政策变化，及主管人事变化现状的了解，也为工程设计阶段造价控制的主要控制内容。具体实施中通过对政府人事变动现状以及政策变化现状的了解，确保其项目设计符合政策要求，并且确保政府部门主管领导对项目主管工作的有效衔接。避免因区域政策变动、人事工作变动现象下，缺失沟通造成的项目设计返工等其他不良现象，最终达到合理控制工程设计质量，确保工程设计阶段造价控制效果合格性，同时达到合理推动项目工程稳定发展的目的。

从当前公路工程设计阶段的造价控制发展现状，以及工程设计对工程造价控制产生的影响因素方面分析，设计单位、业主单位、施工单位在实际发展中，为切实有效地促进项目工程的稳定发展，同时减少因设计变化引起的工程造价升高现象，实际发展中设计方及业主方可通过限额设计，提升设计人员专业技能，完善设计科目编订，以及落实工程设计前期勘察的方向进行发展。另外，关于审核控制及监管方面的作业落实，设计方应联合业主方、施工方及监管方，进行项目设计审核、工程量核准，以及区域政策变动现状的及时了解。以此确保其项目工程设计符合业主方需求，符合监管方要求，符合施工可行性，最终达到合理推动项目工程施工发展，合理控制工程造价的目的。

第三节　公路工程设计中环境保护的实践

近几年，公路建设质量成了国民重点关注的问题之一，当前交通网络正不断完善，给区域经济带来发展的同时，也给人们的出行提供了更加便捷的方式。随着人们对环境质量要求的提高，公路建设企业要重视工程周边的建设环境。项目在设计阶段，要以工程环保理念为中心，在建设生态公路的同时，拟定一套合理有效的环境保护体系。

一、公路建设可能造成的环境影响

（一）水土流失

水土流失因地表径流在自然坡地表面上运动造成。在公路修建过程中，不可避免地要对公路路基进行高填深挖，对山坡林地及表土破坏较大，使原来的山体失去平衡，导致山体滑坡、边坡坍塌，破坏了周围植被，靠自然界的力量恢复植被需 3～5 年，甚至更长的时间。公路建设改变地表径流，成为沿线水土流失的另一原因。公路沿线桥梁、涵洞的新建和变更，将影响原有河道、沟渠的断面结构。公路建成后，由于建设资金紧缺，使得取弃土场往往处于无人管理的状态，对公路沿线极易造成水土流失的高填深挖地段也无法采取砌体加固的措施进行防护，这均增加了水土流失的潜在风险。

（二）公路施工过程对环境的影响

路基高填深挖、桥梁涵洞施工、取土、采石采砂、备料场、弃土堆、施工便道等行为是公路施工过程中最常见的工作内容，不可避免地会对沿线自然环境产生较大影响，不仅会改变原地表形态，加剧水土流失的产生，沿线水文网络也会由此发生改变。公路施工中常见的河道修改，由于水文、地形调查不细致，没有做到对河流的自然顺畅引导，以致洪水一来，河道又恢复到原来的位置，严重时被冲刷形成新的河道。公路桥梁、涵洞的修建由于设计深度不够，容易出现桥、涵进出水口位置与水流方向不协调，遇到暴雨季节或者山洪暴发就容易出现排水不畅，浸泡、冲刷农田。

二、公路设计中的环保要点和策略

（一）水环境的保护

首先，如果是桥梁工程施工，那么就需要做好其与公路的衔接处理工作，完善细节处的制度要求，定期的检修施工机械性能，减少其漏油危害，废水不能直接排出，要建立一个沉淀池，经过沉淀之后才可以排放。其次，施工材料方面，如果施工材料具有易腐蚀性、污染性等，就要将其远离河流区域堆放，并且也要设置相应的防雨防潮措施，拌和场和预制场需要设置一个临时排水系统和沉淀池，以为废水排出提高便利。

（二）水文保护

建设道桥的时候，要对其进行严格的监管，定期维修机械设备，防止油料的泄露对河水产生危害，不能随意将废弃的建筑材料扔进水里，要将其沉淀之后在排到水里。在道路施工中，要妥善安排好化学用品，设置好临时的排水设备，避免暴雨等灾害对当地的自然环境产生影响。沥青库生产和石灰搅拌场的废水，只有 PH 检测值为中性的时候才可以进行排放，固体垃圾能够焚埋处理的要及时对其处理。运营道路期间，假如遇到梅雨季节，相关的管理部门需要定期对公路进行维修，尤其是河流流经的路段，要增强巡查，做好暴雨风险的应急措施。

三、生态公路设计方案

（一）路侧设计

路侧设计要本着"以人为本"和"安全至上"的理念对生态公路进行科学设计，首先要设置标志标线，以此明确汽车的运行轨迹，保证汽车不发生行驶偏离而发生路侧事故。其次设置路侧净区，其主要是通过在路侧地段设置平坦地带，从而为车辆提供可恢复区域，同时设计一些生态公路景观，对于路侧净区的宽度根据地形平坦度的不同，有着不同的要求，以黄河三角洲为例，路侧净区的宽度应该大于9m，以此强化公路的安全。再次路侧护栏。不同的地段可能不适合设置路侧净区，对此需要安装路侧护栏，路侧护栏应该根据当地的生态环境选择合适的护栏形式和刚度。最后路侧边沟。生态边沟应该采取暗藏式边沟方式，这样当路面的水汇到明沟中后，通过流入暗沟中，解决了地表水的排降问题，同时也增加了路侧净区的宽度。

（二）分隔带的绿化

设计相关的心理学研究结果显示，司机在公路驾驶的时候容易出现道路催眠的现象。假如外部的信息不断单调重复，司机的大脑没有进行有效运转，处于空灵状态，此时大脑的细胞会出现抑制行为，导致司机的反应能力变慢。一旦反应的时间超过五分钟会大大降低大脑使用的功能，易导致交通事故的出现。所以，在设计中央的绿化带景观时需要考虑时间的因素。按照公路实际的情况，每 6 分钟行车距离可以改变设计，不断变换对于驾驶员视觉上的刺激，能够有效患者司机疲劳和紧张的情绪，使得司机始终保持意识清醒的状态，降低发生交通事故的概率。

（三）景观、绿化设计

景观设计是采取"露、透、封"的设计手段，凸显自然景观，实现公路美感、增强其绿化面积，给人以舒适感。一是公路中间隔离带。中间隔离带的绿化作用主要是防止对向汽车的炫目，起到美化路宽的作用，因此中间绿化带的绿化应该与周期环境相协调，植被的选择应该符合当地的环境，选择耐旱性强、抗污染的植被，同时种植的植被要满足行车的要求；二是科学设置景观休息区，公路休息区的设置在满足其功能要求的同时，要尽量选择环境优美的地方，以此实现与当地自然环境的融合，实现人文景观的建设。

总而言之，随着我国社会经济的快速发展，公路的建设工程逐渐增多。目前的经济形式下面，公路的设计现实意义非常大，相关的设计人员进行设计时需要同时代发展趋势相结合，考虑公路设计中的景观和环境保护设计，确保在公路的建设中减少对环境的破坏，从而实现社会的可持续发展。

第四节　公路工程设计中路线布设及路基设计难点

我国地理环境复杂、公路建设跨度较大，公路路线布设及路基设计难度大。本节对公路工程的设计原则进行了阐述，并对路线设计及路基设计进行了相关说明，以期为相关人员提供一定的帮助和支持。

一、公路工程设计方案选择原则

（一）满足生态环境的需求

在进行公路工程设计时，不仅要确保公路的安全性与质量性，满足公众的日常出行需求，还要符合现代化的美学设计原则，坚持不破坏生态环境准则，力求设计成果与生态环境的完美融合，目前大部分情况下都采取对称性与连贯性设计。

（二）满足公路工程设计的合理性与科学性

对公路工程而言，最重要的设计原则就是坚持设计方案的合理性、科学性与可行性，确保其符合现场的实际情况。比如公路建设需要穿过山川河流，那么在设计的时候，就需要结合现场的实际地形情况，将各个地形的差异化考虑在内，使用隧道等形式进行设计，确保正常通行。

（三）根据地质环境条件进行优先选择设计

在地质环境复杂的山区进行公路设计时，要对整体地质环境进行综合考虑，并结合施工进度、影响因素等，确保公路工程设计的合理性。假设公路工程会经过断层部分，为确保施工的顺利开展，在进行设计时，一定要将施工中容易发生的各类事故考虑在内并尽可能避开，例如塌方、滑坡、泥石流等，如果实在无法避开，则需要利用桥路或者降低填挖高度的方法来解决。

二、路线布设的整体设计

（一）将路线平面和垂直面设计考虑在内

在进行公路路线布设时，首先需要考虑可行性、安全性和经济性。比如遇到复杂地形需设计交通岔口时，确保公路建设的合理性，同时还要重视美观，确保整体设计的和谐性与美观性。其次，公路路线的平面和垂直面设计也至关重要，一定要坚持以人为本的设计理念。在对周边的环境进行考察后，明确整体设计方案，然后逐一确定各个路线的重要控制点，最后进行平面和垂直面的设计。除了满足基本的设计需求外，还要重视整体的协调性，并充分考虑驾驶员的视觉需求，总而言之，在进行公路路线设计时，可以结合多种设计方法，只要确保协调、统一即可。需要注意的是，在进行公路设计时，还要考虑排水系统设计，使公路运输网络和排水系统相结合，以实现整体、全面的公路网规划设计。

（二）选择合适的地质路线

在进行路线布设时，要对施工现场环境及地质条件进行细致考察，全面了解施工条件、地质条件的差异性，然后再进行针对性的分析和设计。首先，对施工环境及地质条件进行全面检查，以实现整体把控，在设计过程中，既要实现对环境的保护，也要尽可能降低投入成本，以确保取得正常的经济效益和社会效益。其次，要合理运用各类技术指标，将公路质量安全放在第一位，通过运用高指标实现地面路线之间的协调性和平衡性，尽可能通过调整线路减少对自然环境的不利影响。如果线路布设区域的地质环境尤为复杂且自然灾害较多，将会大大影响地质选线的过程和结果。基于此，选择合适的地质路线可以有效避开自然灾害，提升公路工程的抗灾能力，减少施工风险系数，确保施工的顺利开展。

（三）选择合适的环境路线

对于整体的公路设计方案来说，选择合适、正确的环境路线是非常重要的，可以实现公路建设与自然环境协调发展，具有一定的社会现实意义。因此在进行环境路线选择时，需要将施工地形考虑在内，增强环境保护的效果，使整体设计具备可行性、科学性与合理性。

三、路基设计

（一）关于路堑的设计

在进行路堑设计时，首先要对该区域的天气情况进行全面了解，对当地的地质情况、路面坡形等地理条件进行深入分析，以确保路堑设计工作的合理性。其次，在进行路面坡度、路坡形式设计时，需要根据现场情况确定设计施工方案，然后将原始稳固边坡和施工边坡进行有效结合，再对已经完成的方案进行检测和试验。需要注意的是，在进行现场实际施工时，如果出现边坡比较高的情况，则需要根据周围岩石的状况及稳定性，挖掘台阶形状或折线形状的边坡，并在边坡的一个侧面配合一处滚落台的设计。

（二）关于高边坡路堤以及陡坡路堤的设计

首先，需要根据施工现场的地质情况、施工原材料的来源情况等进行合理设计。其次，在进行设计时，需要确保设计方案的可行性、合理性与安全性，确保各类地基的牢固性，并且具备足够的强度、稳定性、耐久性。此外，还要对施工现场的各个环节进行灵活调整，一旦出现不合适的地方，需要立刻根据现场施工的情况进行高效处理，以确保施工的安全性与稳定性，特别是高边坡路堤以及陡坡路堤的设计，更要逐一进行针对性设计和检查，从而确保设计方案更合理、更安全。

（三）关于路基填挖交界位置的设计

如果开挖区域出现了岩石地质，则需要使用石料对路基进行填充；如果开挖区域出现了土质问题，处理的原材料则需要具备良好的渗水性能，并将土工格栅安装到路基填挖交界位置，以检测和观察地质状况及地下水的渗出情况，最后明确渗沟的设计方案。需要注意的是，要在设计方案中合理设计纵横向地下排水沟渠。

四、路基排水设计

（一）靠近河流处的排水设计

如果公路靠近河流区域，可能会对路基造成冲刷等不利影响，因此一定要格外重视路基的排水设计。首先，对公路经过的河流进行全方位的水流情况观测，尤其是发生四季变化时水流的涨跌情况；其次，再根据观察和记录的水流情况进行针对性分析和设计，以提升公路的抗灾能力，同时加强河岸水土流失的控制能力，减少河流对河岸的水侵蚀。

（二）隔离带的排水设计

公路两侧经常会种植植物，形成植物隔离带，但此类隔离带很容易出现积水的情况，因此为避免出现积水，需要进行隔离带的排水设计，最经常使用的方式就是将防水层安装在隔离带下方，并且安装好排水管，如此一来，一旦产生积水，就可以通过排水管及时排出，有效避免隔离带出现积水的情况。

（三）路基边坡的排水设计

进行路基边坡排水设计，是为了预防水对路基的危害，因此要将水排放到离路基较远的地方。因此在进行设计时，将排水沟安装在路基两侧的合适位置即可。

随着我国经济的发展，公路建设也在与时俱进，施工的范围越来越大，有效提升了人们的生活水平和出行便利度。但在公路工程建设中，路线的布设及路基设计仍然是一个重难点，值得公路人不断去探索和研究，相信随着设计水平和施工技术的提升，路线布设和路基设计问题将会得到一定的改善和解决，从而促进我国公路建设的又快又好发展。

第五节　基于高边坡稳定性及治理的公路工程设计

公路工程建设中不可避免地会遇到高边坡，这种常见的情况对工程施工及运营维护安全性极其不利，边坡的变形、滑塌等事故频频发生，阻碍了公路工程的发展，需要设计人员针对不同地质情况下的高边坡进行科学合理的方案设计。本节通过分析公路工程高边坡稳定性的影响因素，研究了高边坡的破坏机理，结合高边坡稳定性分析方法，提出了边坡稳定性设计要点和处治措施。

一、公路高边坡稳定性影响因素

（一）地质条件因素

公路工程边坡稳定性的影响因素很多，不同的岩土特性和地质构造对边坡稳定性的影响程度也不相同。边坡的地质构造是其稳定性的基础因素，包括抗震、溶洞、岩石的风化程度、节理特性、顺逆层边坡等。岩土的基本特性是高边坡稳定的基本因素，不同土体的黏聚力和内摩擦角等参数有明显的差异，黏聚力和内摩擦角是土体稳定性的物理力学特性，当边坡坡度大于自身的物力力学特性时很难保证土体的稳定性，受扰动时就会发生整体失稳破坏。岩质边坡受岩石强度、节理裂隙发育程度、软弱结构面的影响，在外界的扰动下往往最弱的岩石连接界面最先发生错动失稳破坏。

（二）水文地质因素

地下水的存储及补给受当地气候条件变化的影响较大，而地下水的存在及活动影响着岩土的基本物理力学特性，决定着岩土体的力学特性能否满足工程设计标准要求，对边坡稳定性影响很大。地下水的运动改变了岩土体的剪切和法向力，当地下水进入一些裂隙或相对薄弱的结构面内时，会削弱岩土的结构抗力，使边坡形成松散体或滑动体。冬天岩土体中的地下水不能及时排水则会冻胀开裂失稳。

（三）设计因素

设计前期地勘资料不详细，对高边坡土体的物力力学特性把握不到位，设计的边坡高度、坡率及支护形式不足，高边坡的稳定性无法得到保证。

（四）施工因素

建设中的施工工法也影响着高边坡的稳定性，不科学的削坡方式，坡顶堆载、支护不及时等不合理的施工方法破坏了岩土体的结构构造，导致边坡体失稳滑塌破坏。

二、高边坡破坏机理及稳定性分析

（一）边坡破坏机理

边坡失稳破坏经历变形和破坏两个阶段，在外界因素作用下，边坡先发生变形，当变形积累到一定程度则会发生失稳破坏，边坡在失稳破坏前伴随的有变形特征，在了解高边坡变形破坏机理和破坏模式下，有针对性地对边坡进行设计加固。边坡变形一般为结构体蠕动变形和岩土体松动变形及边坡开挖成型后的卸荷回弹变形，发生在结构体内部通过监控量测进行观察掌握。结构体内部的细小变形不断发展则演变成土体剥落、滑动、崩塌、弯曲倾斜等破坏模式。

（二）边坡的稳定性分析

根据边坡体的物理力学特性、几何尺寸、表面形态和外界荷载条件，边坡稳定性分析的方法可分为工程类比法、瑞典圆弧条分发、整体圆弧滑动法。工程类比法在边坡设计中用到的较多，它是根据地勘提供的地质资料和现场地形走势，参考《工程地质手册》和其他类似工程设计边坡坡度值，作为边坡稳定性的判断方法；瑞典圆弧条分发通常预先假设，采用块体极限平衡理论来计算稳定性系数，边坡稳定性系数是反映边坡稳定状态的指标，是抗滑力与下滑力的比值，值的大小反映了边坡稳定程度，值越大边坡越稳定；整体圆弧滑动法是按照极限状态时均质边坡内摩擦角、坡角与稳定系数之间的关系曲线，计算土体的极限高度，当实际高度超过这个极限高度值时，则视为该边坡是不稳定的。

三、公路工程边坡治理设计原则

（一）预防为主原则

在进行道路线性设计时，做好前期的地调工作，尽量避开地质情况复杂和易发生地质灾害的深挖高边坡路段，如果避免不了则设计合理的边坡加固措施，加强边坡土体强度，保证高边坡的稳定性，做到事前预防，减少后期事故的发生概率。

（二）针对性根治原则

边坡的稳定性受施工的影响较大，在建设中应根据边坡土体的具体影响因素，深入分析造成边坡失稳的原因，有针对性地制定相应的处治方案，严格按照治理方案进行施工，确保工程质量，争取一次性解决边坡稳定问题不留后患。

（三）兼顾经济与技术原则

设计时要综合考虑治理的经济效益，在满足相关标准要求的情况下，制定不同的边坡治理方案，尽可能选择成本较低的最优治理措施。在兼顾经济的同时充分考虑边坡治理的技术措施，优化施工步骤，选择技术与经济最佳的方案。

（四）综合性治理原则

造成边坡失稳的因素有多种，危害程度也不尽相同，在治理时应充分考虑病害的成因及危害，分清主次因素，结合现场监测数据，有关键性的综合治理，消除高边坡失稳的危害。

四、高边坡设计和治理措施

（一）设计要点

（1）设计要建立在对工程地质资料详细调查的基础上，消除或规避不良地质对边坡稳定性的影响，设计人员应高度重视并提前预防，如不能避免需有科学合理的加固方案，确保高边坡施工和运营的安全。

（2）根据实际情况详细研究高边坡病害产生的原因，提出相应的技术解决方案，避免安全隐患的发生，对提出的技术方案进行经济性分析，以技术可行和成本投入合理为设计目标，实现高边坡处理的科学和经济效益。

（3）引起边坡失稳的因素较多，有设计也有施工方面的原因，在制定处治方案时，综合考虑各方面的因素，从技术质量和管理上进行综合考虑，避免高边坡失稳的发生，同时设计中需要结合环境及美观性，制定实用和合理的综合性处治方案。

（二）高边坡治理措施

1. 合理选择高边坡设计方法

高边坡设计方法分为经验对比法、工程地质对比法和力学计算法，结合工程实际情况，制定科学合理的边坡治理设计。经验对比法主要根据设计人员主观经验，把当前工程的地质条件等与已建成的边坡工程进行对比，选择合理的边坡参数进行设计；工程地质对比法是结合自然稳定的边坡坡率与要设计的边坡进行比拟，进行合理的工程地质验算；力学计算法是通过收集工程的地质情况及岩土体的物力力学参数，对高边坡的设计坡率进行力学稳定性计算。对于设计人员来说要根据自身条件和资源选择合理的边坡设计方法。

2. 做好边坡的防水及排水措施

据统计近年来，我国多数的高边坡失稳破坏大多是由于排水不畅，导致边坡被水长时间浸泡，使岩土体软化，降低了岩土体的抗剪强度和承载能力，使结构体沿着某个软弱结构面发生滑移破坏。因此做好边坡的排水措施是非常有必要的，使边坡岩土体周围和表面不存在积水或汇水，可以根据工程实际情况设计排水沟、排水管或渗水通道的方式对边坡周围的水进行排放，有效改善边坡稳定性的环境需要。

3. 加强坡面支挡与防护

（1）设置挡墙或抗滑桩。根据边坡滑动的危害和程度不同，针对小型的滑坡可以通过设置预应力锚杆、加筋土挡墙等方式实现良好的防护效果。对于中大型的滑坡，挡土墙难以得到良好的防护效果，考虑在滑动剪切面中埋设抗滑桩，增强土体抗剪强度，与挡墙相比更具有方便灵活的特点。

（2）生态防护或圬工防护。圬工防护通常以锚喷为主；但是锚喷对环境影响较大，且施工用圬工材料较多，不够美观。生态防护是通过少部分圬工材料、锚杆和植物相结合防护方式，不仅经济美观，还有良好的生态效益。

第六节　BIM 技术在公路工程设计中的应用

公路工程是国民性基础工程，是交通运输行业的重要载体，直接影响交通运输行业发展。所以，应对公路工程施工质量引起一定重视，深入探究、创新公路工程管理以及施工技术，实现公路工程的高质、高水平发展。BIM 技术是一种新型三维立体建模技术，已经被广泛应用于公路工程施工之中，但是，由于我国 BIM 技术起步较晚，尚处于初步探索阶段，需要在实践中不断改进，完善 BIM 技术在公路工程中的应用，能够推动我国公路事业实现更好、更快的发展。本节结合 BIM 技术的定义与特点，深入分析了 BIM 技术在公路工程设计中的具体应用，为推动 BIM 技术形成完善体系，提升我国公路工程质量提供了宝贵的借鉴性经验。

一、BIM 技术定义

BIM 技术是一种新型数据化、信息化技术，以计算机技术、大数据作为技术支持，构建起清晰、直观的工程三维模型。应用 BIM 技术首先应对工程项目对象进行信息搜集，对项目信息进行整理、筛选、整合，筛选出有用的工程信息数据资料，通过计算机技术结合有用信息构建工程项目三维模型，能够方便设计人员随时对项目设计进行修改、完善，对整个设计以及施工过程实施全程动态监管，有利于完善项目设计方案，有效控制项目材料成本、人工投入成本等，实现工程项目经济效益与社会效益的同步提升。

二、BIM 技术在公路设计中应用优势

（一）提升工程数据计算精准度

在公路工程设计环节应用 BIM 技术，能够将公路工程信息清晰、全面地展示在三维

模型之上，方便技术人员将整合信息与公路工程实际信息进行对比，及时找出工程设计方案中的不足之处，完善设计方案，避免在实际施工时出现工程事故，能够有效规避工程施工风险，提升公路工程施工整体安全性。BIM 技术应用在公路工程设计之中，通过计算机技术、大数据与专业人工对信息数据的筛选，能够有效提升工程数据信息获取精准性，同时也提高了公路工程数据信息获取效率，为编制科学合理的公路工程设计提供了强有力的数据支持。

（二）加强不同部门之间联系，提升互动性

传统的公路工程设计缺乏与业主方的沟通，只是在设计之前，与设计完成之后与业主方进行意见交流，导致业主方的诸多意见不能及时、准确的在设计方案中显示出来，需要进行多次修改，既浪费时间，也造成人力成本投入加大。BIM 技术能够有效改善这一问题，BIM 技术能够有效将不同部门，不同施工环节联系起来，促使各个项目参建方面加强交流，能够整合不同优秀建议，实现资源的高效配置，以提升公路设计方案的实用性与整体性。

（三）提升公路设计方案水平，优化设计方案各个环节

公路工程是一项涉及环节较多的综合性复杂工程，所以，公路设计也是一项较为复杂、专业的工作环节，需要结合公路工程实际情况不断做出调整、改善。公路设计中，各个环节之间联系性强，只要有一个设计环节出现了错误，就需要设计人员再次投入大量的人力、物力、财力完善设计方案，尤其是对数据的再次整理和筛选，工作量大，极大地降低了工作效率，不利于对公路工程成本实现有效控制。BIM 技术的应用极大地改善了上述情况，使用 BIM 技术，能够优化公路工程数据信息，提升数据信息精准性，减少数据信息获取时间，提升工作效率与质量，从而实现优化设计方案的目标。

（四）可视化建模

BIM 技术与其他技术的最大不同就是使用参数代替数据信息进行建模。将公路工程中各种数据信息以参数的形式表示，对不同参数进行分析，实现公路工程三维、立体模型的建立，能够准确、清晰地将不同施工环节以不同参数的关系表现出来。原有的最常使用的公路设计软件为 CAD 设计软件，虽然也能够呈现出设计图纸各个关键点，但无法将公路工程的整体以三维模型方式展示出来，BIM 技术能够将公路施工各个环节的具体情况清楚的展现出来，极大地降低了公路设计中出现的失误，将企业经济损失降到最低。所以，在公路设计中应用 BIM 技术是十分必要的，应引起企业相当重视，不断实现对工程项目的优化调节。

三、公路设计中 BIM 技术的运用

（一）公路构件结构树的建立

在公路设计中，应用 BIM 技术，最为关键的就是构建完善的公路构建结构树系统，

将各个施工环节、原材料使用情况、具体人工安排等清晰地规划在结构树的系统之中，有利于对公路工程整体实现动态控制，实现对公路工程数据信息的集中掌控，提升公路工程管理水平。在构建公路构件结构树时，应注意立足于公路工程整体，对公路工程按照不同的施工环节进行构件拆分。一般将公路工程构件拆分为四个层次：①对公路工程实际情况进行全面勘察，例如：施工地段地形地貌、水文地质条件等，结合不同施工条件，对公路施工环节进行划分；②对以施工缝为界的功能组合进行细化；③进行工程量清算，重置工程资源配置，优化设计方案；④进行项目工程建模，按不同施工环节进行构件的细化分配，将各个构件整合在一起，完成公路工程构件结构树的构建。

（二）有利于对公路工程设计进行信息化管理

BIM 技术是信息化技术的优良产物，应用在公路设计之中，推动公路工程管理朝着信息化、现代化的方向深入发展。在公路设计阶段，应用 BIM 技术进行工程三维模型构建，能够及时准确地找出工程设计中存在的问题，完善公路工程设计，提升公路工程设计实用性与可行性，为公路工程施工提供科学有效的指导依据，提升公路工程施工质量。公路工程由于其施工场地、环境的特殊性，在施工中，存在许多不可控因素，设计方案也需随着不同因素的变化而进行修改。一旦发现施工设计与公路工程实际施工所需出现差异，可以直接更改工程三维模型中的相关参数，修改过程简单，不需要对整个工程设计进行修改，提升工作效率，确保施工进度，从而提升了公路工程整体施工质量。

（三）工程量统计和方案对比

通过使用 BIM 技术构建的三维立体工程项目模型，能够为公路施工全过程提供强有力的指导依据，由于对公路工程施工各个环节进行细化，有利于将各个施工环节整合起来，计算出精准的工程量清单，确保工程量计算的准确度。通过对 BIM 模型的深入分析，能够实现对公路工程施工现场各个环节的模拟施工，有利于进行公路工程量清算，传统的工程量清算主要是依靠人力进行梳理，不仅工作效率较低，工程量计算精准度也常受到影响，通过 BIM 模型进行工程量计算，能够极大地提升工程量清算的效率与数据计算的准确度。同时，使用 BIM 建模技术，能够清楚、准确的分析出不同工程设计方案的优势，有助于选择出最佳工程项目方案设计，同时，能够随时更改建模参数进行工程设计的修改与调整，以确保公路工程顺利、高效完工，提升公路工程整体施工质量。

BIM 技术是一种新型的三维工程建模技术，广泛应用于各个行业之中，尤其在公路设计中取得了一定的成绩，所以，应该重视 BIM 技术在公路设计中的应用，为提升公路设计水平提供强有力的技术支持，推动我国公路行业实现健康、可持续发展，加快我国城市化建设，提升国家整体竞争力。

第七节　CAD 技术在公路工程设计中的应用

通过多年的设计实践,CAD 技术存储方便,而且使用的过程中有快捷简便等诸多优点,逐步在工程设计的过程中扮演非常重要的角色,文中重点分析研究 CAD 技术在公路工程建设设计过程中的应用,以供参考。

伴随当前计算机外围设备发展速度的进一步加快,CAD 技术越来越完善,越来越成熟,形成了一门实用性的技术,广泛地应用于工程设计当中。

一、公路 CAD 技术在工程设计中的优点

CAD 技术在使用的过程中可以让劳动强度进一步降低,确保路面的整洁性,通过 CAD 绘图可以使用一只鼠标将所有想要做的工作完成,具有统一的字体库、线型库,而且图片在设计的过程中相对较为整洁,可以让设计过程中的工作效率进一步提高,相关设计可以进行再利用,其次可以让设计质量提高。在当前程序库数据库的帮助下,公路 CAD 技术逐步可以对设计的成果和经验进行继承,通过计算机准确高速等诸多特点与人机交互设计进行有效的结合,可以更好地优化相关的设计方案,让工程设计过程中的质量进一步提高,控制工程投资的资金,保证工程建设过程中的规范化,最后在资料保存方面具有很大的优势。

二、CAD 技术在公路工程设计中的应用技巧

（一）在 Word 文档中插入 CAD 图形

CAD 软件有一些功能比较强大,在绘图方面具有巨大的优势,通过 CAD 进行图形的绘制,接着向 word 当中插入,形成复合型的文本,是将这些问题解决的重要基础。通过 CAD 形成 explode 功能,将 CAD 图形通过 wmf 或者 bmp 的形式进行输出,接着向 word 文档当中插入,也可以首先拷贝 CAD 图形,接着粘贴到 word 文档当中,另外需要重视的是因为 CAD 在设计的过程中,背景颜色默认为黑色,而 word 背景颜色默认为白色,所以在插入图片之前,首先需要将背景颜色改变,形成统一的效果,与此同时在 word 文档当中插入 CAD 图片的过程中,可能会出现空间过大等情况,无法获得较好的效果,所以通过 word 图片工具栏进行剪裁,可以做好相关的修正工作,解决空间过大的问题。

（二)CAD 表格制作

虽然在使用的过程中,CAD 的图形功能较为强大,然后在表格处理方面不强,在实际操作的过程中往往需要进行相关表格的制作,比如说工程数据表需要高效的进行数据图

表的工作，这是非常重要的一个问题。在 CAD 条件下手工画线对表格进行绘制，再在表格当中进行文字的填写的过程中，效率相对较低，无法对文字的书写位置进行精确地控制，在排版的过程中也会出现很多问题，虽然当前 CAD 支持一些嵌入式链接对象，然而在进行 Excel 表格或 word 插入的过程再修改方面不是非常方便，如果需要进行修改则需要进入 Excel 或者 word 当中。在完成修改之后再插入到 CAD 当中，另外一些二级钢筋符号、一级钢筋符号等特殊符号很难在 Excel、word 当中进行输入。通过进一步的探索分析发现，要想将这个问题解决，首先需要在 Excel 当中进行表格的制作，接着将其从剪切板当中复制到 word，在 CAD 环境当中进行编辑，形成 CAD 的文档，再将表格形成 CAD 实体之后，用 explode 炸开，对相关的方字和线条进行编辑，这样操作较为方便。

（三）线宽修改

CAD 形成了一种多义线宽修改命令，pedit 可以修改多义线线宽，如果不是多义线，可以首先通过相关命令将其进行多义线的转化，再对其进行改变，然而 pedit 在操作的过程中相对较为复杂，每次只能对一个实体进行选择，在操作过程中效率不高。而 CADR14 附赠程序 Bonus，产生了 mpedit 的命令，可以批量的对多义线环境修改。在操作的过程中较为方便，而且在 CAD 当中能够在属性当中对线宽进行定义，只需要将线框当中实体改变，对其属性进行更改，就能够修改线宽，与此同时多义线线宽同 LineWeight 都可以对实体线框进行控制，区别在于 LineWeight 在控制线宽的过程中控制实体线宽，而多义线线宽主要对相对线宽进行控制，也就是说不管图形通过多大的尺寸进行打印，wiLineWeight 在线宽方面不会出现较大的改变，而多义线的线宽可以依照打印的尺寸灵活的进行调整，无论进行多少倍的缩放 LineWeight 在线宽方面都不会改变，而多义线可以随着打印缩放的情况进行改变。

三、CAD 技术在公路工程设计中的应用

（一）CAD 在公路工程业外测量中的应用

在公路勘测设计的过程中，外业测量是非常重要的一个环节，是进行建筑施工信息获取的基础。在当前工程勘测技术信息化发展时代，遥感技术、GPS 技术的综合应用让勘测实效性进一步提升，这些勘测技术在应用的过程中有机地结合了上述工作环节，在处理分析管理过程中的效率进一步提升，形成了大量数字化勘测的结果，CAD 技术可以基于这些探测技术进行联用，将相关的测量结果向计算机当中导入，利用图形处理的功能对各工程图纸进行直观的体现，方便操作人员进行调用和查询，与此同时，在外业测量的过程中，通过 CAD 技术能够有效地与对传统设计的工作流程进行整合，有效的联通勘测和设计的各个环节，通过基础信息数据的标准化传输，让外业测量信息应用得以实现，工程勘测过程中实际效率进一步提升。

（二）CAD 在公路工程工程内业设计中的应用

在公路工程选项设计的过程中，涉及各个环节和内容，比如说水文、地质、地形、地貌等，都会对选线方案产生直接影响。在工程线路设计的过程中，通过 CAD 技术能够对前期工程公路开设的结果进行充分的考虑，形成可视化的图纸，进一步深入的研究路线的选择情况，在可视化的条件下积极参比各种数据，比如说地质条件和流水，都能通过相关数据进行分析和研究，可以提高公路选型设计过程中的科学性、合理性，为后续的工作打下坚实的基础。

（三）桥梁设计

在桥梁设计的过程中引入 CAD 技术，可以形成丰富的模型数据库，让桥梁设计更为标准化。桥梁工程的各个构件设计和分布结构具有较大的信息量，在实际设计的过程中，设计人员需要投入大量时间进行分析和比对，CAD 技术为桥梁设计打下了坚实的基础，形成了完善的标准化结构模型，设计人员可以合理地对应用模型进行选择，将桥梁模型应用到设计方案当中，并且优化相关的参数，对局部进行调整，形成理想的设计方案。

（四）涵洞设计

PCVX 是一种公路桥涵设计系统，可以有效地和 CAD 之间进行内存共享，另外还可以在 CAD 条件下进行成果图的绘制，与此同时，这项技术可以进行多项图形的计算和绘制，符合图形布置的具体需要。与此同时，在对涵洞进行设计的过程中，PCVX 可以对数据库当中的内容进行整合，进行涵洞构造图的绘制，通过 CAD 计算机辅助软件对路基的测量参数进行确认，并且做好分析和修正的工作，为后期设计人员的设计打下坚实的基础，让设计的准确性提高。

第三章 公路桥梁设计的具体内容

第一节 公路改建工程桥梁总体设计

针对公路改建工程桥梁总体设计相关内容进行分析，结合改建方案，提出桥梁总体设计应当遵循的原则。结合总体设计性原则，总结了公路改建工程桥梁总体设计措施，其内容有：工程总体设计、主桥结构设计、老桥拼宽设计等。通过对这些内容的分析，为公路改建工程桥梁总体设计提供一定理论依据。

伴随交通运输的不断发展，对公路桥梁的要求不断提高，部分使用时间较长的公路桥梁等，已经难以满足现代交通运输的需求，因此要对部分公路进行改建，在改建过程中，需要对相应桥梁进行总体设计，进而满足当下以及未来交通运输需要。

一、改扩建方案的选择

河北省某公路和沿线的主要城市之间相互连接，占据了最大的通道资源，公路两侧已经形成现有公路产业带。针对现有公路改建方案而言，其充分发挥了通道资源的优势，并且在一定程度上减少了占地，吸引了大量的交通量，从而降低了工程造价等。现有公路在路面、路基和桥梁方面的使用总体情况较好，但是两侧缺少重要的控制性地物，具备改扩建条件。

改建之后，公路桥梁路面线位和老桥相同，改建桥梁总体长度为1730.58m，采用分离式双幅桥布置方式，针对标准段而言，单幅桥的宽度为18.25m，和s32砸道相连接位置单幅桥宽为22.25m，桥梁总体面积为65968.5 ㎡。

二、桥梁总体设计原则

在对桥梁进行总体设计时，本着"安全、舒适、和谐、美观"的总体设计理念，对桥长和跨径进行布置，应当和水文的设计相符合，尽可能对河床断面进行压缩，从而确保泄洪、排涝和通行、通航的需求等得到满足。对桥头引导和桥台的布置等和地形、地质等情况相互结合，本着对环境破坏少、桥梁结构和台后填土稳定高的方式，规定桥头路基填土高度在8m以下，进而使桥长得以缩短，并且使工程造价得以降低。针对地质条件较好的路段，可以将桥头路基填土的高度进行适当提高。如果桥长在 20m 以下，则不需要为其设置伸缩缝，可以使用桥面连续的形式。对桥面连续形式进行使用的一般是大中桥，结合实际情况，在变形零点附近为桥墩顶设置相对合理的伸缩缝，在桥台位置，对桥面连续方式进行使用，通过这种方式能够对桥头跳车现象进行有效控制。对结构连续的桥梁，为桥梁桥台位置设置伸缩缝。

除去特殊大桥之外，通常使用中小跨度的预制装配混凝土梁。如果跨径在 25m 以下，可以先对桥梁设置简支，然后对桥面进行连续设计。如果桥梁跨径在 25m 以上，在对其设置相应简支之后，采用连续结构设计方式。

施工场地对桥梁设计带来了一定影响，在立交范围内的主线会变宽，为了使施工更加方便，可以使用预制小箱梁的方式。针对特殊路段，结合地形，选择现浇预应力混凝土连续箱梁。对于柱式墩而言，墩高在 7m 以上时，可以为桥墩设置相应的桩系梁，促使横向的整体刚度有所增加。

三、公路改建工程桥梁总体设计措施

工程总体设计。本项目属于一项公路改建工程，在进行桥梁设计过程中，主要将工作分为主桥部分和引桥部分。其中主桥 2×75m 的连续形式组合箱梁，对其使用分离式双福窍门进行布置，而其中单幅桥总体宽度为 22.25m。针对主桥悬臂下部分位置进行分析，可以为其设置相应的人行通道。第一部分为老桥顶升利用段，桥总长为 524m，可以分为三联实施整体顶升。第二部分为老桥引桥吊开接高利用段，总体长度为 715m，将老桥板调开之后，对桥墩实施接高利用。第三部分属于老桥拼宽路段，在标准段单幅桥外侧拼宽在 2.5m。

主桥结构设计。经过详细比较和选择之后，选择箱梁梁高为 4.0m。为了沿线两侧行人通过需求得到满足，需要在主桥的内侧悬臂下面设置宽 1.25m 的人行道。因为老桥主墩桩基所选择的是 450mm 的截面方桩以及钢管桩成桩方案进行比选，而对于主桥墩而言，可以使用 φ609 mm 钢管桩基础，进而使基础施工更加方便，桥墩采用实体钢筋混凝土结构，同时不存在分离式防撞墩和橡胶缓冲垫。

为了使槽型钢主梁吊装过程的稳定性得到保障，针对边支点、中支、临时吊点和临时支撑点附近均设有由 φ203×10 mm 无缝钢管组成的水平连接撑。对混凝土进行分析，对桥面板进行设计，其宽度为 22.05m，而板的顶部位置所存在的横坡单向 2.0%，可以在板的底部位置以及钢箱梁顶部位置设置平坡，其余位置设置斜坡，同时将桥面板厚度控制在 300mm，使用混凝土为 C50 纤维混凝土。设计工作要结合相应原则进行，如桥面开裂和桥面板宽度等。纵方向上，并不需要设置预应力，对较为普通的钢结构进行使用。横方向的位置，可以使用 0.45m 标准间距，促使大悬臂产生较大的负弯矩拉应力。桥面板的内侧，不需要设置纵向预应力，从而使施工更加方便。对于主桥而言，围绕中点 12m 范围内，采用双层组合结构，既能够将顶面混凝土桥面板去除，同时能够在钢梁底板位置，设置厚度为 350 ~ 500mm 的双结合混凝土，然后对剪力钉和钢梁底板结合使用。

老桥拼宽设计。本项目中，公路老桥主要分为两幅桥，单幅桥宽度为 16.55m，对其进行改建，结合远期双向 8 车道一次拼宽的方式。其中的单幅桥宽为 18.25m，对每幅桥外侧进行分析，对其进行拼宽，宽度为 2.5m，为了能够和 s32 公路所预留出来的两条匝道之间进行连接，需要在分流口位置进行拼宽，宽度为 6.5m。针对老桥进行拼宽，拼宽位置应当是老桥的外侧部分，采用和老桥相一致的桥跨进行布置。老桥以及拼宽的部位进行结合，确保其保持一致。对标准拼宽位置进行分析，上部分结构和老桥之间保持一致，对 20 ~ 22m 的简支空心板梁进行使用。对于其中的铁路老桥而言，其宽度为 35m 简支 T 梁形式，对其进行拼宽，宽度仅为 2.5m，如果仍然使用 T 梁实施拼宽作业，会降低桥梁自身稳定性，因此要使用 35m 跨简支小箱梁实施拼宽。针对 s32 匝道位置的分合流拼宽而言，可以对其进行划分，分为异型结构，然后对简支现浇梁方式进行使用，从而改变复杂的平面线形。针对拼宽为 2.5m 的位置，在下端采用独柱墩，钻孔灌注基础承接台。变宽位置以下部位，使用双柱墩和钻孔灌注桩，对老桥进行拼宽，连接新老结构，比较并选择多个方案，对这一工程使用"上连下不连"的方式，针对老桥外侧的防撞栏进行分析，将其拆除之后，需要将老桥的边梁进行拆除。

对于部分悬臂，针对板梁内的钢筋以及拼宽板梁，对其进行焊接，并保障一一对应，针对微膨胀纤维而言，对其进行浇筑，从而使混凝土形成一体。同时，在互相拼接的地方，设置相应凸槽，然后在其中嵌入相应的防水密封胶，使不均匀沉降部位所具备的压力降低。在老桥基础位置，可以使用预制方桩，拼接下部分结构，降低小桩基对拉桩基带来的影响，同时对钻孔灌注方式进行科学使用。多选择小桩径，使用压降技术进行桩底处理，科学控制沉降情况。对上部结构进行施工之前，采用基础预压方式，促使施工后沉降得以降低。在拼宽独柱墩中，存在较高高度，在横向上，存在较低的稳定性，这种情况下的设计，需要适当限制横向位置，在纵向位置设置老盖梁，并实施"弱连接"，从而使墩横向稳定性得以改善。对这一装置进行使用，主要使用锚栓和预埋钢板，螺栓孔形状为长圆端形，并且对其进行纵向位移，但是不能实施横向位移。通过这种方式，对拼宽盖梁做出横向限位，并实现横向沉降的目的。

进行公路改建，桥梁的改建是整个项目中最为关键的内容。对改建方案进行选择，不但和桥梁自身结构安全具有直接关系，同时也对改建项目投资进度带来影响。进行公路桥梁改建，需要遵循"安全、适用、经济"的原则，对相应的检测资料进行分析，对桥梁整体设计方案进行科学制定。

第二节　公路桥梁上部结构设计

公路桥梁上部结构设计对于桥梁工程质量、安全、经济性以及美观性会产生较大影响，是桥梁工程设计的重点。首先对桥梁上部结构组成部分进行介绍，然后对公路桥梁上部结构设计要点进行分析，并以某公路桥梁为研究对象，对桥梁上部结构设计方案进行深入研究。

中国交通基础设施项目建设水平不断提升，桥梁工程是十分重要的交通工程，桥梁工程所承担的交通功能也越来越大，对于设计水平的要求也逐渐增加。在整个桥梁工程设计中，上部结构设计至关重要，通过优化桥梁工程上部结构设计，可促进桥梁工程使用寿命的增加。因此，对桥梁工程上部结构设计要点进行深入研究意义重大。

一、桥梁上部结构组成部分

桥梁工程项目建设为一项系统性工程，在桥梁工程上部结构设计中，首先需要了解桥梁工程上部结构组成，具体包括以下3点：第一，桥面，桥面是供车辆以及行人通行的部分，不同桥梁工程桥面有一定的区别；第二，桥跨结构，在桥梁工程中，桥跨结构为承重结构，是桥梁工程设计的核心内容，桥跨的跨越幅度、承受作用都会对桥梁工程桥跨结构的构造形式产生较大影响；第三，支座，桥梁工程支座的作用是将上部结构所产生的支撑反力传递至桥梁工程墩台的中间节点上。

二、桥型上部结构方案设计原则

（1）在桥梁工程上部结构设计中，需综合考虑桥梁工程建设环境、地形地貌、公路工程通航能力、运行能力、公路等级，等等。比如，如果桥梁工程建设区域地表平缓、河流深度比较浅，则应尽量采用简支梁结构或者先简支后连续梁桥结构，有利于简化施工方式，同时保证结构受力明确。有些桥梁工程建设区域地形复杂，运输条件比较差，应尽量采用预制结构形式。

（2）为了尽量缩短桥梁工程建设工期，降低工程造价，同时保证桥梁工程施工质量，应采用桥梁工程标准化结构形式。对桥梁工程上部构造，应用预制拼装结构以及标准跨径，便于施工。在选择桥梁工程上部结构时，还应注意综合考虑桥梁工程施工环境、施工工期要求、施工场地条件等。

（3）在桥型上部结构方案设计时，需要选择多种桥型方案，对各个设计方案进行比较分析，进而选择最适宜的桥梁上部结构设计方案。

（4）在桥梁工程设计建设中，需综合考虑桥梁工程抗震性能要求，如果桥梁工程对于抗震性能的要求比较高，则应尽量采用先简支后桥面连续结构，保证桥梁工程结构耐久性，另外，还需综合考虑桥梁工程建设对于周边生态环境的影响，尽量提升桥梁工程上部结构的美观性。

三、公路桥梁上部结构设计要点

在公路桥梁工程设计中，上部结构体系主要有以下3种：

（1）拱式体系。拱式体系桥梁工程建设区域的覆盖土层比较薄，如果基岩承载力比较高，则拱式体系桥梁工程可发挥造价低的优势。

（2）先简支后结构连续体系与简支体系。这类桥梁工程上部结构设计方案能够预制装配，同时可进行标准化施工，而且造价低廉，是公路施工中比较常见的形式。常用跨径有25m、30m、40m 3种，一般预制空心板的跨径在25m以内，建筑高度比较小，被广泛应用于中型桥梁工程、小型桥梁工程项目建设中。另外，T梁的截面受力合理，经济性能较好，但是，其抗震性以及景观效果比较差，因此，如果桥梁工程建设对于抗震性能的要求比较低，则可采用T梁结构形式。

（3）连续刚构及连续梁体系。有些桥梁工程需要跨越U形深谷，无法采用装配式结构形式，对此，可采用大跨径连续梁体系方案。当桥梁工程桥墩高度在30m以上时，需要注意对墩梁进行加固设计，进而改善桥梁工程上部结构受力。

四、公路桥梁上部结构设计实例

工程概况。在某公路桥梁工程项目建设中，桥梁工程总长度为20.1km。根据现场勘察，该桥梁工程建设环境地形复杂，周边建筑工程较多，地质变化比较大。对于该桥梁工程上部结构，应采用跨径在25～30m之间的装配式小箱梁、40mT梁，如果跨径在20m以内，则可采用预制空心板。如果采用先简支后连续方式的预制结构方案，能够保证桥梁工程路面通行的稳定性以及舒适性，同时便于桥梁工程与运行维护。如果T梁墩高在35m以上，则需要采用墩梁固结形式，如果纵坡比较大，也需要应用墩梁设计方案。另外，还需注意，公路桥梁工程建设环境复杂，施工难度比较大，在具体的施工过程中，需要对桥梁工程上部结构设计方案进行调整。比如，如果桥墩高度比较大，则应尽量采用T梁结构形式；如果桥墩高度比较小，则需采用现浇混凝土连续箱梁。

上部结构设计方案比较。在该公路桥梁工程上部结构设计方案比较时，需将跨径为25m、30m、40m的结构尺寸进行比较，同时对T梁和装配式小箱梁两种上部结构设计方案进行比较，最终确定最符合实际需要的上部结构设计方案。在部结构设计方案比较时，重点需考虑以下5点：

施工便利性。在施工方面，小箱梁施工技术比较复杂，在混凝土浇筑施工过程中，必须保证内模板放置平稳，另外，在端头斜交时，处理难度比较大。T梁施工工艺比较成熟，结构耐久性较高，与小箱梁相比，施工方式便捷，能够有效提升桥梁工程结构耐久性。

经济造价。在对不同跨径小箱梁与 T 梁结构进行比较时，跨径有 3 种，包括 25m、30m、40m，在经济造价方面，40m 的 T 梁和小箱梁造价相同，另外，25m、30m 的小箱梁与 T 梁相比经济性更好。

功能使用优势。通过对各个结构形式的桥梁工程功能方面分析，T 梁跨中横隔板数量比较多，并且横隔板与主梁进行连接，这样就会影响桥梁工程的外形美观度。另外，T 梁的跨径适用范围比较广泛，尤其是在抗弯刚度方面，桥墩大跨的应用优势明显。

结构受力。通过将小箱梁与 T 梁进行比较，T 梁的单幅一孔的整体抗弯刚度比较高。在桥梁工程施工中，如果遇到斜交结构形式时采用 T 梁结构形式，则需要设置多个横隔板，因此抵抗受力的效果比较好。另外，在论抗扭刚度方面，单幅一孔的小箱梁的抗扭刚度比较好，由此可见，单片小箱梁的结构稳定性更高，并且施工方式便捷，能够有效提升桥梁工程结构稳定性以及安全性。

墩高影响。在桥梁工程上部结构设计中，桥梁墩高也是十分重要的设计参数。如果桥梁工程墩高比较大，则应尽量采用大跨径上部结构。

上部结构设计方案。在该公路桥梁工程上部结构设计中，通过对上述各项影响因素进行综合分析，制定出以下选型原则：如果桥梁工程墩高在 15m 以内，则采用 20m 跨先简支后桥面连续预制空心板结构；如果桥梁工程墩高在 15 ～ 35m 之间，则可采用 25m、30m 跨先简支后桥面连续小箱梁结构；如果桥梁工程墩高在 35 ～ 60m 之间，则可采用 40m 跨先简支后结构连续（或墩梁固结）T 梁；如果桥梁工程墩高在 60m 以上，则应采用 T 梁方案。

综上所述，主要对高速桥梁工程上部结构设计要点进行了详细探究。在公路桥梁上部结构设计中，需综合考虑地形地貌、交通运输条件等进行设计，选择多个设计方案，并结合实际情况选择经济最优方案。

第三节　公路桥梁支座设计

为了提高山区公路桥梁支座的使用寿命，在支座设计时从选用、施工与养护等方面进行综合考虑，力求改善其受力状况，提高其使用性能。从山区公路桥梁支座的结构特点、选用、施工工艺和养护等方面的优化设计进行详细阐述，有效改善了桥梁支座的受力状态，提高了使用性能，延长了使用寿命。

一、桥梁支座的选用优化

充分考虑周边环境的影响。桥梁支座在设计过程中，应充分考虑温度变化、空气湿度、气候变化等外界因素的影响，优化支座的结构，增加支座的强度和刚度。设计中可以采用提高支座厚度、选用弹性好的橡胶材料、选用抗老化的支座材料等方法提高桥梁支座的强度和刚度，提高其抵抗外界荷载的变形能力。

桥梁线型对支座变形的影响。山区公路线型变化大，很多桥梁位于平曲线上，且其竖曲线变化量较大。在平曲线上的桥梁支座，容易出现较大的滑动变形。试验证明，平曲线段的桥梁支座滑动变形一般为计算变形量的 1.2 ~ 1.3 倍。为了减少桥梁支座的滑动变形，通常设置限位支座，可对桥梁支座的横向和纵向变形进行控制，使桥梁支座的滑动变形与设计状态一致。

增加桥梁墩梁固结跨的数量。如桥梁上部结构采用连续梁施工，为了减少梁的无规则移动，使桥梁上部结构处于稳定的状态，可适当增加桥梁墩梁固结跨的数量，提高桥梁结构的稳定性。

设置防落梁装置。在山区公路小转弯半径、大纵坡的桥梁支座设计时，为了避免支座损坏或产生较大位移，导致出现落梁现象，应在部分墩、台顶面局部设置防落梁装置，保证桥梁上部结构的稳定性。

通过采用设置防落梁装置，可有效提高桥梁支座的抗变形能力，控制变形位移。在桥梁支座设计中，通常优先选用弹性好的板式橡胶支座，桥梁支座设计计算时多采用墩梁固结结构形式。在桥梁支座承重能力相同的情况下，可以通过提高板式橡胶支座橡胶层厚度，提高支座的抗变形能力。

二、设计中对支座施工工艺的优化

在山区公路桥梁支座设计中，应在设计中结合施工工艺，对不同施工条件下的桥梁支座施工工艺进行优化。在桥梁支座安装和调平施工中，应尽可能地减少安装误差。在桥梁支座施工过程中，应尽可能减小施工偏差，预防出现不容许偏差，改善桥梁支座的工作环境。在桥梁支座设计过程中，应结合施工现场的实际情况，对施工工艺进行优化，具体包括以下几点：

桥梁支座设计中，应结合各种不同类型的固定支座、滑动支座的安装工艺，提出合理的安装方式，改进施工方法；在进行桥梁滑动支座安装时，不同的温度区间，安装时的预留变形值不同。同时，在支座定位前，应采用临时设施进行桥梁支座的纠偏施工。在桥梁支座现场施工时，应确定好桥梁其他构件的相对位置，安排好施工工序，预先确定预制构件和预埋构件的安装顺序。桥梁支座完成施工后，需要对支座安装与误差要求进行检验，对存在的误差进行校正。在桥梁支座设计中应进行说明，安装设计说明进行支座安装，对由于安装误差所引起的安全隐患进行预防，保证桥梁支座体系处于最佳状态。

三、设计中对支座养护管理的建议

桥梁支座属于易损件，橡胶材料在使用过程中也容易老化，应选用合格的支座材料，保证在桥梁设计基准期内不损坏。为了减少桥梁支座的磨损，减缓支座的老化速度，必须在设计中对桥梁支座的养护管理进行优化。在桥梁支座日常管理中，应经常对支座构件进行清理、调教和定期检查、维护。

现阶段公路桥梁支座养护，常采用搭设临时支架的方式，提高了养护成本。在桥梁支座设计中，应在桥梁墩台位置设置专门的桥梁检测通道。检测通道可以对桥梁支座进行日常检查和维护，提高养护管理工作效率，降低后期维护成本。

第四节　公路桥梁钢结构表面涂装设计

为了改善中国大型桥梁的景观，开展了一种创新的绘画桥梁设计。本节主要着眼于公路分支中的桥梁。首先，简要介绍了钢结构防腐涂层系统在实际结构中的作用以及随后的桥梁使用。在此基础上，给出了钢结构的具体结构方案和桥梁涂层，还对具体施工过程和施工过程中的各种要求详细说明。希望读者能够通过本节更好地设计公路钢结构表面涂层的设计。

随着交通运输业的快速发展，中国已成为世界上一个大桥国，但还不是一个全球性的权力桥梁。其中一个原因是中国的桥梁更注重功能和安全，削弱甚至忽视了景观和美学。桥梁不仅要具有结构稳定性、连续性、强度、强度和跳跃能力，还要具有美观的形式和内涵。这需要桥梁的美化，以保护桥梁的主要部分，丰富环境，突出桥梁的结构美感。桥梁与一般环境的协调已成为该地区的新地标。

一、涂装设计的设计原则

根据使用条件和桥梁钢表面涂漆的不同结构的使用条件，可以定义以下涂层设计原则：材料的选择应考虑到大气腐蚀程度和城市污染，并尝试选择耐大气腐蚀和抵抗受污染的优质保护涂层，延长钢结构材料的使用寿命；通常，钢结构涂料的使用寿命可达 20 年；在选择涂层材料和选择涂层解决方案时，必须确保他能够安装一个共同的桥梁；建筑的审美要求；涂层或涂层设计的选择应设计成最小化成本并确保成本涂装工程的经济效益。

二、钢结构涂装设计

防腐涂装底层。底部防腐涂层是与钢直接接触的涂层材料。因此，应选择涂层材料以确保钝化腐蚀和阴极保护，即当涂有耐腐蚀土壤的钢暴露于侵蚀性环境时。在侵蚀性介质的影响下，钢可能会腐蚀。在实际结构中，涂层材料有以下几种选择：一是热浸镀锌，总厚度为 80 ~ 100 微米，涂层与钢材之间几乎没有黏合；其次，锌的热沉积通常以 100 ~ 300 微米的厚度使用，并且涂层与钢之间的黏附力为 6 ~ 8MPa；第三，铝的热沉积通常以 100 ~ 300 微米的厚度使用，并且涂层与钢之间的黏附力为 10 ~ 17MPa；第四，锌含量高的环氧树脂通常 ≤80μm 厚，涂层与钢之间的附着力为 2 ~ 3MPa；五，无机富锌，常用厚度 ≤80 微米，涂层与钢的附着力为 4 ~ 5MPa；第六，富锌水，常用厚度 ≤80 微米，涂层与钢的附着力为 2 ~ 3MPa。

封闭涂层和中间涂层。

（1）封闭作用。当将密封涂层施加到钢板上时，即使钢板直接暴露在腐蚀性环境中，由于钢板下层的空隙已经封闭，因此钢板上的腐蚀环境的腐蚀速率仍旧可以降低，同时还可以降低下部钢板的电化学腐蚀速率。

（2）隔离作用。密封涂层的涂层可以有效地防止外部防腐环境渗入钢板内层，同时增加顶层涂层的附着力，延缓钢板的电化学腐蚀时间，并使钢板具有更高的耐腐蚀性。密封涂层要求涂层太低而不能很好地渗透到底漆的空隙中，在正常情况下，密封涂层的涂层用中间涂层稀释，实际结构中常用的密封涂层主要包括环氧云铁、环氧铁红等。

（3）中间涂层。中间涂层可以支撑下层和上层，上层溶液中添加中间涂层增加了涂层的厚度，并且是防腐涂层体系的重要部分。

三、桥梁色彩涂装及创新型色彩涂装要点

第一，规格要求：目前，国内涂料技术比较齐全。铁公路桥梁上的钢桥防腐涂层具有行业标准。道路覆盖钢和混凝土桥梁结构，各种涂层适用于溶剂型外墙。还有安装标准，但表面颜色效果没有技术要求；第二，涂层材料：桥梁的彩色涂层应具有二氧化碳渗透性，耐碳化性和防腐蚀因素，以及良好的机械性能，能适应结构变形，具有良好的耐候性和耐碱性，实现 20 年的防腐蚀保护，创新的覆盖范围基于相关技术规范和基本规范的要求。同时，他强调景观设计的要求，并满足其特殊效果。应相应调整覆盖率，层要求和控制标准；第三，结构的涂装：由于彩色涂层构造的多个阶段，对结构本身表面的要求和每层的构造方法是不同的。传统涂装和创新涂装应更准确地了解施工过程，使工程监理和施工工作有效结合在一起。从项目的概念到关键点的转移和控制，有必要逐步确保预期的最终创新效果；第四，适当的控制：在大规模建造彩色涂层之前，应进行适当的测试。在传统的粘附性试验，酸雨等试验的基础上，进行感官控制和上层效果评价，确定具体的验证要求，并检查具体的创新点。涂料必须符合国家质量控制部门的有关要求，严格控制检验过程。土壤保护分为两个阶段：预干燥和干燥后处理。在土壤层干燥之前保护土壤层是非常重要的。如果在干燥之前土壤层被雨水或大的灰尘损坏，涂膜就不够了。因此，涂料应该能够在涂漆前充分注意天气变化，以减少天气对土壤层的影响，在土壤层干燥后，天气变化对涂层

形成的保护膜的影响相对较小，此时，人为因素对保护膜的影响更大。如果不采取保护措施，涂层上会有划痕。

四、大桥创新型涂装效果控制要点

第一，创新绘画方案的设计需要研究周围建筑物颜色的色调和纹理，以满足环境的色彩范围和纹理效果，并传达适合或更高的精神价值；第二，创新的配色方案需要与颜色相关的实验对比研究，结果必须符合设计意图；第三，施工前准备阶段必须与涂料制造商对接，以确保样品的准确性。涂料制造商需要根据比例发送新涂料，进行各种质量测试，以满足性能指标。

本节简要介绍了钢结构表面涂装的设计，并结合实际结构中的问题。随着桥结构涂装技术的进步，出现了越来越多的新技术、新产品和新工艺，这些都将应用于桥梁结构金属结构的表面涂层。作为专业的涂料设计部门，我们可以做的是不断总结过去的施工经验，学习新的涂装知识，以确保涂层技术可以延长桥梁结构的使用寿命。

第五节　公路桥梁勘察设计

随着对山区经济发展的重视，山区交通路网也在逐步加以完善，在山区公路桥梁的建设中，由于需要考虑更多的自然因素，施工前的勘察设计等环节显得至关重要。论文从山区公路桥梁勘察设计的特点出发，分析了山区公路现场设计中需要考虑的因素，并探讨了山区公路桥梁上部与下部结构设计，从而使勘察结果可以更好地适用于设计方案和施工方案。

随着我国对山区发展的重视，山区公路桥梁工程的数量与规模逐步扩大，山区公路桥梁建设对于山区经济的发展具有重要的意义。但是在建设中也需要考虑更多的因素，由于地形地势条件的复杂性，加剧了工程施工的难度，对于山区公路桥梁施工而言，实地勘察对于施工的顺利进行具有重要的作用，能够及时对施工中的不利因素采取必要的处理措施，保证工程施工顺利进行，并确保工程质量。

一、山区公路桥梁勘察设计的特点

山区公路桥梁勘察设计具有显著的特点：山区地形地势结构的复杂性、气候气象条件的多变性与不稳定性、施工场地较为狭小。具体表现为：山区地势地貌的变化较为频繁，地势垂直高度较大，植被覆盖率极高；山区易发生滑坡、岩崩、岩溶等不良的地质构造；气象条件受到山区地形地势的影响有很多变化，甚至在强降雨天气下会发生泥石流等现象；山区施工场地有限，施工设备、材料等的运输具有难度。

二、山区公路现场设计方案

路线平、纵方案的优化。山区公路桥梁施工过程中，复杂的地形地势条件是影响施工顺利进行的关键因素，因此，在勘察设计中，要重视对地形地势的勘察，结合勘察结果，进行整体的工程设计。一方面，要保证山区公路桥梁工程的成本；另一方面，又要结合勘察结果，将复杂地势对施工造成的不利影响等加以控制与处理，减少施工中的安全事故。施工开始之前，应该组织专门的人员对施工现场进行实地勘察，结合路基情况，进行路线平、纵方案的优化。优化过程中，要注意以下几点：（1）严格遵循工程的相关要求进行施工，并要符合工程的规范性，选择合适的方案组合；（2）随着交通工程发展速度的加快，勘察技术与设备等也更加先进，勘察设计中要及时发现岩溶等不良地质情况，并对这些不良地质采取必要的处理措施，避免后期对工程施工造成不利影响，如果不是必需的路线，可以及时进行改线等，绕开不良地质路段，分析多种设计方案，得出最优的施工路线方案；（3）施工过程中，要结合勘察情况，使得路线设计的协调性与适应性更强，保证路线平面、纵面等匹配，一旦出现路基不均匀等现象，要及时加以解决与处理，保证交通工程运输的稳定性与安全性。

加强地质调查和现场访问。在山区公路桥梁勘察设计中，应该提高地质调查的准确性，尤其是要注重测绘技术的选择与把控，岩溶工点的勘测是测绘工作的重点和难点。在山区公路施工中，经常会出现采空区，因此，在工程施工设计之前，应事先进行资料的收集与整理，综合分析路线所涉及采空区的具体情况，尤其是要分析采矿的深度与厚度，避免后期由于对采空区了解不充分而对地基的稳定性带来不利影响。另外，对于山区中的一些矿区，应组织专业人员进行实地勘察与了解，尤其是路线中所涉及的建筑物等。此外，山区地形地势结构复杂，且存在诸多不良地质，从而为勘察与测绘工作的顺利实施增加了难度，有时还需要借助专业的设备等来进行钻探。为了提高勘察的准确性，要进行勘察、观测线的设计等，以便掌握更多的采空区信息，为山区公路、桥梁路线的优化与处理提供重要的依据。

三、山区公路桥梁上部结构设计

主要形式和特点。山区公路桥梁设计中，由于工程的纵向与横向所面临的地势地形具有多变性，常常需要跨越沟谷等，加剧了施工布置的难度，尤其是桥梁墩台设计中，使得边坡的不稳定性加剧，导致整体工程的设计难度加大。因此，如果工程设计中面临较大的沟谷跨越等，则采用双柱式或者多柱式的桥墩设计，如果墩台较高，则使用实体或空心薄壁。但是，这种多柱式桥墩施工的效果与山体边坡的开挖施工紧密相关，如果桥梁跨径较小，也可以采用独柱独桩的下部结构，避免边坡开挖对工程稳定性、安全性的影响。柱式墩结构根据截面形状有圆形与方形之分，对于圆柱墩而言，其工程施工中的外观控制具有较强的可操作性，且能够与桩基实现良好的衔接效果，但是其与桥梁体的协调性较差，而方柱墩则更具有美观性与协调性，就两者的截面特性来说，方柱墩的效用要远远优于圆柱墩。

装配式预制主梁设计。在对装配式预制主梁进行设计时，由于曲线桥数量众多，且其分布密集，一旦平曲线半径较大时，装配式预制主梁设计中就要采用以直线代替曲线的设计理念。曲线桥梁设计中，梁体布局的方式很多，但还要结合工程的实际情况来进行设计，严格控制主体梁体的预制长度与宽度，还要控制好相关的坡度与角度。在某些特定区域，可以使用双支座 T 梁结构，由于双支座施工比较简单，不需要搭建临时支座，因此，施工较容易实现。

小半径曲线现浇箱梁支承设计。在山区公路桥梁设计中，现浇箱梁支承设计主要用于小半径曲线桥梁结构中，由于这种设计优势，在预制施工中得到了较为普遍的应用。但在施工中需要加强对施工质量的控制，中支点支承采用单点支承，保证预偏心值的准确性，由于这个值往往难以进行预估，需要经过一定的计算来实现。

四、山区高速桥梁下部结构勘察设计

山区公路桥梁勘察设计时，必须严格根据施工要求，确保桥墩高度设计的科学性和规范性，一般要通过实地测量与计算才能得到。以某工程为例，桥梁采用双柱式桥墩设计，桥墩高度达到了 60m，结合勘察结果，桥梁墩柱采用突变截面形式，墩顶 40m 直径 2m，下部 20m 墩径 2.5m，上部采用 40m 跨径的 T 梁，实现了良好的工程施工效果，保证了通行的顺利与安全。

山区公路桥梁的建设带动了山区经济文化的发展，能够为山区周边等创造较大的经济价值。但是，山区公路桥梁施工中面临着较为复杂与恶劣的地形地势条件，加剧了施工的难度，因此，施工之前的勘察设计对于整体工程效果具有重要的意义。通过采用较为先进的勘察技术与测量手段，能够在一定程度上提高工程的质量，克服自然条件对工程施工的不利影响，促进山区公路桥梁设计的科学性，保证工程效益的实现。

第四章　公路新材料、新工艺以及新技术

第一节　公路工程中新技术新材料的运用思路

现阶段我国公路工程的建设力度以及强度在不断地加大，为满足新的发展时期对公路工程的要求，就必须在公路工程的施工过程中积极应用新材料以及新技术，以此保证公路工程的质量安全，促进其更好更快发展。所以在以后的工作中，相关工作人员要不断创新，积极主动地引进并应用新材料以及新工艺。基于此，本节将着重分析探讨公路工程中新技术新材料的运用，以期能为以后的实际工作起到一定的借鉴作用。

一、公路工程中新技术应用

（一）沥青路面再生技术

公路工程施工过程中，沥青路面再生施工技术主要是通过对一些废弃旧沥青路面的有效应用，通过专业的机械设备对废弃旧沥青路面进行处理之后，将一定比例的集料和新沥青、再生剂融入其中，进而切实保证对公路工程高性能的满足。沥青路面再生技术施工操作非常方便，不会有其他运输、挖掘或者再加工等工艺的应用；并且沥青路面再生技术不会对公路工程造成影响，在施工过程中也没必要中断交通，不影响人们的出行，可以说沥青路面再生技术的有效应用有着重要的现实意义。

（二）共振碎石化技术

将共振碎石化技术应用于公路工程施工时，不仅能够在短时间、低成本的状态下进行施工，也具备了较好的修复混凝效果，能够避免路面在投入使用时出现受力不匀而产生形变的情况。此外，与传统的道路施工技术相比，公路上出现反射裂纹现象难以消除的困难就不再是困难，共振碎石化技术能在降低对路面损伤的同时收获优良的施工效果。

（三）喷锚技术

喷锚技术属于路面施工中的一项保护技术，常用于给路堑边坡时的爆破工序。喷锚技术的根本作用在于保证路面施工的稳定性，在这项技术中，最重要的组成部分就是支护喷锚网，当施工工程在高坡上进行时，采用支护喷锚网对公路施工进行一定的保护，能够很

好地预防由于地质岩石结构发生改变而导致的路面崎岖情况发生，从而保障了高坡建设的稳定性。在实际的施工过程中，喷锚技术的实现需要一系列技术共同支撑才能得以实现。

二、公路工程新材料应用

（一）高性能混凝土新材料

在我国公路工程的施工建设过程中，要积极的选用一些新型的施工材料，而高性能混凝土的施工应用就是主要的一个施工材料。可以选择添加剂和处置方法的结合，在混凝土搅拌过程中，加入搅拌机内，一些细集料水泥、矿物掺合料等材料，加入适量的水，混合均匀，然后加入凝胶材料、添加剂和水，再次搅拌，搅拌的每一阶段至少超过30s的时间，搅拌过程中应控制在3分钟左右，这种处理方法，可以有效地提高掺合料的利用效率，提高公路建设的效率。此外，还可采用水泥裹石高性能混凝土材料处理，胶结材料和水按一定比例混合的低水平的混合水泥，成糊状，然后加入一些石头的沙子里，搅拌第一次，添加一些胶凝材料和低水胶混合物二混合，可以很好地保护膜的形成，而且还可以降低孔隙率，提高公路施工质量。

（二）玻纤土工格栅新材料

沥青路面在公路工程、路基施工过程及养护工作中，应及时引入玻璃纤维土工格栅材料，能有效提高公路施工和运输施工设计的整体水平和质量。沥青路面玻璃纤维土工格栅材料，可以反射沥青路面的裂缝，可以扩展刚度，提高路面的抗裂能力。在新材料的施工过程中有效的抑制作用，采用玻璃纤维土工格栅可以提高路基的基础力量，具有加固效果好，土壤垂直压力缓解压力水平，提高剪切应力，提高整个路基的承载能力，提高公路抗震可靠性。

（三）有机硅预养护材料

有机硅的预养护材料是一种新型有机硅材料，也是一种很好的防水、防火材料。有机硅材料是一种高分子聚合物的合成材料，该材料本身具有较高的渗透性，有机硅的预养护材料也能与沥青、建筑石料之间存在着良好的物理黏附性，这一性质在公路工程的实际施工应用中也具有非常重要的现实意义与价值。此外，有机硅材料具有很强的能力，但是有机硅养护材料的使用是否成功，在较大程度上是取决于水的渗透系数，而渗透参数又会受到诸多因素的影响，如接触面积、表面张力等。

三、公路工程中新技术新材料的运用措施

（1）要及时地掌握好国内外公路工程施工新材料以及新工艺的应用发展动态，并积极主动的引用这些新材料新工艺技术，再结合自身工程实际对引进的新工艺做好调整，使其更好地满足公路工程的实际施工要求，促进公路工程的建设发展有效化。

（2）建立健全新材料新工艺的标准体系，将这些新材料新工艺的主要特征以及具体施工应用要点做好总结归纳，进一步完善对新材料新工艺施工标准体系的建立完善，为后期工程施工的顺利开展做保障。

（3）对公路工程施工新材料和新工艺的具体可行性做好分析研究，将应用新材料新工艺所带来的效益实现量化，以此为标准建立健全新材料新工艺的评价机制，以此保证在具体施工过程中正确应用理念的树立。

（4）强化施工人员综合素质的提升。在对新材料新工艺引用的过程中，要保证有关施工技术人员的高理论水平和实际操作水平，保证其可以正确的认识了解所引进的施工新材料新工艺，保证新材料新工艺在公路工程施工过程中的有效执行，这也是保证公路工程新材料新工艺在实际施工中能够得以发挥其功能的关键性环节，所以必须要加强对施工人员的技术培训。

（5）有关施工单位要进一步加大对新材料新工艺的应用投入，在对新材料新工艺系统采购引进的时候，要对这些新材料新工艺的实际应用价值做好分析，做好施工技术交底工作，以此保证后期施工过程中新材料新工艺的有效应用实施，最终有效保证整体工程质量安全，促进公路工程更好更快发展。

总而言之，在我国经济水平不断发展的今天，为满足新的发展需求，将新材料以及新工艺应用到公路工程建设中有着一定的现实意义，以此可以保证公路工程质量安全，提高公路工程的使用寿命，进而促进公路工程的更好更快发展，所以在以后的工作中，我们要进一步研究应用公路工程的新型材料及施工技术。

第二节　公路环保材料及新技术对工程造价的影响

当前，我国的公路有很大一部分已经进入了大修期，同时还有相当数量的待建和在建公路。现在公路造价呈逐年上升的趋势，据相关资料显示，湖北西部山区的十堰公路，设计 4 车道，全长 66.931 公里，总投资 64.79 亿元，每公里造价约合 9 680 万元；而广深沿江公路广州至虎门段，设计 8 车道，全长 59 公里，总投资约 157.7 亿元，每公里造价约合 2.67 亿元，其中，材料费就占据公路工程造价的 40% ~ 50%。因此，利用节能材料、节能技术降低工程造价显得尤为重要。

"十三五"是我国产业结构调整转型的重要阶段，也是发展理念转变的重要时期。在绿色发展理念下，对公路工程的要求就是实现低碳建设，即节约材料、高效利用现有材料、开发新材料，走节能建设之路。因此，我们应该从可持续发展的角度出发，在公路工程建设中尽量使用新型节能材料，发展节能型新技术新材料将实现节约资源、提高资源利用率，以此来降低工程造价。

一、环保型新技术及新材料的应用

公路工程造价，包括主体工程和沿线附属工程以及养护等费用。其中，主体建设成本占据的比例最大，而后期的养护成本也不可忽略。本节以泡沫混凝土、沥青再生技术、以及新能源技术为对象，从公路工程整个建设过程来介绍节能新技术对工程造价的影响。

（一）泡沫混凝土

在硬化的水泥砂浆或砂浆中利用发泡剂引入稳定的空隙，在保证强度的前提下，降低混凝土的密度，由此产生的混凝土称为泡沫混凝土。绝大多数泡沫混凝土不含大型骨料，只有细砂和含有水泥、水和泡沫的极轻材料。与普通混凝土相比，泡沫混凝土由于不含粗骨料而相对均匀。其主要优点是质量轻，此外还具有隔热、保温、防水、防火以及较高的抗震性能。在生产泡沫混凝土的过程中，其所消耗的能源将远小于普通混凝土，而且对环境的污染小。

制造商开发了不同密度的泡沫混凝土，这些产品用于沟槽修复、桥台填充、路基、隧道工程等方面。本节以高填方涵洞、旧路扩建、桥台台背填方以及在隧道工程的应用为例，介绍泡沫混凝土在公路工程中的应用，以及其相比传统方式的对造价的控制。

高速服务区的掉头涵洞、过人涵洞或过水涵洞等，往往需要在上方填筑土体以达到设计的路基标高，有些涵洞的填方高度高达十几米。在一些对沉降比较敏感的地区，如果采用土体填充，由于土体的自重（20 kN/m³）较高，且极易受到降雨、行车荷载的影响，产生较大的变形，并且对涵洞结构的承载力以及涵洞基础的承载力具有较高的要求，而采用其他结构形式时造价较高或者施工困难。采用泡沫混凝土（5 kN/m³）代替土体进行填筑，可以减少自重并很好地控制沉降，同时也能大幅降低涵洞上方的荷载，涵洞结构设计强度也随之降低，造价也随之降低，除此之外，泡沫混凝土的施工速度较快，可节省工期。

（二）旧路扩宽

随着经济的发展，道路交通量也随之增加，原有的一些道路已经不能满足需求，而另建则受到经济成本和空间的制约，尤其是在城市道路中，所以常需要对旧路进行扩建改造。如果采用传统的方法，会存在以下几个问题：扩建后新旧路基沉降差异，往往会将面层拉开，给行车安全带来隐患，同时也增加了后期养护的成本；扩建需要征地，涉及巨额的拆迁补偿；扩建需要对道路进行封闭或者限行管理，给交通带来巨大的压力；施工周期较长，增加了扩建改造成本。

以广东某公路为例，原公路为双向四车道，现对两侧进行扩宽，各增加两车道，改造成双向六车道。扩宽段土质为高液限土，如果采用传统的扩宽方式，首先新路基的沉降难以控制，不能与原有路基协调变形，而且施工不便，于是采用泡沫混凝土进行拓宽。

采用的泡沫混凝土密度为 800 kg/m3，28 d 抗压强度为 8 MPa。先按设计要求，开挖如图所示的台阶，铺设碎石垫层，然后依次浇筑，最后填筑外包土。经对比传统的旧路扩宽工程，采用泡沫混凝土可以大幅缩短工期，并且造价只有传统方案的 60%。

（三）桥台台背填充

现阶段，桥台背的填充仍以土为主，在施工完成后，常发生较大的不均匀沉降，尤其是在软土地区。将泡沫混凝土应用于桥台台背的回填是对传统回填技术的一项创新。泡沫混凝土材料密度小，质量轻，强度远高于传统回填土。在填充后，处于超固结状态，从而避免不均匀沉降，消除了桥头跳车等问题，具有明显的技术优势。

根据以往的桥梁养护经验来看，桥梁维修费用的 60% ~ 70% 花费是在处理桥头跳车上面。采用泡沫混凝土可以从根源上解决桥头跳车的问题，降低养护阶段的费用。

（四）隧道工程

泡沫混凝土具有较高的流动性和抗渗能力，而且强度可以根据需要进行调节，具有较好的自立能力和抗震能力、较强的防水性和耐久性、良好的隔热隔音效果、较好的抗冻融性，不仅环保而且与混凝土或者水泥砂浆相比，价格低廉，可用于塌方治理、衬砌超挖填补、空腔填充、明洞地基处理、堵水等方面，也可作为初支和二衬之间的填充材料，以协调变形，同时降低二衬承担的荷载。

如果对强度、抗渗性能要求较高，泡沫混凝土将是最佳选择。填土虽然价格低廉，施工技术要求低，但是其填筑质量难以保证，沉降难以控制。注浆技术，虽然可以保证质量，但是价格过高，施工的要求也较高，所以泡沫混凝土仍将是最具性价比的填料。

初步的研究结果表明：泡沫混凝土具有理想的强度、密度低、施工时不需要振捣、具有较好的保温性能和冻融性能以及优良的耐火性能，而且相比其他材料成本较低，是工业化建设材料的较好替代品。然而目前泡沫混凝土仍未建立全国性的统一规范，导致市场上泡沫混凝土的质量难以控制，标准难以统一，所以制定全国性的技术规范，统一泡沫混凝土的等级标准，需要尽早提上日程。

二、附属设施节能技术

（一）绿色能源供电

公路沿线尤其是公路，布设许多监控、信息采集以及通信设备，这些设施分布在公路沿线，距离变电站较远，而且这些设备的功率较低。一些地区的收费站或者服务区由于比较偏僻，超出供电区间。如果利用市电提供电力，将会增大线径以弥补传输中电力的损失，另一方面，公路路线较长，距离较远，成本较高。

如果采用新能源供电，比如太阳能和风能发电技术，以维持公路正常运营，将会大幅降低运营成本。若使用太阳能发电、风能发电或者风光互补发电系统，为监控设备、通信设备供电，在合理的规划之后，其成本远低于远程输电的成本。

（二）地源热泵

工程建设中，工作人员住宿办公区的采暖降温，以及运营期间服务区、收费站的采暖降温，所消耗的电能是不可忽略的。

对此，可以利用地源热泵技术为服务区以及收费站进行供暖降温。服务区和收费站取暖降温所消耗的电能占总消耗的 60% 以上，在宁高公路的服务区，采用了地源热泵技术取暖以及降温。据计算，利用地源热泵可以节约 30% ~ 40% 的供热制冷空调的运行费用，1kW 的电能可以得到 4kW 以上的热量或 5kW 以上冷量。

（三）LED 照明

使用 LED 节能灯代替传统光源照明，LED 具有节能、环保、寿命长、体积小等特点，可以广泛应用于各个领域，特别是道路照明等长时间照明环境。LED 具有超低功耗，相同照明效果比传统光源节能 80% 以上，寿命比传统光源寿命长 10 倍以上。

三、沥青再生技术

"十三五"期间，我国公路进入大修期，同时也有一批待建公路。据估计，每年新建和养护所需的沥青混合料将超过 5 亿吨，同时每年将产生约 2 亿吨的沥青废料，其经济价值据粗略估算可达 20 亿元以上，而我国由于技术水平的限制，废料利用率在 10% ~ 20% 之间，远低于发达国家 80% 的利用率。在新时期新的发展理念下，提高废沥青的利用率，发展沥青再生技术已经迫在眉睫。沥青再生技术直接使用废料，节省沥青混合料，从而实现了废物利用，最大限度地降低了工程造价。

泡沫混凝土与普通混凝土相比，具有成本低、污染小的特点，在公路工程中有较好的应用前景，对降低工程造价有着重要作用；沥青再生技术，实现废物利用，既环保又可有效降低工程造价；而在附属设施中，使用新能源供电等节能措施，有利于降低建设成本和运营成本。

第三节　公路扩宽工程中新老路面拼接施工工艺

随着公路运输量的加大，我国大部分的公路已经不能够满足现今物流运输的要求，因此，我国开始进行公路拓宽建设。我国积极在原有公路上进行改造，使得公路的性能得到提升，更好地为公路交通而服务。但是就我国目前公路拓宽的实际情况来看，在新老路面的拼接施工工艺上还存在一定的不足，使得公路的整体质量受到了严重的影响。为了能够提升公路的使用价值，就要着力对公路拓宽工程中新老路面拼接施工工艺进行提升，这也是现今公路设计者们主要研究的课题。

一、公路拓宽工程中新老路面拼接施工工艺发展现状

市场经济的发展带动了物流行业的发展，道路运输行业也随之蓬勃兴起。近几年，为了满足经济发展的要求，我国大力建设公路，除了进行新公路的建设，也开始进行原有公路的改进。其中，对原有公路进行拓宽处理，是现今公路建设中的主要项目。但是就我国目前的公路施工技术水平而言，在进行公路拓宽建设中，还存在诸多的问题，尤其是新老路面拼接的问题最为严重。

西方发达国家的公路建设起步较早，其各项技术水平都较高，因此在进行公路拓宽施工中，对于新老路面拼接的处理也较为完善，公路的质量有着较高的保证。相比于西方国家而言，我国的公路建设起步较晚，各项施工技术都不够完善，在进行公路拓宽建设中，无法将新老路面进行有效的拼接，使得原油公路的拓宽建设受到严重的影响，公路的质量无法得到保证，从而影响到交通运输。虽然我国在近年来对于公路建设的研究比较多，对于新老路面的机构也有一定的研究，但是这却还不足以完善新老路面的拼接问题，技术水平上的差距，使得我国的公路拓宽工程无法高质量地完成。

在对西方国家的公路拓宽研究中可知，在进行公路拓宽建设中，新老路面的拼接是一项重要的施工技术，对于公路拓宽工程来说具有深刻的影响。以软土地基公路工程来说，在对其进行拓宽建设时，要注意不要忽视对软土地基的加固处理，另外，还要对地基结构进行合理的强化，加铺路堤，以保障公路地基的建设质量，从而保障公路建设工程的整体质量。

二、公路老路面的质量问题

（1）路面沉降。公路路面结构发生局部下沉，导致路面变得凹凸不平，不仅不能保证路面的行车舒适性，还容易引发安全事故。公路路面产生沉降的主要原因是公路路基承载力偏小。

（2）裂缝或开裂病害。裂缝是影响路面结构稳定性的关键因素。而当前国内大部分公路路面发生裂缝的概率都比较高，其原因可能是自然界雨水对路面的冲刷，也有可能是因为公路路基裂缝向上反射，进而造成公路路面开裂。

（3）车辙。车辙主要是指车辆行驶过后，公路路面出现深浅不一的车轮印。造成路面发生车辙现象的唯一原因是运行车辆或装载物的荷载力超过了公路路基的承载力。

（4）翻浆。翻浆现象也是公路路面病害中的一种常见形式，而造成路面出现翻浆现象的主要影响因素是地表水。路基基层长期浸泡在地表水中会发生软化和膨胀，当路面有车辆行驶时，地表水便会从路面中喷射出来，进而形成翻浆。

三、对老路面病害的处理

针对上述公路老路面的质量问题，采取的主要处理措施有：首先是针对路面沉降问题的处理。在进行路面沉降问题的解决时，先要进行路面的观察，检验路面沉降的严重程度，如果发现路面只是存在轻微的沉降现象，并且没有明显的凹凸现象，针对这类路面只需要用沥青混合料将路面沉降的部位进行填充处理即可；但是如果发现公路路面澄江的现象较为严重，并且路面的凹凸现象不叫明显，那么就要采用"圆洞方补、斜洞正补"的方式来进行路面沉降处理。

其次是针对路面开裂问题的处理。要先对路面进行观察，查看路面的开裂情况，如果发现路面的裂缝比较严重，在裂缝的宽度超过了 3mm 时，就要采用乳化沥青裂缝灌缝撒料技术来对裂缝进行处理，从而保障路面能够正常的使用。

我国很多的公路建设时间都比较早，在建设初期没有相应的技术支持和完善的设备施工，使得公路路面存在严重的质量问题。虽然有些路面已经进行过翻修处理，但是在实际的运用中，这些公路还是存在一定的问题，有些公路甚至在翻修之后又出现了新的质量问题，下面就具体分析我国公路老路面中存在的主要质量问题。

最后是针对翻浆问题的处理。对公路进行全面的检查，将有问题的部位全部找出，然后一一进行挖除处理，在挖除有问题的部位后，将基层材料进行晾干处理，在材料充分晾干之后加入沙砾，形成一种新型的材料，然后将这种新材料作为填充使用，填到挖除的部位，主要在填充过后要对其进行压实处理，以保证路面的稳定，最后再进行路面的铺设。

四、新老路面拼接的施工探讨

（一）施工前的准备

准备工作主要包括清除遗留物和测定标高两部分：（1）清除遗留物：拆除原有护栏，清除路肩的覆盖土、硬化水泥块等杂物，用高压风吹干净路面结构层上的浮土，清除的遗留物原则上按照废弃物进行处理；（2）对路面标高进行全面复测，每米设置一个点，与施工图设计标高进行核对，对不符合误差标准的路段，要会同设计单位最终确定施工控制标高，在调整时要认真研究，将底基层顶面、基层顶面和沥青中面层顶面调整到位。

（二）基层拼接施工

新铺基层的两侧统一采用设计标高，在接缝处用人工方法平整新老基层标高的差异，基层施工采用摊铺机摊铺，用横坡仪进行横向控制，用外侧拉钢丝控制纵向顶面的高程，基层表面要求平整、坚实、无松散点。在进行横向拼接时，如果水泥稳定碎石基层留在当天的工作缝，在第二天拼接时超过了 12 个小时，就要采取垂自接缝；不超过 12 个小时，可以采用斜面接缝。

（三）面层拼接施工

面层拼接的标高有两种选择：一种是以老路标高为准，具体做法是在新加宽路面外侧拉钢丝，内侧沿老路走雪橇找平；另一种是以新路标高为准，具体做法是在新加宽路面外侧拉钢丝，内侧走铝合金梁，然后在接缝处进行人工顺平，这样才能保证接缝面混合料能够均匀填满。

综上所述，关于公路路面扩建中的新老路面拼接施工问题，其首要处理方法是做好公路老路面的整顿，完善老路面施工质量，然后再进行新老路面的拼接施工。本节通过对公路老路面病害类型、处理措施以及新老路面拼接施工方法等内容的分析可知，重视并做好每一个施工环节的工作，保证公路基层、面层的施工质量可有效解决新老路面的拼接施工问题，从而修护、建设出合格的公路扩建工程。

第四节　公路工程现场检测新技术

随着现代化社会建设进程的加快，交通基础设施的建设无论是对人们的日常生活还是对社会各个行业而言，都发挥着基础性的作用。在交通基础设施的建设过程中，公路是最基础的项目，同时也承担着重要的职责并发挥着不可忽视的作用。中国公路建设的快速发展，对公路工程的质量提出了更高的要求，而试验检测则是工程质量管理的重要组成部分，因此，充分发挥试验检测工作的基础作用对提高公路工程质量至关重要。

一、对公路工程现场检测技术的分析

（一）"路面弯沉检测"技术

路面结构承载能力是路面在达到预定的破损状态之前还能承受的行车荷载作用的累积次数，对路面结构承载能力的测定一般分为无损破损试验和破损试验 2 种。使用"路面弯沉检测"技术测定路面结构承载能力，需要使用的设备为落锤式弯沉仪，而落锤式弯沉仪分为拖车式和内置式，由荷载发生装置、弯沉检测装置、牵引装置、运算和控制装置构成。其工作原理是将测定车开到测定点，通过计算机控制下的液压系统，启动落锤装置，使一定质量的落锤从一定高度自由落下，冲击力作用于承载板上并传递到路面，导致路面产生弯沉，然后分布于测距点不同距离的传感器将记录到的信息传输到计算机中。因此，"路面弯沉检测"技术具有测速快、精度高等方面的优点，在公路工程的现场检测中得到了广泛的应用。

（二）雷达技术

雷达技术是在利用高频电磁波的基础上探测成像，从而实现地质预报的目的。由于这项技术具有独特的优越性，其应用不仅是在公路工程现场检测中，而且已经渗透到道路施工和后期检测维修的全过程。在公路建设的前期，由于对地质结构还不清楚，使用雷达技术可以确定地质结构，划分不良地质体；在公路工程的施工阶段，使用这项技术可以准确地测出路面面层的厚度，为工程的顺利开展奠定良好的基础；在公路工程完工并投入使用后，使用该技术可以进行日常监察，起到及时发现日常隐患、维护公路的作用。

（三）路面平整度检测技术

平整度是道路建设、管理活动中质量监控的重要指标，该指标直接关系公路路面的使用寿命、舒适度等多个方面，因此，在公路工程现场检测环节中利用路面平整度检测技术进行检测是至关重要的。路面平整度检测技术，具体可以分为以下几种方法：（1）三米直尺法，是一种传统的平整度检测方法，即以三米直尺基准面距离道路表面的最大间隙表示路面的平整度，这一方法使用于测定压实成型的路面各结构层表面的平整度，具有简单、易操作等优点，一般多用于低等级公路的质量检测。（2）精密水准仪法，即按照规定的程序直接计算相关路面的 IRI 值，这一方法的优点是精确度高，缺点是程序烦琐、速度慢、测量仪精确度要求高，因此，不适合公路工程的现场检测和质量检查验收。（3）连续式平整度仪法，使用这一方法的仪器中间有 1 个 3m 的基架，前后各有 4 个行走轮，并且装有位移和传感器，测定时沿路面某一纵向位置以一定距离测得 3m 直线中点的单向垂直位移，该方法操作简单，因此，在公路工程中被广泛使用，但是需要注意的是，这一方法不适合坑坑洼洼、破损严重的路面。

（四）路面抗滑性能检测技术

路面抗滑性能是公路工程现场检测的重要内容之一，因为道路安全是道路使用者对道路的基本要求，所以公路路面抗滑性能的检测，不仅关系公路建设的质量，而且直接关系人们的生命与财产安全，因此，合理地使用路面抗滑性能检测技术至关重要。路面抗滑性能检测技术要在相关仪器设备上才能合理应用，而用于检测路面摩擦系数的检测设备又可以分为单点式测试设备、制动式测试设备和偏转轮式测试设备。与此同时，路面抗滑性能检测技术包含的方法可以分为摩擦系数测定法和构造深度测定法，其中摩擦系数测定法主要有摆式仪法、单轮式横向力系数测试车法、双轮式向力系数测试车法和动态旋转式摩擦系数测定仪法；构造深度测定法则包括铺砂法、车载式激光构造深度仪法，这些方法各有千秋，在公路工程的现场检测中都发挥着重要的作用。

二、公路工程现场检测过程中需要注意的问题

通过分析公路工程现场检测的技术之后，在公路工程建设过程中需要注意以下问题，才有利于更好地利用公路工程现场检测的技术，促进公路工程的建设与发展。（1）在使用公路工程现场检测技术的过程中，要结合公路工程建设的实际发展情况合理运用，从而有针对性地促进公路工程现场检测工作；（2）随着科技进步和发展，在公路工程的建设过

程中要及时更新相应的检测设备，从而为公路工程现场检测技术的应用奠定良好的基础；（3）在公路工程的现场检测过程中，为了促进公路工程现场检测的技术得到更好的应用，还要从人员方面入手，为公路工程的建设配置专业性强的工作人员，促使公路工程现场检测技术更好地应用于公路工程建设中，促进公路工程的建设与发展。

随着公路行业的迅速发展，道路等级的不断提高，质量问题成为公路工程在开展过程中最需要注重的一个方面，因此，合理使用公路工程现场检测的技术，对提高公路工程的整体质量有重要的作用。基于此，本节从公路工程现场检测的技术入手，分别分析了"路面弯沉检测"技术、雷达技术、路面平整度检测技术、路面抗滑性能检测技术，并且在此基础上分析了在公路工程现场检测的技术使用过程中需要注意的问题，希望可以促进公路工程现场检测工作得到良好的开展。

第五节　公路隧道工程中新奥法施工技术

在该隧道项目中，上台阶环形导坑采用的是人工风镐的开挖施工方法，而下台阶核心土则应用的是人工与挖掘机协调进行的开挖方式。环形导坑开挖施工结束后，应该立即开始锚喷支护施工，此时应该在达到稳定性的基础上，开始核心土开挖施工。

一、新奥法机理

新奥法是奥地利学者拉布西维兹首先在学术报道中所提出的，是一种全新的施工方法，所以被工程界命名为新奥法。该施工方法主要是通过使用喷射混凝土与锚杆的方式来形成支护结构，有效预防在施工出现围岩变形的问题，从而可以发挥出其较高的承载性能。它是在锚喷支护技术的基础上总结提出的，与传统钢木支撑方式存在非常明显的区别，不仅施工方式存在差别，施工理念也是不同的，是人类关于隧道施工技术的进一步研发和应用。锚喷技术的全面发展和进步，将隧道与地下洞室的工程理论引入到现代工程领域中，给隧道领域的发展提供了良好的基础条件。

二、公路隧道工程案例分析

某隧道项目左、右幅长度分别为 457 m、479 m。该隧道设置在山地的区域中，其主要的组成部分是硬质岩石。从整个工程的地质勘查可以发现，其围岩是向南西方向倾斜，角度达到 70°。隧道入口的位置上存在有小型滑坡或者堆积碎石的问题，并且基层存在有 5 m ~ 10 m 的风化层，强风化的问题比较严重。隧道的出口处于冲沟地带中，底部为碎石土的地质条件，并且在洞口的位置上坡度比较大。

三、公路隧道新奥法施工的技术方案

（一）断面布置的监控量测

综合考虑到本次工程的实际情况以及围岩等级，该隧道工程中采用收敛量测断面的方式来进行，同时需要将观测断面设置到薄弱地层中，然后在施工的过程中全面关注岩层变形以及稳定性等方面的问题，可以大大提升工程施工的安全性与质量。

（二）开挖施工作业

（1）明洞与洞口段的土石方施工。在工程实施的过程中，应用开挖机械来进行土方开挖施工，而石方则主要应用的是非电控制爆破的方式，完成之后应用装载机将石渣运输到施工区域外部，主要是自卸汽车运输的方式。明洞开挖采用的是明挖施工方法，需要应用机械来实施分层开挖与喷锚支护施工。该隧道项目，洞口的石质条件比较差，所以开挖施工时应该采用上下断面同时开挖方式来进行。根据施工工艺的要求，上断面开挖施工的高度要控制在 4 m 以下，此时需要保证洞口部分开挖与正洞拱顶保持 20 cm ~ 30 cm 的距离，这样能够保证项目实施过程中排水的需要。

新奥法施工并不仅仅是一种支护方法，其主要是通过全面的提升巷道围岩强度与承载性能来达到施工安全性的要求，需要综合考虑围岩力学、支护结构体系的原理之后再进行全面的工程设计，从而可以随时监控系统的运行情况。根据新奥法的施工基本原则，在施工中需要选择合适的支护措施以有效的抵抗结构的变形，有效的预防岩层出现松动的问题，从而可以大大提升工程的质量，创造更高的经济效益与社会效益。

（2）明洞的施工作业。在开挖深度达到 60 m ~ 100 m 时，可以开始明洞与暗洞的二次衬砌施工。施工的过程中，要根据先明洞后暗洞的顺序来进行。

（三）洞身开挖施工

开始暗洞开挖施工之前，应该根据设计方案的要求来实施洞口的套拱作业，在上部结构中需要设置土带或者片石材料，从而可以提升坡脚结构的稳定性。此时应该注意的是，套拱施工必须要在暗洞超前支护施工之前完成。此外，暗洞开挖之前要按照设计方案的要求，使用 φ89 mm 的管棚实施超前支护施工，此时可以在导管与注浆防护的基础上实施断面开挖施工。

洞口锚喷支护。洞口边仰坡支护是暗洞进洞前的具体操作，在工程实施的过程中，应该采用人工打眼方式架设锚杆，然后应用注浆机进行注浆施工，并且采用人工施工方式来固定锚杆。此时应该注意的是，钢筋网的加工需要在施工现场内进行，制作结束之后需要立即开始焊接与安装。钢筋网安装完成后可以开始喷射施工，严格按照设计方案的要求来确定喷射厚度。

在下半断面施工的过程中，应该采取左右断面开始施工的方式，并且需要确保两个断面保持间距为 7 m ~ 10 m。首先需要开始右半段部分的施工，然后才能开始左半断面部分的施工。可以选择人工风镐方式来进行钻眼开凿施工，也可以使用弱爆破的方式，应用自卸车运输石渣。在该施工方式下，每次掘进 1 m ~ 1.5 m，只要能够达到格栅钢架部分的施工，就要将该结构安装到规定的位置上，并且根据设计方案的要求来开始喷锚支护施工。如果施工位置上岩石地质条件可以达到要求，应该采取全断面的方式实施开挖作业，此时应该保证循环进尺 3 m 左右。

（四）超前支护与初期支护

（1）锚杆施工作业。中空注浆锚杆的安装施工过程中，应该严格执行设计图纸的要求。通常来说，锚杆孔深度需要控制在岩体锚杆 50 cm 以下，钻进到设计方案要求的位置之后，通过压缩空气吹净，防止出现堵塞的问题。此时应该保证风压在 2 MPa 以下，并且持续 4 min。注浆压力参数的确定需要以设计方案为基础，考虑到施工现场的具体情况之后确定。

（2）钢筋网的挂设。在施工现场利用钢筋加工钢筋网，同时再应用人工现场安装施工。钢筋网的规格型号为 2.0 m×2.0 m。在具体安装施工的环节中，采用焊接的方式连接和固定，以保证结构的稳定性，从而可以满足工程的施工方案要求。

（3）加工并安装钢支撑。选择 V 级围岩部分，使用型钢作为支撑的主要结构部分，而对于 IV 级围岩则应该应用 φ22 的锚杆与 φ6 的钢筋网共同组成加固结构，此时的网格间距需要确定为 20 cm×20 cm，应用全环设置方式来进行施工。

（4）混凝土喷射施工。混凝土喷射的初期阶段中，采用合理的搅拌方法，根据工程的设计方案与施工技术标准来进行施工，需要保证混凝土原材料的结构性能达到要求之后再施工。隧道开挖施工结束之后，应该立即开始混凝土的喷射施工，防止出现地面松弛的情况存在，而对于喷射完成的混凝土结构来说，需要采用洒水的方式来完成养护施工。

（五）二次衬砌施工作业

该隧道工程的二次衬砌施工阶段，要严格执行新奥法施工的原则和技术要求。其中，低于 V 级围岩部分，必须要确保二衬施工面与掌子面的间隔距离控制在 20 m 以下，同时需要保证控制时间不超过一个月。而对于其他级别的围岩来说，应该保证在支护的稳定性满足要求后才能开始施工。

采用新奥法来进行公路隧道项目实施可以满足安全性的要求，所以可以在大范围内推广使用，从而可以促进我国公路隧道领域的发展和进步。

第六节　公路工程钢箱梁桥面板施工新技术

随着我国桥梁施工技术的发展，很多大型公路钢箱梁在连接施工中都采用的是桥面板焊接方式，U形肋结构应用刚强度螺栓进行连接。这种方法不会存在全焊接或者拴接方式的缺陷，技术具备较高的先进性。本节主要对钢桥面板接头构造进行深入分析，以期切实提升桥梁的施工效果，满足交通运行的需要。

一、钢桥面板工地接头构造

（一）钢桥面板的构造

大跨度悬索桥与斜拉桥的形式，使钢箱梁结构部分的重量几乎达到了整体桥梁重量的1/5。正交异性钢板结构桥面板主要来自于混凝土结构面板或者是预制板部分，因此在大跨度桥梁中受到了较大自重的影响，采用正交异性板钢箱梁是非常重要的结构形式。一般来说，钢桥面板表层的部分应用的是沥青混凝土表面铺装层，这样就能够提升桥梁的通行性。随着桥梁技术的发展，当前的正交异性钢桥面板的主要组成结构即为纵肋与横肋，并且二者之间保持垂直布置。在桥梁结构生产制作的过程中，全桥被分成若干节段在工厂内进行生产制作，完成之后再运输到施工现场进行拼接施工。

（二）正交异性钢桥面板构造的改进

钢桥面板是主梁上翼缘，其主要的作用是承载车辆载荷。从上文中可以了解到，钢桥面板主要的组成部分是面板、纵肋与横肋等，所有部件主要是通过焊接的方式连接起来，焊缝交叉部分设置为弧形缺口的形式，内部的组成十分复杂。在车辆经过该区域之后，车辆载荷会产生较大的应力，从而在较差的位置上产生一定的局部应力，所以钢桥面板出现疲劳问题是主要考虑的方面。疲劳裂纹存在于纵肋与面板之间的肋角焊缝，U型肋钢衬垫采用对接焊缝方式来连接，此时的钢面板对接部分也是抗疲劳性能最弱的区域。经过深入分析细节设计方案，同时进行焊接技术的改进和提升，从而可以有效地降低钢面板出现裂缝的概率。经过改进之后，面板对接焊接采用的是陶瓷沉淀的方式，其可以实现单面焊双面成型的效果，同时再应用U型肋进行高强度螺栓连接，整体结构强度得到了很大提升。经过改进处理之后，提升了焊接性能，具备较高的抗疲劳特性。

二、试件设计和制造

通过计算正交异性钢桥面板刚度与恒载所造成的弯曲载荷情况，将纵肋共同作用到钢桥面板中的宽度设定为纵肋间距尺寸。钢箱梁工地接头位置上应用的是单面焊双面成型的方式，并且在焊缝的内侧位置上设置陶瓷衬垫部件，所以需要在焊缝下方的 U 型肋侧壁开口以保证衬垫能够顺利地放置到焊接位置上。

三、试验概况

（一）加载方案

在当前我国的国家规定中，对于超 20 级荷载内的 550kN 车辆，后轴部分的重力应该设定为 2×140kN，后轮与地面的接触面积应该达到宽 × 长 =600mm×200mm。在本次试验过程中，对加载点的确定是按照该标准中规定来确定的，所以本次的加载宽度确定为 400mm，也就是在单轮与双轮宽度尺寸之间，可以满足本次实验的需要。根据试验方案的规定要求，在桥梁的试验区域中选择尺寸为宽 × 长 × 厚 =420mm×200mm×12mm，在表面铺装层结构部分中开始进行试验，然后放置尺寸为 400mm×300mm×50mm 橡胶薄板来实施加载实验。

（二）测点布置

为了可以确定缺口位置中所存在的应力状况，应该在该位置上布置较为密集的测试点进行性能测试，其中面板焊缝周边区域中总共需要布置 12 个测点，从而可以测定其纵、横方向上的应力参数。此外，还需要在跨中与焊接接头对称处来进行性能的测试，从而保证其测试性能具备普遍性。

（三）疲劳试验

根据试验方案的要求，首先选择编号为 I 的试件来进行试验，此时应该将试验载荷设置在焊栓接头位置，参数设定为 40kN ~ 90kN，同时应该将循环次数设定为 200 万次。利用有限元分析方法来进行参数计算，在试件中施加跨中 40kN 载荷时，此时的 U 形肋下面最大应力与桥梁在正常使用中的荷载基本相同；在增加到 90kN 荷载之后，最大应力与恒载、活载之间所产生的应力相差不大，所以应该选择使用上述疲劳加载数据。

（四）静载试验

对于两个试件都实施静载荷试验时，将该试验分成两个方式来进行加载，其一是在焊拴接位置上来进行加载试验，其二是在跨中位置上进行加载试验。通过有限元方法来进行参数的计算，在跨中位置上施加 140kN 载荷时，此时最大应力参数值达到了 200MPa，在试验中综合考虑到受力最不合理的状态，在静载增加到 175kN，此时即为实际轴重量的 2.5 倍，从而可以保证其最大应力极限值为 75%。

四、试验结果分析

（一）竖向挠度

经过实际测量之后，通过对各个测点位置上施加不同载荷参数之后所产生的竖向挠度数据，可以总结出如下结论：

（1）实测参数与计算参数相差不大，表示实际测量值即为合理值。

（2）跨中载荷布置的过程中，利用有限元分析方法来进行数据的计算，焊栓接头位置的挠度较之对称位置的挠度参数要小，此时由于焊接接头位置上的U形肋板两侧使用高强螺栓，在高强螺栓位置上设置拼接板部件，相当于在该位置的腹板厚度尺寸的2倍，且可以与面板焊接接头进行连接施工，此时可以提高焊接接头位置的刚度，同时还应该在该位置上设置手孔，但是要确保不会给局部强度造成负面影响。

（3）在对焊栓接头位置进行加载的过程中，试件Ⅰ接头位置上与跨中位置的挠度较之Ⅱ来说其挠度适当增大，这与该位置的螺栓拧紧程度存在直接的联系。但是经过有限元的数据分析可以发现，上述两个试件的挠度参数相同，这也就表示其缺口部分与刚度并不存在直接的关系。

（4）各个测试位置的测量参数表示其挠度与载荷参数存在有线性关系。

（二）疲劳强度

在试验的过程中，设定下限40kN、上限90kN进行荷载试验，反复试验了200万次之后，经过性能的检测之后可以确定Ⅰ试件位置上的挠度与试验之前并不存在明显的变化，这也就表示疲劳载荷的作用对于试件的刚度并未造成直接的影响。在使用20倍放大镜来进行试件的观察之后可以确定，所有的试验位置上并不存在明显的裂纹，然后再次进行试验，发现各个部分的应力大小与载荷参数依然呈现出线性变化的关系。

（三）局部应力

经过实际测量之后可以总结出如下结论：

（1）在施加外部载荷之后，两个试件中的多数测点都能够满足应力的需要。

（2）在焊栓接头位置上进行外部载荷施加的过程中，应该对于两个试件来实施应力比较分析，此时得到如下结论：①试件Ⅰ中的U形缺口位置上较之试件Ⅱ来说其横向压力会比较大，而针对其他测点位置来说，所得出的最终数据相差不大，但是也没有超出设计要求的参数值；②试件Ⅱ中的焊栓接头位置上的纵向压力会略大，但是在其他位置上，其实际测量值相差不大；③试件Ⅰ中的U形缺口位置较之试件Ⅱ来说会稍大。从这些数据可以得出，在缺口位置上施加不同的荷载仅会给试件应力造成一定的影响，而其他的位置上则能够满足实际需要。

（3）在施加跨中载荷的过程中，经过检测所有的测点之后，发现其应力参数相差不大，且数值也非常小，与焊栓接头对称位置上纵向、横向应力基本相同，可以满足桥梁日常使用的需要。

（4）通过实际的试验分析可以发现，伴随着施加载荷的逐渐上升，其与计算参数值完全一致。

正交异性钢桥面板在进行对接的过程中应用的是全熔透的方式，同时还需要在两侧施加高强度螺栓来进行连接，然后再进行疲劳试验以及有限元计算分析，经过试验参数的比对分析，在设置 U 型缺口位置的细节上其整体的性能可以满足工程的需要，同时还测量确定其要小于设计容许压力，整体强度都达到了使用的需要，具备较强的运行稳定性。但是在实际操作中，还需要尽量的缩小 U 形缺口的尺寸，一般都控制在 70mm 左右为最佳。

第五章　公路新材料、新工艺以及新技术工程施工

第一节　"四新技术"在公路工程中的应用

云南作为国家面向东南亚的窗口，随着"一带一路"发展理念的提出，基础建设已成为制约地区发展的核心问题，同时也迎来了各项建设的黄金时期。玉楚公路，全长190km，也是云南省近年来少有的大型项目，如何让一个工程成就一个企业，占领一片市场，交通运输部"品质工程"创建的提出则给出了答案：创新—理念创新、管理创新、技术创新，等等。

在各项施工工艺日趋成熟的今天，技术作为最基础的，技术创新也是最难推出的，那么如何让各项"新技术"更好地得到应用及推广，本节则重点从参建各方进行了思考及阐述。

一、项目概述

云南玉溪至楚雄公路，起于玉溪市红塔区，连接昆磨高速，止于楚雄州楚大高速起点，全长190km。先期开工的勘察试验段采用股权＋总承包模式，全线则采用社会投资＋政府投资的PPP模式，项目以创建交通运输部"品质工程"为目标，通过实现玉楚公路建设技术及管理制度的创新，达到安全质量管理水平全面提升的目的，逐步形成"品质工程"标准体系和管理模式。

二、"四新技术"的应用现状

前期施工的试验段中，项目在全线陆续地推出了隧道防坍监测系统、边坡无线监测预警系统、智能张拉及制浆压浆系统、安全多媒体培训工具箱、小导管数控制作设备、真空压浆罩等新技术，各项新技术的应用在为管理带来便利的同时，成本的降低、效率的提升、品质的提高、外界的认可，使项目的管理层认识到"四新技术"在工程建设过程中发挥的巨大作用，也为即将全面开工建设的二期工程引入了"新"的概念。

三、"四新技术"在工程建设及管理中的应用及推广

（一）四新技术与项目业主

项目最重要的主体，就是项目的投资方与使用方，任何一项"新"的应用及推广都离不开项目业主的支持。新技术的应用及推广带来了一定的风险，社会效益与经济效益的权衡、成本与效率的选择，往往决定了最终的结果，只有决策者的"意识"与"胆识"并存才能"推新出陈"。

玉楚高速的建设得益于一个年轻的管理团队，得益于一个积极推新、敢于推新、勇于创优的团队，在建设初期提出的创"鲁班奖"，在建设过程中提出的创"品质工程"，正是因为有项目业主及总承包单位的大力支持，将"四新技术"的应用纳入各项管理文件及日常检查中，才能使一项新技术的引进、试用到全线推行在短时间内完成。

（二）四新技术与工程设计

国家十三五规划的推行，使得各项基础建设工程的设计不仅面对着自然条件、地形、水文地质等的影响，还要面临任务繁重这一现实，而一项工程的设计在满足规范的前提下，还需根据实际的情况来制定不同的设计对策，同时满足使用功能、环境保护等多方面的需求。

相对于业主方的决策层，工程设计的优劣更多地取决于基层设计人员的综合能力。作为工程的"源头"，设计方直接决定了"四新技术"在公路建设和设计过程中的应用与否。玉楚高速前期建设过程中，因设计在"滇中红层"上的保守处置所造成的成本提高为二期工程设计警示的同时，也对设计单位的综合业务能力提出了更高的要求。

设计者应以解决以往工程建设过程中所存在的一系列通病和问题为重点，以"控制概算，优化设计"为原则，从源头出发，采用预防和治理相结合的方式进行，同时有效地借助新设备、新材料以及新能源等来实现工程设计质量的提升。

（三）四新技术与工程监理

任何公路工程的建设都离不开规范化的工程监理工作，作为项目业主的"代言人"，建设方各项工作的推进都需要监理人员进行监督执行，而这同样适用于"四新技术"的应用推广。监理人员应首先领会项目业主的意图，掌握各项"新技术"的使用方法及功能，将四新技术的应用优势作为创造业主"盈利点"的出发点，在工程建设过程中做好业主方的参谋，对施工方进行监督。

但在实际的监督管理过程中，受限于当前环境下监理人员的资源配置及管理水平，业主的要求未能全部有效执行，甚至会阻碍施工方的创新措施，那么建立一套完整的奖罚制度及一条畅通的沟通渠道尤为重要。制度是为了落实，渠道则是为了鼓励创新。玉楚高速B7工区真空压浆罩及水洗凿毛工艺在全线的应用则正是通过监理人员的宣传得以推广。

（四）四新技术与工程施工

作为一项工程的实际建设者，施工方是各项"四新技术"的落实者，也是"新"的创新者，如何真正地让各项技术落地，发挥一线员工的创新能力，是每个建设管理人员均在思考的问题。

如果说项目业主还需兼顾社会效益，那么施工方则更多地站在经济效益的立场上，新技术应用带来的风险也会在第一时间反馈到现场。诸如试验段前期曾试用的隧道新型逃生管道，因其昂贵的成本及不便的运输而未被推广；而小导管数控加工设备因大大提高了工作效率及施工质量，在试用一周后即得到全线推广等实例充分说明了施工现场是各项成果的鉴定场所，也说明了适合的"四新技术"才是应用及推广的关键。在技术创新上，试验段通过制定QC管理办法、科研管理办法，将优化设计纳入项目考核，开展"微创新"等，从文件及制度上明确要求，使得既定的各项"四新技术"得到了有效执行，并取得了良好的效益。

四、"四新技术"的前景展望

玉楚公路以打造交通运输部"品质工程"为目标，以建设"绿色公路"为理念，各项新兴技术也将会不断的运用到工程的建设过程中去，而作为公路建设者，更应该主动地去学习、采纳、创新、推广各项"四新技术"，发扬"工匠精神"，建设高品质公路。

从当前公路建设的发展现状能够看出，规范化的四新技术往往能够显著提升公路工程的设计及施工质量，同时也能有效降低公路工程后期建设出现的问题和通病。

综上所述，"四新技术"只有从建设方重视到设计方研究，监理方监督再到施工方的逐项落实及创新，才能在公路工程建设过程中逐渐得以应用及发展，也为提出创建"品质工程"这一目标提供保障。

第二节　新工艺在公路工程施工中的应用

随着社会的进步，对于人类家园的建设已经是现代人最关注的点。新中国成立以来，要想富，先修路的思想已经深入人心，因此现代人对于公路的建设施工，有了更高的要求和目标。不断的社会发展提高了人们的生活水平，也促进了国家在公路建设方面的进步。本节主要探究的是公路施工中涉及的新技术新工艺的发展与应用。

随着我国人民生产总值的不断飙升，人民的生活水平也有了质的飞跃，在经济基础有了一定的提升以后，人们对于自身的"上层建筑"有了更高的要求。正是在这样的大背景下，人民对于汽车的需求量急剧上升，这就导致国家对于公路的开发建设量提升，对于交通管制问题也增大了关注度。随着车流量大增，同时受到地质以及气候等环境影响，导致对于公路的建设要求更高，也就激发了更高效的施工技术，这推动了技术的革新。

一、公路施工中的新技术新工艺

（一）泡沫沥青冷再生技术

所谓的泡沫沥青冷再生技术区别于制造传统的热沥青，不需要加热集料和烘干集料步骤，也就是说，在实现泡沫沥青之前，需要将常温水注入热沥青中，能够使整个热沥青发热膨胀起来，并产生大量泡沫，最终破裂。破裂之后泡沫沥青会变成小颗粒，在接触集料之后，最终进入集料的缝隙，也就是说集料将成为伴有沥青填缝的，稳定性极强的细料填缝料。它常常被用作增加厚度的材料，被用于沥青下面层或是路面基层。对于泡沫沥青冷再生技术的使用，最重要的一点就是将再生混合料合理配比，如果出现配比不合适，很难实现填缝的作用，这就导致技术失去实用意义。对于技术使用的实际意义而言，可以很好地节约能源，节能环保，并且可以优化路面材料，实现资源的再生利用。

（二）喷锚技术

喷锚技术是指在给路堑边坡的时候进行爆破，能够很好地保证稳定性的一项技术，这是一项保护技术，对于路面施工有很好的保护意义。在这项技术中，最为重要的就是支护喷锚网，在高坡上进行施工时，能够防止岩石层结构发生形变，导致整个路面崎岖，很好地提高高坡稳定性。具体实施过程需要一系列技术相互支撑共同实现。

（三）共振碎石化技术

共振碎石化技术在公路施工中属于一项新技术，能够很好地保证在短时间内低成本地进行施工，这项技术可以很好地修复混凝土路，防止在路面投入使用时由于受力不均而出现形变。共振碎石化技术可以使整个施工进程提升，高效快速地进行作业，能够很好地保证路面排水功能。对于公路上出现的反射裂纹现象，传统的技术是很难消除的，然而共振碎石化技术就可以很好地消除这种现象，这样就可以降低对路面的损伤。

二、新技术新工艺在施工中的具体应用

（一）在路基施工中的应用

路基填压施工的要求极高，所以需要达到标准要求后方可以进行下一步的施工。掺和粗粒料、石灰等材料是在路基填压施工过程中没有达到标准要求时进行的拯救措施，同时，使用土工合成材料加固、轻质路堤、灰土挤密桩等新技术可以有效地压实路基，传统的方式是利用吨位比较大的压路机进行施工，只有将路基压实，才能够使路面受力均匀，防止当路面投入使用后出现不平的现象。对于软土地路面的建设工序是先进行铺土，其次再对路堤进行修建。利用先进的措施对软土层进行上层的建造，能够既做到路面的稳固，又能够保障排水正常，通常使用土工织物来实现稳固的目标。

（二）在路面施工中的应用

就我国现在的路面使用情况来看，主要使用的是沥青路面和水泥混凝土路面，但是在稳固性能、施工技术以及装备水平上，水泥混凝土路面还是比不过沥青路面。在面板的密度、材料的匀质性上，水泥混凝土路面都很难达到标准目标，由于水泥混凝土路面主要使用人工，所以对于施工项目所要求的一些细节或是精度问题就很难解决，这样一来，水泥混凝土路面就很容易被破坏，不够稳固。但是使用滑模施工技术就能够很好地改善水泥混凝土路面不够稳固的缺点。

（三）在路面维护中的应用

当公路出现大面积损害的情况时，需要对公路路面进行大面积的修复，只有利用新技术新方式，修复工作才能够很好地实现。详细介绍新技术使用的工序：①需要将铁皮和钉子固定在洒布粘层沥青的下层结构上，这样是为了更好地铺设玻璃纤维土工格栅，最后将格栅向纵向方向拉紧并实现分段固定；②要实现 10cm ～ 15cm 的横向搭接距离以及 10cm ～ 20cm 的纵向搭接距离；③禁止使用锤子敲击玻璃，同时不能够在玻璃纤维上钉钉子，如果出现钉子断裂的情况需要重新固定而不是继续工作；④利用胶轮压路机在固定工作完成后进行碾压，这样一来，工格栅就可以和原路面结合；⑤需要在当天进行沥青混凝土的铺设，同时使用压路机将其碾压以形成要求的形式。

三、做好公路施工新技术新工艺的控制管理工作

旁站、抽检、测量是对公路施工新技术新工艺最直接的控制管理方式。对于旁站工作的理解，就是对施工的所有过程进行全方位的监测与管理，如果能够很好地对施工现场的一切，不论是设备装置还是施工进程，都做到有序地监控，这样一来，整个公路施工新技术的管理工作就有了很好的基础。再有就是抽检，需要各个岗位的工作人员对每一个细节进行仔细认真地检查，并且及时向有关部门汇报检查情况，出现问题要及时提出。最后就是测量，所谓的测量就是用专业的技术对整个施工工序进行检测保障，是控制管理工作的核心，需要检查的内容包括施工的尺寸以及道路相关线性的尺寸。只有按照要求进行以上三步，才能够很好地保证施工的安全性和可操作性。防止故障出现的最好方式就是防患于未然，能够做好管理工作，监管施工的每一个细节，这样，就可以很好地降低施工时出现意外的概率。

总而言之，对于公路的建设随着新技术、新工艺的不断革新，建设的水平也出现了极大程度地改善，在当今现代技术飞速发展的大环境中，我国对于公路建设投入的努力需要更多的技术支持，也就是说，好的技术给整个社会带来的不仅是好的公路，还带来了极大的经济效益，是两全其美的一种提升。

第三节　新技术新材料在公路工程施工中的应用

科技的发展为公路工程施工工作带来诸多新兴技术与新材料，提高了公路建造质量与使用性能。新技术新材料的出现，改变了传统的施工方式，不仅使实际工作减少了人力物力资源的同时，还提高了公路使用年限。新技术新材料的到来为公路工程施工带来机遇的同时，也带来了许多挑战，要想更高效的利用新技术新材料，就要从实际情况出发，寻找更为完善、科学的适用施工方法，严格把控施工过程的各个环节，保证新技术新材料的高质量使用。本节对公路施工的新技术、新工艺进行简要概述，对公路新材料的发展详细描绘，并提出公路施工新技术在使用中的注意事项。

随着我国市场经济的高速增长，城市现代化建设也得到相应的发展，其中公路建设作为联通城市之间的基本渠道，应得到更为高质的发展。公路建设的速度与质量直接关乎与城市之间的物质流动、资金流通和人文方面的交流是否顺利。社会经济活动的活跃，使城市之间交流更加频繁，人流物流不断增多，社会发展景象十分可观的同时，也对通行的基础设施—道路，提出了更高的要求。道路施工工作较为复杂，需要动用大量的人力物力，一项工程经常要持续数十月之久，资金消耗巨大。传统工艺技术存在用时长，质量无法实时监控等缺陷，因此在新时代条件下，我们必须创造新方法，运用新理念，掌握新技术，进而在保证道路建设质量的基础上，进一步提高施工效率，为加快推进社会主义现代化建设奠定基础。

一、公路施工中的新技术新工艺

（一）喷锚技术

在道路的施工过程中，有时需要进行爆破作业，而当爆破技术使用不当时，路堑边坡的稳定性将会受到一定的影响。而新兴的喷锚技术就可以有效地防止此现象的出现。支护喷锚网是喷锚技术的核心所在，不仅能够提高边坡的岩土抗形变能力和结构强度，而且能够提高边坡的稳定性。喷锚网的施工过程是搭设脚手架、修整边坡、钻孔、灌浆，以及张拉后进行二次灌浆、挂网，到最后的喷射混凝土环节。

（二）共振碎石化技术

共振碎石化技术是针对水泥混凝土的修复工作而进行的，作为一项新技术，其对路面的均匀受力与整体性能能够有较大的提升。共振碎石化技术拥有以下几个特点：共振碎石化技术的施工效率较高，原材料利用率高且成本低廉，具有良好的排水性。共振碎石化技术对路面损伤较小，能够从根本上改善公路的反射裂纹现象，并不需要反复的进行修复。

（三）路缘石滑模施工技术

路缘石是设在路面与其他构造物之间的标识，一般用于分隔带与路面之间、人行道与路面之间。在路缘石的施工中使用滑模施工技术，也就是通过使用路缘石滑模摊铺机提升工作效率，同时也能够节省材料的使用，其最重要的优点就是让操作面线形的流畅性可以得到保证。

二、道路工程中新材料的发现

（一）SEMA 的发现及其应用

SEMA 是一种新型的沥青混合改性剂，主要通过在硫磺中加入增塑剂制成半球形状的颗粒物与烟雾抑制剂，SEMA 主要成分为硫磺。SEMA 是通过对石油炼制的副产品进行处理而得到的，经济方便，较易得到。SEMA 材料可以加入到沥青拌料的过程中，从而对沥青混合料达到改性的目的，进而提高混合料的道路使用性能。SEMA 材料的性能：通过一系列的研究显示，加入了 SEMA 的混合料的稳定度要远大于基质混合料，虽然加入了 SEMA 的混合料稳定性相对优良，但是其残留稳定度较低，与相关技术标准、施工规范有着一定的差距，因此，在对 SEMA 进行使用时，可通过在其中添加抗剥落剂，从而提高其抗水损害性能。由于 SEMA 材料的获取较方便，且使用了 SEMA 的混合拌料的碾压和拌和温度都要低于普通沥青混合料，因此，SEMA 的使用对于减少能源的消耗具有重大意义。SEMA 的混合料的高温抗车辙性能优良，为提高路面的使用提出了新的解决途径。结合以上优点，使用 SEMA 新材料作为路面材料将会有宽广的使用前景。

（二）SMA 在道路工程中的应用

SMA 指的是沥青马蹄脂碎石混合料，其主要是由沥青、纤维稳定剂、沥青马蹄脂填充间断级配的粗料骨架空隙而组成的沥青混合料，此混合料具有优良的抗车辙性能与抗滑性能。具有以下特性：其一，稳定性高。SMA 中主要是中粗集料，其混合料中由于中粗集料之间的接触面多并具有良好的嵌挤作用，所以 SMA 混合料在高温中具有良好的稳定性。其二，水稳性好。由于 SMA 混合料中空隙率较低，使得其几乎不透水，再加上集料与马蹄脂的黏结力相对较好，能够极大地改善其水稳性。其三，低温防裂性，SMA 混合料中填充了大量的沥青马蹄脂，在温度降低时，由于马蹄脂有较好的黏结作用，所以在低温收缩时，混合料具有较好的低温形变性能。其四，表面独特性。SMA 混合料使用的是坚硬、粗糙且耐磨的高质量碎石，还采用了间断级的矿料，压实后表面形成的构造深度较大，这使得沥青面层能够有效地减少溅水和噪声，进而提高道路质量。

SMA 材料在国外的发展及应用。国外对于 SMA 新型材料发现较早，在 30 多年前就开始使用，由于夏天相对炎热，地表温度较高，从而导致许多密级配沥青路面都出现了不同程度的变形，而使用 SMA 材料进行铺设的路面几乎没有发生以上情况。由此，在大多数欧洲国家开始把 SMA 材料使用在承受重交通荷载以及高压轮胎压力的机场道面与道路。

（三）特立尼达湖沥青的应用

特立尼达湖沥青（Trinidad Lake Asphalt，简称 TLA），是一种天然形成的物质，其本身是沥青而不是合成添加剂，但可以作为沥青改性剂来添加到石油沥青之中，添加了 TLA 改性的混合沥青具有温度稳定性好、抗老化性能强、抗水害性能好等一系列特点，可以使混合后的沥青使用性能方面得到改善。且 TLA 改性之后的沥青十分稳定，极大地方便了生产、储存和使用。在工程实践中表明，使用了 TLA 的改性沥青因为其优良的路用性能能够很大程度上预防沥青路面病害的出现，结合 TLA 的各种优点，可以看出其应用场景将会更加的广阔。

三、做好公路施工新技术新工艺的控制管理工作

为了能够有效地确保施工过程中的施工质量，提高公路的使用安全，并促进新技术与新工艺在公路施工中得到更好的发现，就必须做好公路施工新技术和工艺的控制管理工作。主要可通过旁站、抽检与测量等方式进行检测。第一是旁站工作主要是对机械设备、施工材料的配比、施工方法等各个施工环节进行检查和监督。第二是检查工作，在施工过程中，质检人员应对施工过程中的每一个环节都要进行严格检查，出现质量不过关的项目必须进行返工处理，所有流程都要在监理工程师确认合格之后才能进行下一步施工。第三是测量工作，测量是整个控制管理工作的关键一环，能够对新工艺的实施提供保障，其工作内容主要是对工程中尺寸数据是否正确进行检查。

综上所述，要想加强道路工程的耐久性、坚固性，保证道桥搭建的合理性，降低维修次数，避免因道路设计本身而造成的交通事故，就要合理利用新技术、新手段，保证道路施工工作的顺利进行。公路建设的速度与质量直接关乎与城市之间的物质流动、资金流通和人文方面的交流是否顺利，要想更高效的利用新技术，就要从实际情况出发，寻找更为完善、科学的适用施工方法，利用、喷锚技术、共振碎石化技术、路沿石滑模技术、SEMA 新技术、SMA 新型技术、TLA 新技术等，做好公路建设施工工作，为社会主义现代化提供稳定的交通基础。

第四节　新材料新技术在公路安保工程中的应用

新技术、新材料不断涌现，只有在不断创新中把新材料新技术应用至实际的公路安保工程的施工中，才能促进我国公路安保工程的进一步发展。

一、新材料的应用

（一）高性能混凝土施工材料的应用

在实际的公路安保工程建设过程中，为了将施工处置效果进行优化，融入高性能混凝土新材料成了强化工程建设水平必不可少的材料。为了在拌和时期合理的掺入矿物、细集料、水泥材料、外加剂到搅拌机内，需要使用后掺外加剂的手段，相应的加入标准的水量，帮助砂浆得到充分的搅拌，保证其均匀性。随后也需要融入外加剂、凝胶材料、水分，并且进行匀称的搅拌。在搅拌环节要保证在 30s 以上，整体的搅拌时间也需要超过 2min，但是要小于 3min。在该种处置方式基础上，在一定程度上能够提升公路安保工程的建设效果，强化外加剂的利用率。另一方面，也能够应用净浆裹石高性能混凝土材料的手段，按照相关比例的胶凝材料、水胶比展开掺制拌和，加入石子进行搅拌，构建净浆。同时加入砂子，融入一定的胶凝料、常态水胶比进行再次拌和。第一次拌和需要处于砂石料首层上，由此形成较低的水胶比，构成优良的水泥浆保护裹层。针对二次拌和与处置时期而言，形成了混凝土过渡层，进一步减小孔隙率，帮助其不形成取向属性，强化公路安保工程高性能混凝土施工的实践能力。

（二）玻纤土工格栅新材料的应用

在公路安保工程相应的路基施工、沥青路面、维修养护时期上，都需要融入玻纤土工格栅新材料，强化工程建设的整体质量。在新材料的基础上，能够对沥青路面反射裂缝的情况进行处理，能够对传统的土工织物材料进行优良的替代，和沥青路面施工建设要求相符合。在强刚度效能、大模量的前提下，能够处于沥青罩面内把其当作硬夹层，保证其抵御力，从而进一步得到释放，强化铺层抗拉、抗剪能力，达到避免裂缝出现的目的。在路基施工时期，玻纤土工格栅新材料的使用能够强化基层强力，标准加固处置的优良性，提高剪应力，促进垂直向应力、土体水平的降低，确保抗剪强度的完善性，强化路基整体承载力、抗震性，提高土体处理裂缝、变形的效力，避免沉降不均匀情况的出现。

（三）间断级配橡胶沥青混合料施工应用

间断级配橡胶沥青混合料本身就包含了较强的弹性、黏性，尤其是在抗氧化性、抗变性能上。该材料具有较高的软化点，再加之其有较为适宜的油膜层厚度，能够防止析漏、泛油情况的出现，在一定程度上强化了公路安保工程路面的耐久性，抵御疲劳裂缝、反射的效力也随之增强。鉴于此，在实际公路安保工程的建设过程中，该材料能够被大力的使用，最大化地发挥其应用价值。一般需要在高温标准下进行混合料拌和工作，避免由于沥青构成焦化情况的出现，在严格掌握温度水平的基础上，强化混合控制的质量。

二、新技术的应用

（一）创新施工工艺技术的应用

在公路安保工程新技术中，将潜孔钻机装置进行稳固的安置，有利于锚杆孔方位放出的准确性，脚手架搭设的合理性。在相关先进设备的基础上，展开对钻机导向架倾斜情况的测定工作。一旦在钻进施工时期中出现塌孔情况，这就需要中断钻进工作，对注浆固壁进行优化，在完成注浆之后，还需等待 36h，才可以继续展开钻进扫孔工作。融入回转钻进模式，在有效应用泥浆的条件下，展开相关的护孔工作。在钻孔与设计标准相符合之后，要保证超钻出 40cm 左右，接着使用高压风系统清除孔道内的残余物。

与此同时，在该施工处置时期，锚杆钻孔需要和实际倾斜度、长度、孔径标准相符，将创新钻孔手段与强化操作精度有机地结合在一起，以便之后的杆体插入、注浆工作顺利进行。

（二）优化锚杆制作与锚固注浆技术的应用

在具体的公路安保工程制作锚杆的时期中，需要按照标准长度，展开棒式锚杆的钢筋切割工作，把外露侧加工为螺纹，便于之后对螺母的放置。接着在离杆体 2m 左右位置设计相关的隔离件，保证杆体位于孔内的居中位置。

与此同时，还需要对杆体进行防腐处理。尤其是在多股钢绞线锚杆锚索处理时期中，需要进行防护操作。在锚固注浆施工时期，确保注浆技术的优良性，在灌注中融入水泥浆、砂浆，并在相关设计规范的基础上，对选用的施工材料进行优化。切记在实际的注浆操作时期中，需要保证连续的紧密性，保证注浆管能够深入至浆液面之下 70cm 左右的位置，达到规范安装、科学标定的目标。

综上所述，公路安保工程作为一门系统的工程，本节主要简析在公路安保工程的施工建设中，新材料、新技术的应用，目的是为了更有效地维护公路安保工程施工建设工作的高效性。

第五节　新材料在节能经济型公路工程建设中的应用

随着绿色经济理念不断深入人心，应用具有节能经济效果的新材料也逐渐成为现代公路工程建设的主流。本节首先阐述了节能经济型公路工程建设的概念，其次重点探讨了有机硅预养护材料、降噪乳化沥青材料和高弹改性 SMA-13 混合材料在节能经济型公路工程建设中的应用，最后从优化施工工艺和提升技术人员经济节能素养两方面提出了节能经济型公路工程建设中应用新材料的建议。

一、节能经济型公路工程建设概述

节能经济型公路工程建设，是近年来涌现出的一种新型的公路工程建设理念，其内涵为：运用节能经济的思路从材料选购应用、项目施工建设、后期验收评估等方面，对公路工程项目进行全过程化的建设运维，在确保建设质量的基础上，尽可能地提升公路工程建设项目的节能效应和经济型价值。换句话说，节能经济型公路工程体现了低碳经济和绿色节能的特征，能够有效降低公路工程建设施工单位的支出成本，提升建设产出的经济节能效益，这在绿色经济建设理念不断深入人心的今天，逐渐得到公路工程建设施工单位的青睐。基于此，从新材料应用的角度探究公路工程节能经济型建设的现状，并提出一些优化发展的建议具有十分现实的意义。

二、新材料在公路工程节能经济型建设中的应用分析

（一）有机硅预养护材料的应用

有机硅预养护材料是一种新型的绿色材料，它采用高分子合成技术将有机硅与其他防水防火性能优异的化学材料合成在一起，制造出无污染且无刺激性的新型高效防水和防火材料。它的特点为：应用在道路表面后，可形成一层透明无色且能抗紫外线的透气薄膜，当有雨水或火焰与薄膜接触时，能够被阻隔在薄膜表层，从而防止水分和热量侵入道路内部，起到防潮、防水、防霉和防火的作用。由于有机硅预养护材料的制造应用了高分子技术，因此它的制造成本相对低廉，对公路工程建设单位有效控制设计建造成本，构建节能经济型项目体系有着重要的意义。值得注意的是，有机硅预养护材料具有很强的憎水效应，一般来说，它的设计密度应控制在 +0.02，透水压力比应 > 300%，48h 吸水量比应 < 65%，28d 抗压强度比应 > 90%，因此在施工过程中需要技术人员根据施工现场环境，通过精确计算科学确定材料与水之间的渗透系数，以确保其在工程项目中的黏度、表面张力及综合质量效果。

（二）降噪乳化沥青材料的应用

降噪乳化沥青材料是在传统乳化沥青材料基础上，通过技术改良研发的一种新型公路工程建设材料。传统乳化沥青材料是一种集成石油沥青、乳化剂、稳定剂等化学材料的工程建设辅料，主要作用于公路防水黏结层，具有很好的粘连性，但也存在降噪性较差的弊端，会增加道路上行驶车辆的噪音。为在保证材料粘连性的基础上进一步提升降噪性能，技术人员通过提升传统乳化沥青材料中混合料粗细均匀分布的密度，研发出了抗噪性能更为优良的降噪乳化沥青材料。具体的研发应用技术十分多元，如：在传统乳化沥青材料中添加适量的橡胶粉或矿物纤维，以提升乳化沥青稀浆浓度的适用特性，为新型材料引入了降噪的效果。或将传统乳化沥青的性能改良为改性沥青，并通过一对一微表面处理技术，

研制成降噪乳化沥青。值得一提的是，通过上述改良工艺制成的降噪乳化沥青材料相较于其他单独研发的降噪材料而言，体现出了更为优良的经济节能价值，不仅降低了施工单位的建造投入成本，还达到了有效降低车辆行驶噪声的效果。

（三）S MA-13 混合材料的应用

传统的 SMA（沥青玛蹄脂碎石混合料）是一种沥青混合材料，主要由沥青、矿粉、纤维稳定剂和细集料按照一定的比例混合而成，具有较强的温度稳定性和防水特性，且兼具良好的耐久性和表面延伸性能，如：抗滑、抗噪音、平整度高等，被广泛应用在现代公路工程建设中。但传统 SMA 材料也存在抗疲劳性、抗流动性差等弊端，且抗车辙稳定度也不够优秀，在低温状态下弯曲变形能力也有待提升。近年来，技术人员试验研发了 SMA-13 混合材料，该材料采用全新的双层高弹改性工艺，将 SMA-13 与硅砂、溶剂型黏结层和涂膜类防水层按照一定比例融合起来，所有融合材料均选用绿色环保原材料，且成本不高，具有很好的节能经济特性，相较于传统 SMA 材料具有更好的变形顺从、抗疲劳、抗流动性性能，并具有更坚韧的抗车辙稳定度，在低温条件下的弯曲变形能力也更优秀，目前国内很多公路工程，如：杭州秋实高架道路工程、港珠澳大桥道路工程等都应用了该材料。

三、节能经济型公路工程建设中应用新材料的建议

随着绿色节能技术的不断发展，必将会有更多的节能经济型材料被研发出来并应用在公路工程项目建设中。在未来的发展中，为确保新材料在公路工程项目建设中发挥出最优的节能经济效益，建议各级建设单位做好以下几方面工作：首先，不断优化新材料施工工艺。新型采用的研发制造大多基于先进的工艺，因此在施工中也需要建设单位技术人员不断优化施工工艺，才能够充分发挥出新材料的节能经济效益。具体来说，各级建设单位应定期组织相关的专业培训，使技术人员通过培训掌握新材料施工工艺，并在施工建设中应用并推广新工艺。其次，提升技术人员经济节能素养。各级建设单位应定期对公路项目建设技术人员进行关于经济节能方面的理论和实践培训，通过培训帮助技术人员建立并逐步夯实经济节能意识。

总而言之，节能经济型公路工程项目的建设和维护离不开绿色新材料的辅助作用，希望各级公路工程单位在项目建设中尝试应用更多更好的绿色节能材料，在确保工程质量的基础上打造节能经济型项目，为建设节能经济型社会做贡献。

第六章 公路隧道施工技术

第一节 公路隧道施工爆破技术

随着时代的发展，我国各行各业均呈现出良好的发展趋势，公路隧道数量逐渐增多，为建筑企业积累了更多的爆破经验。本节将对公路隧道施工爆破技术的实际运用展开分析研究，为我国公路隧道施工提供有效措施。

随着我国经济水平的飞速发展，隧道施工越来越常见，在公路隧道施工中，爆破技术的应用十分频繁，通常运用到围岩开挖作业中。就目前来看，我国隧道施工爆破技术的发展日趋成熟，但在具体实施中还应对相关事项引起重视，确保开挖断面符合设计要求，进一步提高公路质量水平。笔者将分别从：公路隧道爆破技术研究、爆破技术在公路隧道施工中的实际运用两个方面进行阐述。

一、公路隧道爆破技术研究

关于公路隧道施工爆破技术可追溯到十七世纪初，当时的匈牙利人利用黑火药来开展巷道掘进施工，在这个时期爆破技术还不够成熟，在隧道施工中施工人员通常采取手工作业对炮眼进行开凿，这些施工方法不仅影响到施工效率，还阻碍了施工进度，直至到十八世纪中期手工开凿才被时代淘汰，风动凿岩机正式走上舞台。

在修建欧洲的仙妮丝铁路时将药卷方式运用其中进行爆破，后来这种技术在修建圣哥达隧道时得到了完善。直到 20 世纪中期光面爆破技术被发明出来，并在公路施工中得以应用，光面爆破技术可对炸药能量合理控制，确保围岩的完整性，使超欠挖量逐渐减少，促进围岩稳定性的提升。随后美国对光面爆破技术进行了改造，从而产生了隧道预裂爆破法、隧道缓冲爆破法等。

我国在 20 世纪五十年代初期依然在采用人工开眼方法来施工，这种方法的运用会带来巨大的施工隐患，且施工效率难以提高。随着时代的发展，我国公路隧道施工技术得到进一步发展，倾斜掏槽技术与垂直掏槽技术在道路施工中得到了广泛应用，在这个时期光面爆破技术逐渐被引进。

二、爆破技术在公路隧道施工中的实际运用

综上笔者对公路隧道爆破技术进行的研究，为确保爆破技术在公路隧道施工中得到更好的应用，还应注意相关要点，包括：对炮眼直径合理控制、加强装药结构的堵塞管理、开展起爆工作、对瞎炮进行处理、扩大爆破，笔者将从以下方面展开阐述：

（一）合理控制炮眼直径

在公路隧道爆破技术施工应用中，施工人员应对炮眼直径进行控制。如若炮眼直径较大便会对凿岩能力提出更高的要求，在隧道爆破处理中通常会采用硝铵炸药，直径一旦过小便会发生据爆或传爆不良等现象，据此施工人员应对药包直径进行控制，其直径应在40mm左右。随着时代的发展，隧道爆破技术得到了有效创新，出现各种新型炸药以及新型机具，为确保爆破效果的提升，施工人员可通过调节炮眼孔径来实现，增大孔径可使炸药性能得到改善。

总的来说在相同条件下，合理的炮眼可加快工程掘进速度，这也是在公路隧道施工中需要考虑的问题。

（二）装药结构的堵塞

与此同时，施工人员还应对起爆药包装药结构的堵塞加强管理，不论是起爆药包或是普通药包都应设置在炮眼上部或下部，如若药包不连续便可利用木棍将药包隔开，这也被称为分散装药结构。值得注意的是，药包需要堵塞，据此施工人员在选择堵塞材料时应确保其具备良好的可塑性，利用砂、黏土制成的炮泥来堵塞。通过药包堵塞可避免因高压气而降低的爆破效果，施工人员应对其加以重视。

（三）起爆

在公路隧道爆破施工中，起爆是一个关键的施工环节，是指将药包按顺序一一引爆，起爆顺序直接影响到爆破效果，据此施工人员应对施工顺序引起注意，在道路施工中常用的起爆方法包括：电雷管起爆、非电起爆两种，非电起爆包括非电导爆管起爆法、火雷管起爆、导爆索起爆法等。

在起爆前应组织不相干人员撤离现场，并提前预备充裕的时间为人员退避做好准备，如若施工人员采用电雷管起爆方法则需提前检查电路，以免安全事故的发生。在施工前利用监测技术，多观察隧道地下活动，保障施工人员安全，在最大程度上降低企业经济损失。

（四）瞎炮处理

所谓瞎炮是指因爆破器材质量问题、施工人员操作不当导致药包未发生爆炸，瞎炮对施工人员生命财产安全影响较大。如若在公路隧道施工中一旦出现瞎炮，应按科学流程来进行处理，常见方法如下：

首先应对其进行引爆，在瞎炮30mm处钻一平行炮眼，装药进行引爆，如若缺乏条件

则可采取裸露药包方式进行处理。另外还可选择用雷管起爆药包，利用竹木器具将原本炮泥掏出，施工企业应对该环节加以重视，为公路的运行奠定基础，为人们的出行带来更大便利。

（五）扩大爆破

施工人员在扩大爆破时应按实际要求来进行，对欠挖、超挖合理控制，如若超挖过多便会增大工作量，而欠挖过多则会对结构强度造成影响，据此施工人员应对爆破环节加强管理。在爆破工作中应做好安全管理工作，确保人员撤离后方可进行引爆，如若发现瞎炮应对其进行处理，避免险情的发生。

高素质人才队伍能较好地帮助安全控制体系的建立，在实际施工过程中，可以通过亲身示范、检查纠正等方面，提高施工人员的操作水平，特别是在操作一些现代化施工设备时，应该举办专门的培训讲座，详细讲解操作流程，规范施工人员操作流程。同时，必须明确施工过程的责任制度，将工程施工质量责任安全落实到部门、个人，建立有效的奖惩制度，加强施工队伍管理。据此建筑施工企业应对该环节加以重视，为公路的运行奠定基础，为人们的出行带来更大便利。

与此同时还应提升人员质量安全意识，适当增加巡视，将安全隐患杜绝在源头。在施工现场安装各类显眼安全标志，提醒施工人员穿戴好安全服和安全帽，注意日常施工细节，贯彻"安全、高效"的施工理念。

综上笔者对公路隧道爆破技术展开了研究，目前公路隧道施工爆破技术在工程施工中的应用频率逐渐增加，在具体实施中施工人员应对相关要点引起重视，并做好安全管理工作，以免产生安全风险事件，为我国建筑事业发展奠定重要基础。

第二节　公路隧道施工塌方原因及控制

公路的运行和发展对我国整体经济发展有着十分重要的作用，本节主要探究公路隧道施工塌方控制的必要性，研究公路隧道施工出现塌方的原因及可以控制的因素，对这些内容展开详细的探讨和研究，在此基础上提出强化公路隧道施工塌方控制的相关意见和防控措施。

一、公路隧道施工塌方控制的必要性

和发达国家相比，我们国家的隧道建设工程发展较晚，但随着改革开放进程的推进，我国在这方面的发展是比较快速的，现在我国是世界上隧道工程建设量最多的国家，整个发展速度也站在世界领先的位置。但是因为我们发展比较晚，很多和技术相关的工作和工程设计方面的工作还有一定的不足，包括施工的周期长、资金消耗量大、施工技术比较落后以及对施工过程中容易出现的风险的控制性能力较低。特别是在进行挖掘和洞身施工的过程中可能出现的塌方因素，比如融水等自然因素，都有可能影响施工安全。没有明确的可控制管理方案，这样隧道塌方在整个公路的隧道施工中就比较容易出现。如果发生塌方现象就会造成比较严重的施工影响，所以我们要在问题出现之前进行强有力的预防和控制。

二、公路隧道出现塌方的原因

首先是不良地质因素，如果公路修在比较薄层板岩体的小曲折错洞区域或者是穿过断层地段的地区，施工后过程中就比较容易出现岩石不稳，内部水释放等状况，从而进一步引起坍塌、掉落的塌方现象；第二就是地形、地貌的影响，公路隧道建设会穿越一些包含水源和地表覆盖比较少的地区。很容易出现滑坡及断层的现象引起塌方；第三就是地下水的影响，因为地下水会对施工地面地段造成塌方影响；最后就是其他方面的原因，包括设计方面和工艺技术以及施工方案选择等方面，如果在施工之前没对施工地段的实际情况进行详细的勘察很容易设计出不合适的方案影响到整个工程的施工。

三、公路隧道塌方的控制与防治措施

洞口塌方的处理。塌方体比较小的位置可以在清理的时候从上到下进行，根据其坡面的塌方情况看是否需要使用刷坡卸载，另外还要结合喷锚网的情况对坡体进行加固，对于塌方严重的位置，就要结合特定的形式进行清理，在清理的时候通过挖台阶的形式集中清理塌方体的残渣，然后逐步通过喷锚网的方式进行。

初期处理。一旦发生坍塌就要在第一时间防止塌体蔓延，一定要处理好善后工作。我们要及时将塌方体封闭，在后方对其进行加固，结合普适平衡拱理论在特定的地质环境下开始挖掘。挖掘宽度和塌方的实际高度是相对应的，也就是说如果不再继续挖掘，出现的塌体就不会再扩散，可以使用塌体高度计算公式对塌方的高度展开计算，然后根据高速度和理论宽度计算两者的差值分析塌方的稳定性。但如果没严格计算分析，塌方的数据并不是理论中的数字，那么塌方的状况就和计算公式中算出的数据就会存在一定的差距。所以我们要在塌方出现后的第一时间判断其稳定性，哪怕是有可能出现松动的小石块也要被重视起来，避免塌方蔓延到地表。如果塌方一旦延伸到地表就要对出现塌方的位置进行载水处理，防止地表被灌入雨水，要进行遮雨设施的搭建，从根本上避免塌方的蔓延。在处理好动态工作之后，要及时使用土石将塌方位置填实，一定要高出之前的地面高度，这样做除了能够稳定地表以下的塌方，还能够实现初期处理的稳定性。

塌体处理。第一，在工程区域内，如果地址条件不好，土质也比较松散，但是塌方面积比较小的时候，可以在施工处理的过程中采用小导管注浆法将松散的岩石及塌方体的四周进行注浆，使其更加坚固，然后通过苗喷混凝土和钢拱架完成整体处理。

第二，在隧道塌方出现的第一时间要遵守加强支护短进尺，尽量少爆破及时测量、尽早封闭、严密封闭这几项原则，之后再开展施工，通过三台阶开挖法也就是人工搞、挖掘机和微弱爆破这几种形式联合进行挖掘，同时配合挖掘机装载残渣将其运出塌方位置，这样良性的循环能够保证在维护现有状况的情况下尽早地处理塌方残留。

第三，如果塌方地段位置的塌方地段大，一定要注意强化加固，也就是说通过强化混凝土强度的方式加强衬砌内的钢筋与钢轨，采用塌体稳定加固的方式避免超负荷，避免出现土质松散的现象，使得塌方进一步加重。

四、加强公路隧道施工塌方控制的建议和措施

建议：

第一，想要实现对塌方事故的有效管理，最主要的一点就是要做好预防。公路隧道施工的所有地下工作人员一定要强化自身的思想认识，要重视地质勘查。在工程开工之前尽量详细准确的分析地质情况，所有人员要养成预防塌方事故的思想意识，在出现问题时及时应变处理。

第二，如果一旦发生坍塌事故，工作人员和施工方面负责人要及时分析事故产生的原因，要结合有针对性的方法，做出总结，找出事故的起因，联系施工的细节总结出塌方事故的前兆，为日后的工作做出有效参考。

第三，在处理严重塌方事故时，工程管理人员要带领施工人员开展治理地表洞体以及地下水等方面的工作，将这几方面结合起来是实现整个事故治理的重点，一定要确定详细的施工方案，结合工程的实际状况做出最合理的工作安排。

第四，要强化对隧道塌方位置的治理，要在第一时间展开监控和测评，强化日常的管理监督，要保证相关人员能够在日后的工作中第一时间发现围岩的异常状况做出迅速的反应。

措施：

第一，工程管理人员要引导施工企业和人员积极面对施工工作，可以结合规范化的管理制度预防塌方再次发生，让相关人员消除疑惑情绪激发工作热情。

第二，要深入研究塌方治理方案，结合不同的情况进行分析、总结，邀请专家建立工程数据库积累经验，为日后的施工打下坚实的基础。

第三，强化公路隧道塌方的数据模拟研究，确定完善理论支撑保证在日后的隧道塌方治理工作中有更多的可参考空间。

本节通过对公路隧道施工塌方控制的必要性展开分析，研究公路隧道出现坍方的原因，拓展到公路隧道坍塌的方法的控制与整治，进一步研究了出现坍塌后的实际处理方法和具体操作。指出了完善公路隧道施工塌方的控制意见和建议的，之后做出最终总结。全文将重点放在解决工程施工实际操作上，为日后的实际工作提供有效的参考。

第三节　软弱围岩地质山区公路隧道施工难点

软弱围岩地质山区地形地质复杂，在这个区域建设公路的隧道施工，往往会面临诸多困难，另一方面，施工过程中还会出现多种影响到整体施工质量的不良因素，因此需要进行科学设计和控制。本节重点分析了软弱围岩地质山区公路隧道工程施工难点，并结合具体案例提出优化隧道施工工艺的方法和措施。

一、工程概况

本节选取某地一段山区公路隧道工程为研究案例，结合案例实际情况分析软弱围岩地质山区公路隧道工程的施工难点。本次案例中，隧道工程对应的单洞净宽为 15m，为了有效实现对隧道工程的检查和作业，在隧道两侧还建设了对应的专用通道。设计隧道内部轮廓的时候，考虑到隧道净空以及横断面和通车要求，需要保证隧道高度能够达到对应的行车净空标准；不仅如此，由于隧道内基本上没有光线，还需要在隧道内沿线安装对应的照明装置，同时还需要在隧道内部做好相关的消防设施建设，这也是隧道施工建设过程中必须考虑的问题。本次案例处于软弱围岩地质山区，综合分析公路隧道工程的施工环境，发现由于当地特殊的地质构造，也就是软弱围岩地质山区，要求公路的隧道工程施工必须达到更高水准和要求，才能有效实现隧道工程的顺利施工，进而保证隧道工程达到相应的施工标准和使用效果。

二、力学参数分析

由于公路隧道工程所在地特殊的软弱围岩地质特点，受到软弱围岩自身强度较低的影响，导致隧道在后续使用过程中很容易出现不同程度的变形问题，这种情况下，隧道相关部位的受力值出现显著改变。为了准确检测相关的数值，需要对工程进行现场考察，在此基础上基于上下台阶法进行计算，结果显示，本次工程中，应力最大值在开挖边界的二衬外侧区域，实际检测结果为 37MPa。此外，在实施导洞临时支护的拆除作业过程中，发现隧道工程中，仰拱中部出现较为严重的底鼓现象；实地考察还发现，隧道内部开挖边界的两侧区域和对应的拱脚区域，都存在不同程度的应力集中现象。施工过程中，如果基于单侧壁法进行施工，这种情况下右侧边界区域以及相关的仰拱部分都出现了较为严重的应力集中现象。从整体上进行分析，发现本次隧道工程中二衬受力均在合理范围以内，但是在具体的施工建设过程中，必须结合具体工程以及应力集中情况做好相关区域的支护工作，从而确保工程的顺利实施，达到最佳的施工效果，并促使单侧壁法的施工达到更好的实用性和适应性。

三、数值模拟分析

理论模型概述。基于本次隧道工程的实际情况，尤其是具体的软弱围岩地质条件，综合考虑多方面因素和数据，建立对应的理论模型，为后续施工建设提供参考。具体实践方法如下：

在隧道轴线方向选择长度为 87 的距离进行研究，基于隧道洞径大小，在对应区域延展一定宽度，将仰拱与模型底部的距离控制在 75m。为了有效提高分析结果的准确性，需要保证理论与模型的状态相同。在具体分析过程中，还需要充分考虑到边界效应的影响，选择对应的断面作为分析面，并将各种方案进行对比实验，最终确定其最优施工方案。

计算模型分析。在具体实践过程中，首先对上台阶部分进行开挖处理，当达到一定深度时，就需要实施锚固和初衬深度的确定，注意确保两者处于相同水平；在此基础上实施后续开挖施工，当深度达到 10m，就需要展开下台阶的挖掘工作，这种情况下，需要保证上下台阶之间的距离达到一定数值，具体为 10m。进行下台阶施工的过程中，当深度达到 1m，需要做好相关的锚固处理和初衬处理；施工过程中，当仰拱达到 20m，有必要进行二衬的施工。

具体实施过程。本次公路隧道工程的施工，结合当地实际情况，需要以 V 级围岩段式方法进行施工：施工前，需要在指定位置做好相关的超前支护等准备措施，在此基础上结合双侧壁导坑展开后续施工，针对侧导洞的施工，需要结合具体实际选择对应方法，一般选择正台阶断面法。开挖过程中，需要结合断面预留法进行，一般情况下需要将开挖速度控制在两米以内。开挖过程中，需要严格遵守弱爆破、强支护的方式，不仅如此，在施工过程中还需要做好相关数据的监测，并对其进行分析，以此指导后续作业，并帮助施工人员有效掌握隧道工程的施工质量。实施二衬施工的过程中，针对拱部和边墙的施工都需要使用相应的混凝土，具体为防水混凝土；需要注意的是，针对仰拱部分的施工，需要使用普通混凝土，这是需要特别关注的一个细节。整体施工过程中，不同环节使用的材料和施工方法均存在差异，因此，在施工前必须做好相关的准备工作，并注意控制材料的质量；施工过程中需要对相关指标进行监测，以及时掌握隧道施工质量。

土石方开挖技术。针对软弱围岩地质山区公路的隧道施工，其中很重要的一个环节就是土石方的开挖，这也是关系到整个工程施工质量的一个关键因素。在实施土石方开挖技术的过程中，需要对当前的软弱围岩的实际情况进行深入分析，掌握相关的信息和数据，在此基础上结合施工要求和标准对土石方开挖技术进行优化，为实现良好的施工效果打下基础。尤其是有效避免土石方开挖过程中对当前的软弱围岩造成干扰，从而有效提高其整体安全性。基于软弱围岩地质山区特殊的地质环境，一般采用多台阶法进行施工。不仅如此，在施工过程中也可以根据需要采用 2 台阶预留核心土法，而且这种方法的应用范围更广，还可以达到多台阶的施工优势，在施工过程中降低对相关围岩的干扰，避免软弱围岩出现严重变形或者松动，为确保整体施工安全提供支持。需要注意的是，土石方开挖过程中，需要做好软弱围岩的监控，根据围岩实际情况控制开挖速度和力度，尤其是需要控制好开挖距离，促使开挖工作的顺利开展，为实现良好整体施工效果打下基础。

隧道掘进技术。隧道掘进是公路隧道工程施工过程中非常关键的一个施工环节，也是确保隧道工程施工质量的关键。在实践施工过程中，要基于软弱围岩地质山区实际情况，综合考虑各种因素，在此基础上得出最佳的隧道掘进施工技术。需要注意的是，针对隧道的掘进施工，需要确保相关的施工安全性，保证掘进施工的整体安全性。具体来讲，可以综合使用爆破开挖和钻眼相结合的方式，达到最佳的隧道掘进效果，并实现对隧道变形的有效控制，确保隧道处于相应标准以内，并有效控制软弱围岩的整体稳定性。

超前支护技术。公路隧道工程施工过程中，针对超前管棚和超前小导管进行施工的过程，需要结合实际应用超前支护技术。超前支护技术能够实现对软弱围岩的加固作用，并有效提高软弱围岩的整体安全性和稳定性，这种情况下，就是在施工条件很复杂的情况下也可以顺利进行施工，并能有效提高超前管棚对软弱围岩的适应性。综合参考隧道工程的实际状况，在此基础上确定出合适的管长，从而保障隧道工程的施工质量。

综上所述，文章将软弱围岩地质条件作为基本背景，围绕其公路隧道施工展开探讨，总结其中的施工难点，综合考虑工程实际环境等因素，从而提出了数值模型分析法。通过对施工技术方法的探讨，所得的施工方案对于软弱隧道工程而言具有可行性，取得的成果良好。

第四节　公路隧道施工测量技术

通过分析公路隧道施工测量中存在的问题，从布设隧道控制网、建立隧道测量坐标系统和估算贯通误差等方面，阐述了改进公路隧道施工测量技术的有效策略，有利于提高隧道施工测量精度，保证公路隧道工程质量。

隧道施工测量是公路隧道建设中特别重要的一个环节，测量数值的准确性对隧道施工质量起着决定性的作用，所以，隧道施工单位要高度重视公路隧道的测量工作，尤其要关注测量中控制网的布设、坐标系统的建立等一系列问题，切实提高公路隧道的施工质量。

一、布设隧道控制网

布设原则。建立公路隧道控制网的流程主要有：一是在制定隧道控制网方案之前，工程人员要先收集施工场地的相关资料，比如施工场地的水文情况、地形地势、隧道建设的竖井、斜井及平行道坑等辅助设施的布置情况，等等，为制定控制网方案提供重要的参考依据；二是确定隧道控制网的时候，工程人员应当综合考虑隧道工程测量仪器的性能和种类，充分掌握施工外界因素和交通干扰状况，按照工程质量和施工要求对隧道控制网设计方案进行不断优化，从而提升控制网的精度；三是在隧道测量过程中，要确保每个洞口应当至少有 3 个水准点，将其作为测量的参照物；四是为了保证布设洞口投点方便，隧道施工过程中中线放样测量、联测洞外控制点和向洞内测设导线，在进行洞内传算时，工程人员应当将起算的边长控制在 300 m 以上。同时，为了加强对控制网的检查、定向，施工过程中还要保证控制点之间能够通视。

精度要求。建设公路隧道控制网的意义在于要确保隧道两侧相向挖掘的工作面能顺利贯通，控制网的精确程度关乎隧道贯通的形状、贯通的情况、贯通的长度以及施工的方法等多个方面，所以提高隧道控制网的精度对于保证隧道施工顺利具有非常重要的意义。当前最为常见的控制网形式有三种，即三角网、GPS 网以及导线网，其中 GPS 网的精度较高、限制较少，是目前我国应用最为广泛的一种控制网形式；三角网适用于地形复杂、地势起伏大、通视情况较好的施工地点；导线网适用于地势较为平坦，通视情况较差的施工地点。

GPS 网是目前最常用的一种控制网形式，在控制点之间不必通视即可把隧道的两个洞口投点连接，可以大大减少工程所需要的控制点数量。另外，GPS 网是运用我国 GPS 定位系统来实现精准定位的，尤其是运用大于 1 000 m 长度的测量基线边时，GPS 控制网的精度会更高，可以满足隧道施工的需要。

例如：洞口控制点坐标精度表示为 M0，GPS 网的观测精度为 M1，那么 GPS 网精度公式可表示为：$M_0 = \pm M_1 \sqrt{Q}$。

其中，Q 为 GPS 网图形强度，一般按照 GPS 网的矢量协方差或形状来决定；M1 为地面 GPS 网测量误差的值，一般是由测量设备性能决定的。

为保证 GPS 网的精度符合公路隧道控制网的需要，工程测量人员可按照隧道长度、施工地形以及各洞口的位置，运用不同的测量基线边长长度检验 GPS 网的测量方案。例如：使用长度不同的测量基线边时，利用 GPS 网矢量协方差矩阵求 Q 的值和洞口控制点的精度，选择精度 M1≤20 mm，并且效率高的 GPS 网为最优测量方案。

二、建立隧道测量坐标系统

在公路中，对于长度超过 500 m，直线长度超过 1 000 m 的曲线隧道，需要按照横线贯通精度的要求确立独立平面坐标系统。

确立坐标系统时，应当先考虑隧道施工放样方便，同时还要考虑与隧道两端线路的正确衔接问题。可以选择任意经度的中央子午线高斯平面坐标系统或者国家高斯平面坐标系统，但是通常是利用独立坐标系统。为了施工方便，常规的测量网通常是把隧道的主轴线进口到出口方向作为 X 轴的正向，隧道中某一线路中线里程作为 X 坐标系统的起算值，向右旋转 90° 确定为 Y 坐标轴，坐标原点的值可以为零，也可以为正常数。

在实际设计方案中，可以将隧道底部平均高程面作为投影面，把隧道中心线作为中央子午线，根据高斯正形投影计算平面直角坐标系统；也可以把抵偿高程面当作投影面，根据高斯正形投影来计算平面直角坐标；还可以将椭圆面作为投影面不变，选择适当的中央子午线，也就是把长度投影到该投影带所生成的变形，也就等于这一长度投影到椭圆球面而生成的变形。

三、估算贯通误差

公路隧道贯通的误差值是指在隧道中相向挖掘的施工中线中，贯通面的中线点不相重合，致使隧道贯通存在精度差。隧道贯通的误差值大多是在隧道贯通以后才能够确定，但根据工作需要，施工人员需要对贯通误差值进行事先估算，以此用来更好地指导施工工作的开展。根据产生方向不同，误差可以分为纵向误差、横向误差、高程误差和平面贯通误差等几种形式。其中，纵向误差是指与贯通面垂直方向的分量，也叫作纵向贯通误差；横向误差是指与贯通面平行方向的分量，也叫横向贯通误差；高程误差是指在铅锤面上的正射投影，也叫作高程贯通误差；平面贯通误差是指贯通误差在水平面上的正射投影。横向的误差将会对工程线路的方向产生直接的影响，如果误差超过了一定的范围，将会造成隧道几何图形的改变，严重的将会因入侵建筑界限而必须拆除重建，这不但延误工期，而且会给施工单位造成严重的经济损失；纵向的误差一般会影响到隧道中线的长度以及线路的设计坡度；高程误差主要是影响线路的坡度。

公路隧道测量的准确程度对隧道施工质量有着决定性影响，是确保隧道顺利贯通的重要依据，所以施工单位必须给予隧道测量工作高度重视，采用精准度较高的 GPS 网来提升隧道工程测量的精准程度，提高对隧道贯通误差值的估算准确度，以提高施工单位对隧道测量的准确性，确保公路隧道工程的顺利贯通，保证工程按期、优质、高效地完成。

第五节　复杂地质环境下公路隧道施工技术

随着我国"一带一路"战略的实施，使周边国家对基础设施建设的需求越来越大。由中国路桥工程有限公司承建的巴基斯坦 KKH 二期公路项目，就是作为"一带一路"的旗舰项目。在巴基斯坦 KKH 二期项目阿伯塔巴德 2# 隧道施工过程中，针对各种复杂地质，我们充分运用国内的施工技术和经验，并在此基础上进行了不断地总结和优化。确保在复杂地质环境下，也可以进行公路隧道施工，从而实现我国公路工程稳定的可持续性发展。

隧道施工在公路的施工过程中不仅属于极其重要的内容，也是公路建设中最为基础的部分，通常在对公路进行施工时，都会对隧道施工技术进行使用，主要是因为使用隧道施工技术，不仅可以对工期进行缩短，也可以减少施工成本，从而对公路施工过程中存在的问题进行解决。同时在建设公路的过程中，会涉及多种多样的环境以及具有较强的技术性与专业性，所以在公路施工时，在复杂的地质环境下需要积极使用隧道施工技术，必须严格监管整个施工过程，使公路隧道施工技术的质量得到提升，从而大幅提高公路的整体质量。

一、常见的复杂地质环境类型

在公路施工过程中，主要包括 5 种常见的复杂地质环境类型：一，不良地质条件。一般情况下不良地质条件包括滑坡、泥石流、煤层瓦斯和湿陷性黄土等，如果在上述地质上开展公路隧道施工，极其容易发生下沉、围岩变形、塌方与瓦斯爆炸等事故。二，岩溶。在我国部分地区岩溶属于比较常见的现象，岩溶会直接影响公路隧道的施工，甚至会发生突水、突泥等情况。三，大断层带。在对公路深隧道进行施工时，会部分存在区域性断层问题，对公路隧道的整体施工造成极其严重的影响，一般公路隧道工程的规模都较大，而且无法对大断层带的风险进行判断，不仅需要较高的施工成本，也导致作业难度越来越大。四，膨胀岩。在膨胀岩中一般都含有大量的水分，会使其体积变大，具有较大的内应力。五，软弱围岩。因为软弱围岩的承载力与黏结力较小，所以遇水就极其容易发生软化，从而导致公路隧道工程发生裂缝、塌方与滑坡等问题。

二、复杂地质环境下公路隧道施工存在的问题

地质环境过于复杂。随着公路发展越来越迅猛，导致公路的覆盖范围越来越大，使公路开始在山区或者地貌奇特的地区进行修建，因为地质环境与条件的发展，会直接影响公路的施工进度，甚至对施工工作人员的人身安全造成极其严重的影响。同时在公路隧道的施工过程中，由于施工地区自身地质环境较差，地下岩层的结构不仅十分复杂，坚固性也较低，还位于断层地带等，在上述这些地区对公路工程进行施工具有较大的困难，如果岩石的硬度较低，会导致岩石发生变形，从而发生隧道倒塌的情况。并且我国会在有效特殊地段，例如矿洞、黄土地等，对公路工程进行开展，所以在对公路隧道进行施工时，会接触地下水管道、天然气管道等基础设施，会使地表结构发生改变，极其容易使地面发生坍塌的情况，从而直接威胁人们的人身安全。

隧道施工技术较低。在公路隧道的施工过程中，施工技术极其重要，能够有效保障公路隧道施工的整体质量，主要是因为施工技术的实施与公路隧道施工质量、施工安全具有紧密的联系。为了确保对公路隧道施工过程中存在的问题进行解决，需要对掘进机法、钻爆法进行引进，再与原有的支护技术、通风技术进行结合，但是这些技术由于某些原因无法充分发挥其最大的效用与功能，资金投入的不够充足、施工人员的技术水平较低等，都会导致无法准确地勘测地质环境，从而会增加公路隧道工程的施工成本。

三、复杂地质环境下公路隧道施工的技术

地质勘测。因为复杂地质的环境会对公路隧道的施工质量造成极其严重的影响，所以必须极其重视复杂地质环境的地质勘测工作。一方面，需要结合地貌图对实际的施工地质情况进行科学预测，必须加强分析容易发生的意外事故与地质灾害，首先准备测量仪器，再对相关方案进行编制，最后分析公路隧道施工情况实施的可行性。另一方面，根据具体公路隧道施工场所的地形地貌，对地质探孔进行布设与打设，确保结合所得芯样，判断隧道线型范围内的地质情况。同时需要通过全方位的分析，确定公路隧道施工范围内的岩溶、破碎带与软弱围岩等不良地质范围以及对隧道的涌水量进行明确，从而对公路隧道的围岩级别进行综合确定。

断层与破裂带的施工技术要点。公路隧道工程如果在断层区域内进行施工，需要运用直径为 42 mm 的超前注浆导管进行隧道支护，而且需要通过施压的方式进行水泥浆体的灌注，确保实现固结松散岩体的作用，不仅可以使围岩强度得到提高，也可以对围岩的变形情况进行改善。因此，需要将花管样式的导管作为注浆的支护导管，一般将导管的长度设置为 4.5 m。在对隧道进行开挖时，需要使用光面爆破技术。同时在隧道开挖的过程中，需要根据围岩的情况对相应的钻孔装置进行选择以及对相应的爆破计划进行制定，才能够确保实现预期的开挖效果。因此，在隧道进行爆破时，采取光面爆破技术并不会扰动周边的围岩，反而更加有利于保持围岩的整体性，不需要进行过多的挖掘，从而使公路隧道的整体施工效率与安全得到大幅提高。

隧道变形控制技术。大部分公路隧道所处区域都存在炭质泥岩与粉质砂岩，极其容易发生软化的情况，甚至发生塌方的问题。为了使公路隧道的承载能力得到提升，必须采取有效的技术，不断提高公路隧道的抗塌方与变形能力，而且在公路隧道施工过程中，通过前期的监测判断塌方发生概率较大的地段，要求相关作业工作人员进行药卷锚杆支护，再将钢筋网挂上，然后补喷一定数量的混凝土，确保对公路隧道变形的情况进行约束，才能够有效阻止塌方与变形等情况，从而使公路隧道的施工质量得到大幅提高。同时在公路隧道施工过程中，即使没有发生塌方与变形的情况，也需要通过使用相应的预防措施，对公路隧道施工工段进行保护，从而更加利于公路隧道工程的施工。

综上所述，在公路隧道的施工过程中，经常会遇到十分复杂的地质环境，导致相关工作人员需要对常见的复杂地质环境类型进行了解，确保通过使用有效的施工技术，使公路隧道的施工质量得到提高。因此，在公路隧道的过程中，必须首先对施工的地质环境进行分析，确保根据公路隧道的施工情况，采用隧道施工技术，才能够对裂缝、塌方与滑坡等问题进行解决，从而使复杂地质环境下公路隧道的施工质量与安全得到大幅提高。

第六节　公路、隧道施工中灌浆技术

近年来，我国的交通行业有了很大进展，公路工程建设越来越多。公路是现代交通中的重要组成部分，公路的运行通畅是交通便利的基础，由此，对公路整体的工程质量把控成为重点。但同时，在公路的桥梁与隧道工程的施工过程中，常受到复杂条件的影响，基于此，论文对灌浆技术在公路桥梁及隧道施工中的应用展开分析，以期为公路质量提供保障。

随着现代社会的不断进步，越来越多的公路出现在实际的施工作业中，为了确保桥梁隧道施工作业的质量，防止桥梁隧道中裂痕的出现，导致其扰乱整个桥梁隧道的正常使用，为人们的出行带来不便，在实际的工作中，人们通常利用灌浆技术来保证桥梁隧道施工的安全性和稳定性，而本节也将主要以灌浆技术为主要话题，对桥梁隧道施工中应注意的问题和灌浆技术的具体应用进行论述，为从事该工作的有关人员提供一些参考。

一、灌浆加固法的原理

在进行公路工程建设时，往往会遇到一些工程病害，这些病害会影响公路隧道的正常通行，所以施工中一般会采用灌浆法对工程项目进行加固，而灌浆法加固技术的原理主要是指将水泥、砂子、黏土，以及相关的化学溶剂，按照一定的科学比例进行配比，配比后形成水泥砂浆，然后将这些水泥砂浆通过一定的方法和器械灌入到施工工程的地基中去，起到了对地基进行加固的作用，也填补了地基中出现的裂缝，增加了工程的稳定性和安全性，提高了工程的荷载能力。在一般的工程施工中，灌浆法主要有两种，即高压灌浆和低压灌浆，浆液在进入地基后会在地基的裂缝处形成浆柱，这种浆液柱能够快速冷却凝结，填补地基的裂缝，夯实地基，从而解决施工中的病害问题，起到加固工程的作用。

二、公路隧道工程中的裂缝问题原因分析

在公路隧道的施工过程中，裂缝问题比较严重。裂缝问题的原因较为复杂多样，可以统分为自然原因、人为因素以及原材因素。在公路的桥梁及隧道施工中，大体积混凝土施工技术应用较为常见，在浇筑完成后的养护工作中，容易受到环境温度的影响。在没有控制措施的情况下，混凝土的水化热反应较为剧烈，由此会使结构出现热胀冷缩现象，容易产生裂缝。人为因素多是由于施工人员对施工操作不规范，不能合理进行混凝土养护及控制导致。对于混凝土结构的养护，需要对外界施工条件进行勘察，并明确结构内部的水化热反应，从而采取加热或冷却措施进行控制。原材影响也是混凝土成型中的影响条件。不同类型、不同配比的混凝土材料，在固结强度、水化热反应方面也相对不同，混凝土结构

较大时，水化热造成的影响相对更大，由此使混凝土出现裂缝问题。

三、公路隧道施工中灌浆法的应用

灌浆施工前的准备工作。在进行灌浆之前，必须做好准备工作。首先，应该先对施工现场做好勘察工作，了解施工现场的实际情况，做好施工设计，选用合适的方法对现场进行施工；其次，要安排好施工队伍，必须使用专业的施工队伍，而且要明确好施工队伍中每个人的分工，确保施工工作能够顺利进行，将责任制落实到每一个人的身上；最后要将灌浆加固技术施工所用的机械设备运送到施工现场中去，而且要确保施工设备都能正常运行，同时所需要的施工材料也要在施工前准备好，确保开工后工程能够顺利进行。

布孔。首先，应确定孔洞的具体位置，施工人员需要根据前期设计方案和现场施工情况设定钻孔位置，并做好放线测量工作，保证钻机的安装方位符合施工需求，从而有效提升工程设备的安装质量。

安装灌浆管道。在做完钻孔工作之后，就要开始安装灌浆管道，灌浆法加固的目的是实现对工程项目的加固，但是因为施工环境和工程使用环境的特殊性，普通灌浆管道在使用的时候往往会出现管道外壁破裂的现象，从而影响整个工程的正常使用。为了避免这种事故的发生，通常在安装灌浆管道时要在灌浆管道外部包裹一层软橡皮胶进行保护。一旦管道破裂，就容易导致浆液流出，这样不仅影响施工工程，而且浪费了施工材料，而在软皮胶的包裹之下，泥沙不容易流入到灌浆管道中去，可以起到双重保护的作用。在铺设好灌浆管道之后，还有一步非常重要的工作就是对管道衔接处的孔隙和钻孔留下的孔隙进行填补，一般选用与管道周围相同的材料对管道进行填补加固。

对隧道项目施工时运用到的灌浆技术分析。隧道项目中也是容易出现裂纹的现象，在施工过程中，要解决隧道支撑的柱体以及隧道表面出现的砌石问题，根据隧道项目施工时所出现的问题和现象，对问题及时地解决，选择适合的灌浆材料，选择合适的灌浆技术和方法，施工人员要注意施工的具体操作流程和施工的时间，同时还要确保施工材料的配比，对施工的材料和质量进行严格的把关，确保使用高质量的施工材料。在隧道项目运用灌浆技术时，对施工的时间是有一定要求的，要尽量控制在一定的时间内，要保证灌浆材料和裂纹在一定的时间内可以凝固，防止出现灌浆材料流失的现象。最后的成果验收时，有关审核人员要加大审核的力度，确保审核流程的规范化，还要安排相关人员进行定期的检查，在检查过程中发现问题，要进行及时的改正，并根据问题制定相应的解决方案，确保最终隧道项目灌浆施工时的质量，更好地提高隧道的加固作用，提高人们的出行安全。

堵孔工作。堵孔工作是灌浆加固的最后一步，完成灌浆工作之后，要控制好堵孔的时间，不能太早，也不能太晚，要在浆液冷却之后立即进行封口，在封口完成后的 24h 之内，施工人员需要及时观察灌浆封口周围的变化，一旦封口处的浆液有下降的情况，要及时开封进行填补，补浆作业可能是一个连续的过程，要一直到封口处完全到顶才能重新停止补浆进行封口。

综上所述，工程施工中的灌浆加固技术，对施工工程有着重要的影响，能够大大地提高工程的稳定性，而且此技术造价相对较低，操作过程相对来说也比较简单，但是此工程施工步骤较多，需要施工技术人员做好各项监察工作，不断创新施工方法，促进工程质量的提高，推动我国公路隧道工程能够得到更好发展。

第七节　公路隧道施工支护技术

结合长邯高速牛王垴隧道工程的水文地质条件，从初期支护、超前支护、洞身二次衬砌三方面，阐述了隧道施工的支护技术，介绍了施工中的操作要点及注意事项，为同类工程的施工积累了经验。

一、工程概况

工程概述。牛王垴隧道全长 1 540 m，含明洞 150 m，采用公路技术标准设计，计算行车速度 80 km/h，路基顶宽 16 m，设计车辆荷载为公路—Ⅰ级，主洞建筑限界净宽 14 m，净高 5 m。紧急停车带建筑限界净宽 16.75 m，净高 5 m。

气象水文。项目区属暖温带湿润大陆性气候区，四季分明，冬长夏短，雨热同季。降水量年际变化大，秋季温和凉爽，冬季寒冷雪少。

地形与地质。项目区位于山西省东南部，东连太行山脉，西连黎城、长治盆地。太行山区海拔为 900 m ~ 1 250 m，盆地区海拔为 810 m ~ 1 027 m。线路处于两个低山区、两个盆地区。

二、隧道支护施工技术

初期支护。中空注浆锚杆施工。中空注浆锚杆直径 25，长 3.0 m ~ 4.0 m，一般主要设在拱部范围，采用锚杆钻机钻孔，注浆泵注浆施工。

a. 锚杆位置、锚杆方向。根据锚杆的环向及纵向间距要求定出孔位，并做出标记，采用锚杆钻机钻孔，钻孔要注意方向与围岩壁面以及岩层的主要结构面垂直。

b. 钻孔及安装锚杆。成孔后及时检测孔深是否达到设计要求，孔深允许偏差为 ±50 mm，杆体插入锚杆孔应保持居中位置，锚杆杆体露出岩面的长度应不大于喷层厚度。

c. 水泥净浆液。杆体钢筋保护层厚度不小于 8 mm，注浆材料为水泥净浆液，水泥水灰比 0.5 ∶ 1 ~ 1 ∶ 1，水泥为 42.5 普通硅酸盐水泥，注浆压力初压 0.5 MPa ~ 1 MPa，终压 1.0 MPa，注浆顺序自拱两边向拱顶进行。

φ22 药卷砂浆锚杆施工。锚杆施工工艺：先钻孔→再清孔，并在孔中填入锚固剂→

最后杆体插入。施工时先用凿岩机按照设计要求钻凿孔眼，达到设计的标准后，先清除孔内的碎屑细岩，然后进行锚固，最后进行杆体插入，一定要将锚杆与钢筋网焊接为一个整体。锚杆抗拔试验要待锚固剂终凝后，按规范要求抽样进行。

钢筋网加工与安装。

a. 为了防止钢筋网片锈蚀、污染，应在钢筋堆放现场搭建临时的遮雨棚，在堆放时钢筋下方应垫方木进行防潮。

b. 钢筋网的加工应严格按照设计要求的尺寸，将钢筋焊接成 200 mm×200 mm 的钢筋网片。网格尺寸应保证在允许误差范围之内。

c. 钢筋网的安装必须在系统锚杆施工质量验收合格后方可进行，安装时钢筋网与被支护岩面的间隙应控制在 2 cm 左右，锚杆与钢筋网需采用铁丝绑扎或点焊，以保证钢筋网在喷射混凝土的时候不晃动。

工字钢架施工。先按设计尺寸将工字钢架加工成型备用，初喷混凝土之后将加工好的工字钢架拉入洞内进行安装，安装时钢架与定位的钢筋要焊接牢固。在钢拱架间应设纵向连接筋，钢架间用混凝土填平。

a. 现场加工制作。先在洞外布置结构件加工厂，用 C15 混凝土硬化加工场地，按照设计要求的尺寸先放出大样再将工字钢架加工成型。工字钢冷弯成形要做到尺寸准确，弧形圆滑顺直，放样时应预留焊接收缩余量及加工余量。钢拱架加工好以后应进行试拼，由拱部、边墙及各单元钢构件拼装而成；沿隧道周边轮廓允许误差应控制在 3 cm 以内；各单元间用螺栓连接，栓孔中心间误差应控制在 ±0.5 cm 以内；钢拱架平放时，平面翘曲控制在 ±2 cm 以内。

b. 钢拱架架设要求。钢拱架应放置于稳固的地基上，当地基不达要求时应在钢拱架基脚处设置槽钢以增加基底的承载力。钢拱架架设应垂直于隧道中心线，上下左右偏差应控制在 ±5 cm 以内，钢拱架的倾斜度应小于 ±2°；回填应在拱脚标高符合要求后方可进行，为确保安全，钢拱架的安设应在开挖后 2 h 内完成。钢架之间用钢筋纵向连接，钢拱架与围岩之间留 2 cm ~ 3 cm 保护层。钢拱架架设处若有锚杆时应尽量利用锚杆定位，没有锚杆时钢拱架架设前需打设定位系筋。系筋的一端与钢拱架焊接，另一端应锚入围岩中用砂浆锚固。钢拱架架立后应立即喷射混凝土，并将钢拱架包裹覆盖，使其共同受力来达到质量要求。钢拱架与锚杆焊接，并且设置纵向连接钢筋以确保其整体稳定性。

喷射混凝土。

a. 喷射前应用高压风或高压水清洗岩面，将附着在岩面上的粉尘、硝屑冲洗干净，以保证混凝土与岩面黏结牢固。若用高压水清洗会引起岩面软化时，只能用高压风清扫岩面杂物（视地质情况而定）。

b. 喷锚支护分初喷和复喷两次进行。喷射混凝土需紧跟开挖面的时候，下一次爆破距喷射混凝土作业的完成时间间隔不应小于 4 h。

c. 喷射顺序一般采用先下后上，先墙后拱。先用高压水冲洗再进行，喷射混凝土终凝

2 h 后，喷水养护不少于 7 d。

d. 喷嘴移动轨迹应因地制宜，横条、竖条、圆圈等应交替使用，移动速度要慢，使混凝土"堆"起来，有了一定厚度再移开，然后逐块扩大其喷射范围。

三、2 超前支护

明洞进暗洞部位设套拱，套拱采用 4 榀 I 20b 工字钢，纵向间距 50 cm，用 Φ22 钢筋连接。管棚纵向长 2 m 厚 70 cm，采用 C30 混凝土浇筑，预留变形量 10 cm ~ 15 cm，套拱内预埋 φ127×4 导向管，管棚外插角为 1° ~ 3°，管棚末端与超前小导管搭接长度不小于 2 m。

洞身超前支护采用 φ50×4 超前小导管或 φ25 超前砂浆锚杆进行超前支护。

a. 钢管前端做成尖锥状，尾部焊上箍筋，以满足小导管插入围岩。严格按照尺寸设计，间距保证在 15 cm，沿着对角线钻 φ8 mm 注浆孔。

b. 超前小导管注浆，沿开挖外轮廓线向前以一定角度打入管壁带有小孔的导管，且以一定压力向管内压注起胶结作用的浆液，待其硬化后岩体得到预加固。

c. 注浆前应检查机械设备是否能正常运转，管路的连接是否正确，并对注浆机进行水压试验。

d. 注浆时的压力应控制在 0.5 MPa ~ 1.0 MPa，在注浆的过程中要随时观察并做好书面记录的项目有：注浆压力、注浆泵排浆量的变化，如有堵管、跑浆、漏浆的现象应及时采取措施。

e. 注浆采用一次升压法，从注浆开始要在最短时间内将压力升高至设计规定值，直到注浆结束。

洞身二次衬砌。施工工艺流程。

a. 二次衬砌作业前，应检查围岩及初期支护的变形是否稳定，分析监控数据，直到位移率明显减缓、收敛值拱脚附近小于 0.2 mm/d 和拱顶下沉小于 0.1 mm/d，位移值已达到总位移的 80% 时，方可进行二次混凝土衬砌。

b. 测量放样要在测量工程师和隧道工程师共同参与下进行。

c. 二次衬砌进行前，应先启动衬砌台车液压系统，使钢模准确定位，确保钢模衬砌台车的中线与隧道中心线一致后，方可进行衬砌施工。

d. 衬砌前应先清理基底杂物、浮碴和积水，按照设计要求安装好橡胶止水带，并对防水系统设置进行自检，合格后方可进行。

e. 灌注混凝土应在前道工序自检合格，并经监理工程师签字同意后方可进行。

f. 混凝土二次衬砌在强度达到设计强度的 70% 时，方可拆模；若二次衬砌处于受力状态，混凝土强度须达到设计强度 100% 时方可拆模。

二次衬砌。二次衬砌采用自行式、全断面液压钢模衬砌台车进行泵送混凝土灌注，衬砌台车长度约 9 m。混凝土衬砌施工时，尽量采用两台输送泵对称灌注，这样既缩短衬砌时间，又能防止钢模台车跑偏。在衬砌混凝土接缝处必须进行凿毛处理。衬砌混凝土应由下至上、先墙后拱对称进行灌注，混凝土的自由倾落高度不超过 2.0 m。在混凝土浇筑过程中，技术人员应勤观察模板、支架、钢筋、预埋件和预留孔洞的位移等情况，发现有变形、移位时，应及时采取措施。因故造成混凝土灌注作业受阻需停工时不得超过 2 h，否则要按接缝处理。混凝土衬砌泵送灌注施工中辅以插入式振动棒捣固。挡头模板采用制式钢模，确保施工缝处混凝土质量。二次衬砌混凝土灌注后，混凝土强度达到 8 MPa 以上时，即可拆模，并进行养护。

混凝土仰拱的施工。为了确保支护结构的稳定性，施工时混凝土仰拱应及时进行施工，并使衬砌尽早闭合，从而达到整体受力。仰拱采用大模板，由中心向两侧对称进行施工。与侧墙连接处要捣固密实。仰拱的一次施工长度应控制在 5 m 左右，仰拱施工采用过梁形式，以保证掌子面开挖、支护正常进行。

隧道是公路施工中重要的组成部分，支护技术在隧道施工中又占有举足轻重的地位，所以在隧道施工中要加强支护或早进行衬砌，洞内支护宜随挖随支护，随着隧道各部分开挖工作的推进，应及时进行衬砌或压浆，以确保隧道衬砌顺利进行。

第八节 不利岩层地质条件下公路隧道施工技术

不利岩层地质条件下，公路隧道施工难度增大、施工人员面临的挑战和困难也在不断增多，对施工技术应用要求也在不断提升。而面对当前部分公路隧道施工必须经过不利岩层的现状下，积极加强这一地质条件下公路隧道施工技术应用分析具有非常必要的现实意义。

一、不利岩层地质条件下公路隧道施工技术应用要点分析

首先，稳定性。不利岩层地质条件的存在相比一般、常规岩层地质条件而言，其存在的明显问题则是岩层构成比较特殊、岩层结构比较复杂、岩层整体不稳定，在隧道掘进的过程中容易出现塌陷等不良问题，引起不可预估的损害。面对这一现状，在针对不利岩层地质条件下公路隧道施工中，必须首先保证稳定性，在强化前期分析，做好相关支护工作基础上，进行隧道的掘进施工，以保证工程施工的安全性。其次，经济性。大量实践证明，不利岩层相比常规岩层而言，其需要投入的精力较大，人力、物力和财力等方面的投入都是较大的，整体造价较高。面对这一现象，在实际不利岩层地质条件下公路隧道施工技术应用中，在技术可行性、可操作性分析基础上，对其进行经济分析，严格按照施工图纸和施工规划基础上，优化技术应用组合，控制这一阶段成本投入。最后，安全性。本身隧道工程施工环境特殊性，其存在较大的挑战。再加上不利岩层地质条件带来的挑战，这一阶

段隧道工程施工更是难上加难，在技术深入应用中，为了突破技术应用存在的挑战，施工技术人员需要切实深入到施工现场进行细致化的勘察分析，这样可能遇到的潜在的安全风险是较大的，容易出现安全事故。基于这一方面而言，加强不利岩层地质条件下公路隧道施工技术安全化管控也是当前管理的重点。管理人员需要在稳定性、经济性、安全性实现的基础上，提升隧道掘进的效率，提升不利岩层地质条件下隧道工程施工质量。

二、不利岩层地质条件下隧道施工技术应用分析

地表处理。不利岩层地质条件下隧道施工技术应用首先进行地表处理。地表处理工作的进行需要工作人员先进行测量放样。这一方面，工作人员结合施工设计图纸，对隧道洞口的里程精确测量，并且做好标记标注。其次，不利岩层地质条件下需要建设临时排水沟。主要体现在隧道洞顶上，这一方面开挖要充分考虑地面，尽量放缓坡度，将截水沟和路基排水沟有效连接在一起。对于坡度较大的截水沟，增加跌水槽，以此有效减缓水流冲击压力。然后，截水沟的构建。截水沟的施工要选择饱满的砂浆进行砌筑，且控制相邻砌筑缝隙，保证整体砌筑的平顺性。最后，不利岩层地质条件下，为了避免隧道施工出现滑坡和塌陷等不良问题，要对边仰坡做好加固处理。边仰坡加固处理要严格按照设计方案进行，做好加固检测工作。

大管棚施工。由于不利岩层地质条件非常容易出现塌陷和崩裂的问题，在隧道施工技术应用中，积极应用大管棚营造稳定的施工环境是非常必要的。这一方面实际施工中，首先，施工人员要针对钢管的第一节进行特别化的加工处理，将其加工成尖锥状。在钢管准备好基础上，使用专门的套环将钢管组合成一个整体。在将管棚定向钢管内部预埋的时候，要保证钢管外侧端部与套供内部保证平整。同时钢管内部埋入土中，控制钢管和隧道轴线协调性。然后，工程人员使用钻机对预先标注好的孔洞进行钻进，在钻进完成后按照奇数和偶数的方式进行分类标注。其中，奇数孔使用无缝钢管，偶数孔使用钢花管。整个钻孔顺序严格按照顺序进行，完成后进行浆液的灌注和质量管控。最后，对注浆管进行科学化的安装。这一方面，需要使用钻机对钢管进行推送处理，且对推进的每一届钢管采用专门的厚壁管箍实现固定处理。在钢管接头均匀性保证基础上，进行相应的注浆操作。工程注意注浆工作进行中，要控制注浆压力，保证注浆的连续性，注浆比例调整到位，加强注浆过程中的监测管控。

洞身开挖施工。首先，上台阶的支护。这就要求工作人员需要针对事先预留的核心土进行开挖，按照钢架支设要求在隧道开挖两侧拱脚进行设置。而实际工字钢需要进行横向支撑，实际长度需要严格结合现场施工状况确定。将工字钢有效焊接在刚架上，以此发挥有效的支撑作用。在横向支撑完成后，工程人员使用喷射混凝土进行喷射，提升强度，增加受力面积，提升对开外两侧带来的压力抵消能力。而在这一部分支设中，为了避免应力过度集中，科学设置钢架支设数量，控制钢架倾斜读数。在保证尾部和钢架有效焊接基础

上，实施相关的注浆加固操作，增加整体的刚度。

然后，进行中台阶的支护。在上台阶支护完成后，进行中台阶的加强支护。这一方面工作进行中，要保证与上台阶支护距离控制在合理范围内，且开挖同样需要预留核心土，在设定好的拱架处进行开挖，在开挖后进行工型钢的支设，同时实施混凝土的喷射。

防水层施工。不利岩层地质条件下，隧道施工技术应用同样需要加强防水层施工。这一部分实际施工中，优先选择使用复合型防水卷材。在防水卷材应用中，首先，需要对支护面进行检查。针对支护面是否存在突出的钢筋头和刚筋管，并且使用混凝土进行防水卷材铺设面的抹平处理。然后，准备好复合型防水板。在复合型防水板施工中，要保证每一个防水板的铺设与预埋件之间牢固绑扎在一起，控制相邻的防水板之间的宽度。而防水板焊接工作的进行要严格控制焊接的缝隙，合理选择焊接方式，保证整个焊接工作连续、均匀化的实现。在对防水卷材施工完成后，强化检查，重点核查焊接质量，提升整体的焊接水平。

施工技术应用监测。由于不利岩层地质条件下隧道工程施工技术应用比较复杂，为了保证技术应用水平，强化技术监测工作是非常必要的。针对施工技术监测中，强化动态化监测分析，通过使用无损探测方法的对技术操作效果分析，精确问题出现的位置，针对存在问题，及时强化分析，及时处理。施工技术应用监测是技术应用的关键，对于提升技术操作水平具有非常重要的作用。

第七章 公路桥梁施工技术

第一节 公路桥梁加固施工技术

通过对公路桥梁当前的使用现状及需要加固处理的原因进行分析，探讨了公路桥梁加固施工技术，包括增加桥梁各部分的截面面积、体外预应力加固方法、利用辅助构件提升桥梁抗力、塞缝灌浆法、有黏结预应力加固技术，以供参考。

在我国公路交通网络中，桥梁起到了重要的作用。受到传统施工技术以及理念的影响，我国早期的公路桥梁结构整体质量以及承载性能不高，加之自然环境等外部因素的影响，公路桥梁很容易出现损坏或者裂缝问题。处理这些问题的主要手段就是对公路桥梁进行加固，重视养护工作。通过加固施工技术的应用，公路的破损和裂缝问题就可以得到解决，从而使承载能力和运输能力得以恢复，其使用寿命也有了可靠的保障。同时，还有很重要的一点就是提高公路桥梁的经济效益，降低各项成本开支，从而缓解政府财政压力。

一、公路桥梁使用现状及需要加固处理的原因

公路桥梁当前的使用现状。公路桥梁在投入使用后，应制定合理的维护计划，定期进行维修保养。因为公路桥梁基本都是在室外建造，自然环境会对公路桥梁造成影响，同时公路桥梁在施工中时常受到车辆的反复碾压，因此桥梁表面和结构容易出现损坏。其中，比较常见的问题就是路面裂缝、不平整、桥梁局部破损等问题，这些问题会直接影响到车辆的正常行驶，不仅会影响车辆行驶的舒适度，严重地还会因为桥梁路面平整度较差而出现跳车现象，从而引发安全事故。这也是当前我国公路桥梁施工中常见的问题，如果这些问题能够得到及时解决，就可以将影响降到最低。但是，由于目前我国公路桥梁维修养护方面仍然存在一定的问题，加之车辆不断增加，公路桥梁受到车辆跳车现象的不断影响，日积月累就会使桥梁内部构件稳定性出现问题。从而使公路桥梁整体的稳定性受到影响，桥梁的使用寿命就会严重缩短。尤其是一些小型的公路桥梁，不仅没有得到很好的维修养护，甚至日常的清扫工作都没有做到位，导致了桥梁泄水孔发生堵塞问题，如果遇到降雨天气，桥面上就会产生大量积水，一方面使桥梁受到侵蚀，另一方面也不利于车辆的安全行驶。

公路桥梁需要加固处理的原因。随着公路上行驶的车辆数量不断增加，交通事故也十分常见，通常公路桥梁上发生交通事故后，桥梁的栏杆等就会出现局部破损，这些破损实际上能够影响车辆驾驶员，使其在驾驶中缺乏安全感，同时公路桥梁的整体美观度也会受到很大影响。上文中提高了公路桥梁如果桥面平整度不够，就会造成车辆出现跳车现象，从而对车辆的安全以及桥梁的整体结构造成不同程度的影响，这也是公路桥梁需要进行加固处理的主要原因之一。其次，现代公路桥梁内部有很多钢筋，桥梁表面的破损或者自然环境的影响都有可能使桥梁内部的钢筋受到侵蚀而发生锈蚀现象，如果这种问题长期得不到解决，桥梁中的钢筋质量就会受到严重影响，从而引发一系列的问题。其实现代公路桥梁出现的很多问题最初都只是一些小问题，很容易就可以解决，但是由于缺乏维修保养意识或者加固施工技术应用不合理，导致这些问题没有得到及时的解决而不断恶化，最终导致公路桥梁出现严重的质量问题。

二、公路桥梁加固施工技术

增加桥梁各部分的截面面积。增加桥梁各部分的截面面积的方法对于桥梁的情况有一定的要求，如果公路桥梁的桥下净空较低，横截面较小就可以采用这种方法增加主梁的横截面积，从而进行加固。这种加固技术限制条件较少，通常只需要进行接卡箍筋的施工就能够达到要求。还有一种方法是可以先增加主梁的高度然后再进行加固，这种方法会对桥梁的外观造成影响，如果对桥梁的美观程度有很高的要求，不建议采用这种方法。因此，在增加桥梁横截面加固施工技术应用时要对桥梁的状况进行分析，合理选择相应的加固施工技术。

体外预应力加固方法。体外预应力加固方法主要是通过在桥梁结构的受拉区添加体外预应力达到桥梁加固目的。这种方法的原理就是使桥梁产生与原桥相反轴向压力与弯矩，这样桥梁的部分自重应力就会被替代，桥梁的承载力就能够得到提升，从而增加桥梁整体结构的稳定性和使用寿命。目前，我国公路桥梁中使用的体外预应力加固方法中的撑式预应力拉杆加固法与外部预应力钢丝束加固法是应用最广泛的两种方法。在应用过程中一定要严格按照相关的流程规范进行施工，这样才能够防止出现交通拥堵问题，甚至可以在开放交通的情况下正常施工，同时还能够保证公路桥梁加固的施工质量。

利用辅助构件提升桥梁抗力。如果公路桥梁结构完整但是承载力不高，这种情况下就可以采用增加辅助构件的方法提高桥梁抗力，也就是可以加装第二主梁。这种方法施工工艺复杂，而且对于施工环境要求很高，在施工过程中需要阻断交通，同时工程量较大，也会对原来桥梁的结构造成损害，因此这种方法在公路桥梁加固技术中并不常用。

塞缝灌浆法。塞缝灌浆法主要是针对公路桥梁出现裂缝问题的情况，在具体施工中要根据桥梁裂缝的不同采用不同的砂浆，例如砂浆、水泥砂浆、水泥浆等。通常情况下，桥梁石墩位置出现的裂缝需要用水泥浆进行施工加固，在施工中还需要根据裂缝的大小确定是否添加砂，这种方法操作简单，施工成本较低，而且加固效果良好。塞缝灌浆法在施工过程中首先要对水泥砂浆进行配比，通常是采用 1：1 比例的水泥砂浆，在勾缝时要保留出灌浆孔，直径大概在 7mm 左右，具体宽度要根据具体情况而定。其次就是进行灌浆，在施工过程中要有专业的技术人员进行监督，确保灌浆施工的质量。

有黏结预应力加固技术。有黏结预应力加固技术在具体施工时，首先要将小直径预应力筋在梁体上进行锚固，然后对梁体施加预应力，完成后进行喷注砂浆施工。这种方法对采用的砂浆要求很高，必须是具有高抗拉强度的复合砂浆，这样才能够使预应力筋牢固地黏结在梁体上，从而达到良好的加固效果。这种加固技术适用于公路中中等跨径钢筋混凝土连续箱梁桥的加固，通过在梁体底部添加预应力筋，然后用高抗强度的复合砂浆进行喷注，使预应力筋与梁体紧密地黏结在一起，从而达到公路桥梁的加固目的。

综上所述，随着我国交通事业的不断发展，公路桥梁的数量和规模不断增加，逐渐成为我国交通基础设施建设中不可或缺的一部分。因此，公路桥梁的整体质量至关重要，通过对公路桥梁采取合理的加固技术，不仅可以提高桥梁的整体稳定性，还能确保公路的正常通行，增加桥梁的使用寿命。所以，应该不断研究公路桥梁的加固技术，同时在桥梁运行过程中加强定期维修养护工作，从而推动我国交通事业的可持续发展。

第二节　公路桥梁溶洞桩基施工技术

从地质地形图上来看，我国多山区地貌，加上国家对山区的不断扶持，对山区进行公路建设成为解决山区交通问题的有效措施。通过公路的修建，不但方便山区居民的出行，还能够改善山区的经济状况。在对山区公路进行施工过程中，桥梁的施工是重点和难点。基于此，文章以京源口特大桥为例，针对山区公路桥梁施工中的桩基溶洞处理技术进行简要分析，希望给山区公路桥梁建设带来一点帮助。

一、工程概况

京源口特大桥分左、右两线，左线 40 跨为预应力混凝土连续 T 梁，右线 13 跨为预应力混凝土连续 T 梁。桥梁全长为 1561.5m。桥梁下部结构为柱式墩、空心墩 + 桩基础，0#、40# 台分别为柱式台和板凳台，均采用桩基础。通过地质勘测单位进场逐桩钻孔勘测，发现该桥桥位区属低山区坡地间夹山间小盆地沟谷地貌，桥址区地质层以含砾粉质黏土（Qal+pl）为主，层间土洞分布较多。局部地层多分布碎块状强风化石英砂岩（C1L），裂隙发育明显。且左线 1# 桥墩 -3# 桥墩地址处于蚀变破碎带（F）及流沙层贯穿区。依据京源口特大桥地质勘测报告，同时结合现场实际情况，决定对该桥桩基采取相应措施对溶洞进行处理。现围绕本工程实际情况，对岩溶地区桩基础施工技术作相关分析。

二、工程难点

岩溶地区桩基础施工过程中，最常见的问题同时也是工程的难点内容：钻孔击穿溶洞，桩孔内泥浆随即流失，泥浆面迅速下降，孔壁内外应力失衡，最终造成塌孔，严重时会导致桩位处地表大范围塌陷。如果施工过程中遇到大型溶洞或串珠型溶洞，且当地表土质较差时，经常发生这类现象。此外，在施工过程中还会出现完成钻孔击穿工作后，因操作不当造成钻头卡住或者钻头掉入溶洞内部等情况。

三、孔桩遇溶洞的形式与处理技术

孔桩遇单层型溶洞形式处理技术。钻孔过程中，遇到单层溶洞时，依据地质勘测报告及现场实际情况，视所遇溶洞溶腔的大小、高度分情况采取相应措施进行处理。综合本桥桩基处理方式及结果，大致可以分为如下几类情况进行：

（1）当地层中存在小型溶洞（高度小于1m）时，可采用注浆加固的方法。通过对照地质柱状图，对桩穿过的溶洞进行填充和加固。为防止浆液流失太远造成浪费，应先注入浆液与沙子（或碎石）初步达到胶结后再注浆，循环注浆多次，直至达到规定的注浆量和注浆压力控制值为止。注浆完成后，应在桩基范围取芯检验填充效果，待溶洞完全填充且强度达到要求后方可进行桩基施工。

（2）当所遇溶洞高度小于3m时，可采用片石回填的方法。孔桩钻进，钻穿溶洞漏浆时，反复投入黄土和片石，利用钻头冲击将黄土和片石挤入溶洞和岩溶裂隙中，还可掺入水泥、烧碱和锯末，以增大孔壁的自稳能力。

（3）对于大型溶洞（溶洞高度3米以上），先向孔内回灌浓泥浆，同时抛填片石和黏土，以此固壁，直至漏浆现象消失。

孔桩遇多层型溶洞形式处理技术。孔桩遇多层溶洞时，先对溶洞大小和是否为串珠状溶洞进行判定，如为串珠状溶洞，且漏水，则直接采用钢护筒跟进措施通过，如不存在这种情况，则采取向溶洞内直接充填片石和黏土，泥浆护壁措施通过。

成桩施工。首先，结合场地的实际情况决定钢筋笼制作方式。因为山区陡坡的特殊性，桩基钢筋笼的制作常采用预制场制作、孔外制作以及孔内制作等方式。可以结合具体的施工条件来确定制作方法。如果制桩处施工平台较好，但不方便运输材料，这时往往使用孔外制作，制作完后借助吊车安放，安放时必须确保钢筋笼是垂直的。对于施工条件好、便于机械施工的地方，往往在预制场制作钢筋笼。若施工场地交通运输不便，施工平台又狭窄，则需使用孔内制作法。其次，控制桩基混凝土的质量，确保桥梁质量和后期安全。合理确定混凝土的各项指标，使用性能优良、粗细适当的骨料，并在其中适当添加硅微粉、矿渣以及粉煤灰来调节混凝土的致密性；可以通过降低混凝土水灰比来提高混凝土的耐久性和强度，确保使用数量恰当的胶凝材料以提高混凝土的密实性。对于人工挖孔灌注桩，当积水很少时往往采用"干灌法"浇筑混凝土；当积水较多不好排出时，要结合积水情况使用水泥砂浆封底，再快速分层浇筑混凝土。灌注时首先要保证混凝土搅拌均匀，并且动作要连续；其次要保证灌注桩顶标高高于设计标高，凿除高出部分的混凝土和浮浆，以保证成桩质量。

四、孔桩遇溶洞卡钻、吊锤相关处理技术

钻孔中钻穿溶洞，钻头卡住时，可采取如下方法：①慢试法：钻头卡在中间任何部位时，应将主绳徐放—收紧—徐放—收紧，反复进行使钻头旋转从原位槽道提出；②冲击法：将主绳放松 3 ~ 5m，用钻头副绳吊一重物向下冲击钻头，使之产生松动，主绳重复慢试法；③辅助提升法：用吊机、千斤顶或钻机副绳穿滑车组加力提升；④水下松动爆破法：测准钻头被卡高度后，迅速将乳化防水炸药捆成两组，加配重对称放入钻头刃脚部位，之后将钻机主绳带紧或以吊机辅助紧提，采用电雷管起爆。

钻孔中钻穿溶洞，钻绳断裂，锤体掉入孔洞中时，可选用打捞钩、冲抓锥等合适的打捞工具，或采用潜水员下孔内进行打捞。如果确实无法捞起时，应强行冲击，将钻头冲碎。施工单位可以在施工过程中，根据工程施工情况和施工进度要求合理选择施工技术。

我国公路运输量逐年增加并且存在车辆超载现象，这对于公路工程施工的质量及安全性是一项很大的挑战。因此，在公路工程施工中，对桥梁工程桩基础施工技术的要求将会越来越高。本节在公路工程施工中，对桥梁溶洞桩基施工及桩基钻孔所遇相关事故处理技术的研究，有利于提高桥梁工程质量和使用寿命，为我国的公路交通事业的健康发展提供有力的保障。

第三节　公路桥梁高墩施工技术

高墩施工技术是现代公路桥梁施工中的一种常用技术，通过对该技术的有效应用，能够有效提升公路的线型质量。但是从实际施工情况来看，由于所处的施工环境较为恶劣，在定位施工上显得较为困难，致使高墩施工质量难以得到有效控制。对此，文章以某公路桥梁工程为背景，对其中的高墩施工技术展开探讨，并提出可行的技术应用措施，以期给相关工程提供可行参考。

在现代城市化建设和发展下，公路交通运输业快速发展，公路工程规模不断扩大，成为社会经济持续增长的基础保障。为了满足社会发展需要，政府对公路桥梁工程建设重视程度不断提升，为了保证施工质量，合理应用高墩施工技术，根据施工技术标准进行实践，在保证施工质量和安全的同时，最大程度上降低施工成本，创造更大的经济效益和社会效益。通过公路桥梁施工中高墩施工技术应用研究，推动技术创新和完善的同时，积累丰富

的施工经验，可以为后续公路桥梁施工提供参考依据。

一、公路桥梁高墩施工技术的主要特点

施工周期较长、难度较大。公路桥梁高墩施工具有施工周期较长、难度较大的特点。其实际施工作业多数是在高空中进行，危险程度较高。相比普通公路而言，修建公路的难度更大，同时，在高墩桥梁施工过程中会受到很多外界因素的影响，人力和物力的损耗相对较多。

施工技术要求较高。公路桥梁高墩在实际承重过程中，会由于受力不均而出现开裂或倾斜等现象。为了预防这种不良现象，需要采取较为先进的高墩桥梁施工技术以保障高墩的整体稳定性和施工质量，因此，对桥梁高墩施工技术的要求也较高。

施工成本比较高。由于公路桥梁高墩的修建周期比较长，大多数施工单位为了更好更快地完成工程修建任务，选择平行作业。但这种施工方式需要更多的施工人员进行施工，容易导致人力资源浪费，在实际施工时，还需要为每一个高墩配备模板，因此设备的需求量也比较大，导致资金需求量更多。

二、高墩施工技术要点

某公路桥梁整体长度为1965m，采用双向四车道设计，桥面宽度22.3m，在施工过程中需要使用到高墩施工技术，所有桥墩都设计成为矩形实心墩，最低墩高38m，最高墩高46m，基础为钻孔灌注桩。横桥架设距离桥墩的上部位置约5m，随弧圈适当增大到所需的宽度数值（与箱梁底部宽度一致）。

放样测量及前期准备工作。放样测量、桩顶清理、脚手架搭设等都属于施工前期的准备工作，对高墩施工整体质量有较大的影响。在该环节中主要需注意以下几点：（1）针对桥墩支柱的中心线、结构线测量放样。控制墩柱四周边缘距离中心线的偏差，偏差数值应≤10mm，且保证墩柱的倾斜角度小于高度的1‰，同时确保整体偏差数值在30mm以内。（2）对桩顶进行清理，在进行钢筋安装工程施工之前，应保证桩顶达到施工标准，清除桩顶异物，将表面浮浆凿除，为后期钢筋安装施工提供便利。（3）选择脚手架搭设点，夯实搭设点基础，并对支架的受力情况展开分析计算，确保所搭设支架的刚度能够满足使用的需求。这些都属于高墩施工前的重要准备工作，对后期高墩施工顺利开展有较大的影响。

翻模的安装。需要放出墩身外轮廓线，此后使用砂浆对其进行抄平处理，以便在砂浆顶面设置支立模板，围绕墩身调整段展开浇筑施工。以所得到的调整段墩身模板为基础，进一步展开翻模的安装作业，当施工距离达到4.5m后方可进行翻模平台的安装作业，在此过程中应密切关注平台中线及激光接收靶的位置，确保其不出现误差。在进行激光铅直仪器的安装作业时，需要将其置于平台之上，确保其与墩身内两圆端的圆心投影点达到相重复的状态，以免在后续的施工中出现扰动现象。当结束平台的安装作业后便可以展开千

斤顶的安装，此后置入顶杆套管，基于合适的措施对套管进行保护，避免其与砼出现粘连现象。

模板工程。在本工程的高墩模板安装时主要采用塔吊起吊的方式来进行装运，同时在装运的过程中为避免钢模发生形变，需先为其系风缆绳，以形成对钢模板的保护。在模板安装时应遵循相应的施工工艺，先小面后大面，找准模板安装的中心轴，然后对其进行安放。在此过程中应充分保证模板的安装垂直度和稳固性，避免混凝土浇筑施工时出现泄浆漏浆的情况。在完成模板安装后，应结合施工设计要求，对模板安装质量做全面检查，如检验预埋件是否埋设到位、检验设置防护层的厚度是否得到标准、检验预设深度是否满足该工程要求等。在确保各项指标无误之后，才能进入到混凝土浇筑环节。

支架验算与搭设。首先，支架验算和搭设之前，要明确支架的作用是为垂直运输和施工操作等提供支撑，为了保证浇筑过程中桥梁不发生变形，需要保障支架在纵、横、斜方向均具有充足的刚度、强度及稳固性，将其沉降值控制在允许范围内。其次，在支架搭设过程中，要清平基土并夯实处理，之后将脚手架与墩柱承台紧密连接在一起。然后，搭设碗扣件支架（单排或双排任意选择）。在这一过程中，需要将横杆与立杆间的距离控制在1.2m左右，横杆和立杆的排间距以0.9m为宜。最后，在扣件搭设前完成支架受力验算。支架体的力传导是操作平台中各种荷载横向传至水平杆后所产生的，在传至纵向的水平杆后还需要有效传至地基中。

综上所述，应结合公路桥梁工程项目的实际情况，分析其采用的高墩施工技术，提高施工方案的科学性和合理性，以保障高墩施工质量，促进我国公路桥梁建设事业的健康发展。

第四节　公路桥梁挂篮施工技术

总结了挂篮施工技术的特点，并以实际工程为例，对公路桥梁挂篮施工方案、挂篮拼装、挂篮试压以及悬臂浇筑技术进行了分析。实践证明，此施工方案和施工技术的应用，有效地降低了施工成本，提高了施工质量，加快了工程进度，从而提升了公路桥梁的整体性能。

一、篮施工技术的特点分析

在进行跨径较大的悬臂桥梁建设时，为了加快施工速度、确保施工安全，常常会采用挂篮施工技术。挂篮是悬臂施工的关键设备，根据结构形式可将挂篮分为以下几种：桁架式挂篮、斜拉式挂篮、型钢式挂篮和混合式挂篮。由于挂篮施工无须搭设支架，也不需要使用大型的起重设备，从而使施工流程得以简化。挂篮可在工厂内加工制作，运至施工作业现场后进行安装和预压，并在确认安全性和导梁挠度全部合格后，便可进行悬臂段施工。大体上可将挂篮施工的特点归纳为以下几个方面：①挂篮除了能够承受梁端自身的重量之外，还能承受一定的施工荷载；②挂篮本身的刚度较大，在使用过程中基本不会出现变形的问题；③挂篮的结构较为轻巧，在导轨上便于向前移动；④挂篮的适用范围较大，底模架可以自由升降，能满足不同梁高的要求。由于挂篮施工所具备的上述特点，使其在公路桥梁施工中得到了广泛应用。

二、公路桥梁挂篮施工方案

以某大桥工程悬浇箱梁为例，跨径布置为 116m+220m+116m，单箱单室箱形截面，箱梁梁高、底板厚度均按 1.8 次抛物线变化。箱梁根部梁高（箱梁中心线）为 1340cm，跨中梁高（箱梁中心线）为 400cm，箱梁顶板全宽为 1200cm，厚度为 30cm，刚构根部顶板加厚至 60cm，设有 2% 的单向横坡，底板宽度为 650cm，厚度为 12 ~ 32cm，腹板厚度分别为 105cm、95cm、80cm、65cm 及 50cm。箱梁在墩顶处设两个厚 100cm 的横隔板，在边墩墩顶梁端处设 200cm 厚的横隔板，在四分点位置和主跨跨中位置设置 40cm 厚的横隔板。本工程采用挂篮施工方案进行悬臂浇筑，下面重点对挂篮施工中挂篮的选取与计算进行分析。

挂篮的基本构造。结合工程特点，通过对几种挂篮形式进行综合比选后，最终选定了桁架式挂篮。其基本构造如下：挂篮主桁架（是主要承重结构，由两片纵梁组成）；吊杆及锚固系统（轨道、主桁架的锚固，模板系统的前、后吊杆的锚固）；走行系统（包括主桁架、外模板、内模板和底模板的走行）；模板系统（包括外模板、内模板和底模板）。

主桁架试压。由于主桁架是在工厂内加工制作并运至施工现场的，因此在使用前，需要对挂篮主桁架的性能及安全性进行检验，通过试压的方法，了解其结构的非线性变形情况。本次试压采用对称反顶法，在加载和卸载的过程中，用钢尺测量挂篮主桁架测点的挠度值，根据实测数据得出挠度变化曲线。试验结果表明，挂篮主桁架的各方面性能及安全性全部符合规范和标准要求。

挂篮计算。采用 ANSYS 通用有限元程序，按照挂篮实际结构建立空间模型进行整体分析计算。外模系统则另外建立模型整体计算。根据模拟计算结果，判断挂篮是否满足施工要求。如果局部杆件变形过大，则根据实际情况予以加强，以确保挂篮使用安全，同时在监控立模标高控制计算时，监控单位应根据挂篮的实际参数进行计算。

三、挂篮拼装技术要点

轨道安装。可将箱梁的中心线定为基准点，根据挂篮设计图中给出的轨道位置，在施工现场进行准确定位，随后铺设钢枕，并将轨道布设在钢枕上，通过适当调整使钢枕处于水平状态。安装轨道系统时，必须控制轨道间的中心距，使其与设计图纸一致，并借助箱梁竖向螺纹钢筋，将轨道压紧。如果钢筋的长度不足，可用连接器加长。在安装完毕后，应当用长尺对轨道间距进行复核。

主桁架安装。本工程中挂篮的主桁架是以焊接的方式制作而成的整体性钢结构，单片主桁架用缆索吊运至桥面，主桁架与前后支座采用焊接的方式连接，与横向连杆之间则采用插销的方式连接。安装过程中必须保证主桁架的平整度。

前吊横梁安装。在主桁架安装就位后，便可进行前吊横梁安装，同时在其上放置吊杆、扁担梁及千斤顶，从而为底篮和外侧模的安装做准备。前吊横梁与主桁架的前吊支座应采用焊接的方式进行可靠连接。

外模安装。根据挂篮设计图中给出的位置，先在地面上将外模行走梁吊至框架内部对应位置处，并进行适当固定，同时在箱梁翼缘板的预留孔上安装吊耳，将外模与行走梁一并起吊。另外，利用吊杆可将行走梁的前端与前吊横梁连接，也可借助吊耳将行走梁的后端悬挂在箱梁的翼缘板上。

底篮安装。在地面将底篮的前后横梁、纵向桁架梁、工字钢梁、横肋、面板连接成为一个整体，一并起吊安装。当底模吊至设计位置附近时，使底篮的前横梁处于前吊横梁的下方位置处，并将预先穿插好的吊杆拧入前横梁上部吊杆座的连接螺母中。底篮的后横梁也可采用相同的方法安装。

内模安装。在安装内模系统前，应当先绑扎箱梁底板及腹板的钢筋，随后安装两根内模行走梁，并在其上加装骨架，最后拼装内模板。在安装挂篮的过程中，应注意以下几个事项：挂篮安装时要控制好挂篮的结构尺寸，以确保桥梁混凝土浇筑的线形；待挂篮安装完成后，要根据最大施工荷载对挂篮进行试压，检验挂篮的承载能力、稳定性及安全可靠性，以消除非弹性变形，并测试其弹性性能，以便能为施工控制计算提供准确数据。挂篮试压后，如果符合设计要求，需经监理工程师批准后，方可投入使用。挂篮作业时，主桁架后锚吊杆和轨道锚固钢筋的锚固力要调试均匀。挂篮就位后，对于所有关键的受力部位，特别是前后吊杆（吊带），要派专人全面检查。同时，每个环节和部位的检查情况均经验收合格签证后，方可进行下一道工序。安装作业平台及栏杆时，要确保其安全性和可靠性。

四、挂篮试压技术要点

挂篮安装完毕后，需要进行试压，以此检验其各方面的性能及安全性，并通过试压得出箱梁浇筑的修正值。挂篮主桁架的测试方法为：在 0# 块上用千斤顶分级加载，用水准仪测量其挠度，并目测焊缝情况。挂篮底篮的测试也采用千斤顶分级加载。为模拟施工各阶段的实际情况，并尽可能简化加载程序，且保证测试数据的连续性，纵桁在混凝土荷载下分十一级，空载情况下分六级加载，底篮在荷载下分十一级加载，加载重量根据最不利受力重量进行控制。挂篮试压分两个工作日进行。经过测试，挂篮的各项参数均符合要求。

五、挂篮悬臂浇筑技术要点

挂篮安装完毕并经过全面质量与安全检查验收后，便可进行悬臂浇筑施工。具体的施工技术要点如下：在悬臂段的吊架上对第一节段的模板进行拼装调整，模板为钢模，在内模就位前，需要先完成底板和腹板钢筋的绑扎工作，并埋设好预应力管道和挂篮锚固用的预留孔。在布置预埋件及预留孔时，必须确保质量合格、位置准确。浇筑施工前，应当对模板、钢筋、预应力管道进行质检验收，并将模板内的杂物清除干净，之后便可进行混凝土浇筑。在浇筑过程中，应遵循由前往后的原则，分别浇筑底板、腹板和顶板，并采用振捣棒将浇筑完毕的混凝土振捣密实。浇筑振捣后，要根据规范的要求及时进行混凝土养生，防止裂缝的产生。当混凝土的强度达到设计强度的 85% 以上时，便可开始进行预应力张拉施工。张拉完毕后，应及时进行灌浆封锚。另外，待梁端混凝土拆模后，应当进行凿毛处理，以确保混凝土施工接缝的质量。在挂篮前移的过程中，应当在原有轨道系统前加铺新的轨道并进行锚固，然后拆除内外模对拉螺杆，同时将内模固定在已经浇筑完毕的箱梁上，同时安装主桁架后锚固装置，并重复上述挂篮安装步骤，即可完成挂篮前移。

综上所述，挂篮因其自身的特点在公路桥梁工程中得到了广泛的应用。由于挂篮施工涉及的内容较多，因此必须先了解并掌握挂篮施工的技术要点，并将之合理运用到实际工程中，这样才能在发挥挂篮施工优势的同时，提高工程的质量和安全。

第五节　公路桥梁加宽拼接技术

改革开放的不断深入推动了我国社会经济的发展，同时为我国交通运输业的发展带来了良好的发展机遇。人们生活水平的提高使得人均汽车保有量逐年上升，公路运输面临着巨大的压力。原有的公路桥梁已无法满足现代交通运输量增长的现状，因此，需要采用先进的技术对公路桥梁进行加宽拼接处理，以提高公路的通行能力。

公路桥梁一般架设在江河湖海上，使车辆行人能够顺利通行，是公路结构的重要组成部分，主要由上部结构、下部结构以及附属构造物组成。以往监造的公路桥梁已经很难适应现实交通量上涨的需要，因此需要对其进行扩建改造，以增强公路桥梁的荷载能力以及通行能力，缓解我国交通紧张的现状。本节通过总结多年的学习与实践经验，对公路桥梁加宽拼接前的准备工作进行了论述，并详细阐述了公路桥梁加宽拼接技术的应用，希望可以为公路桥梁加宽改造工程的顺利开展奠定坚实的理论基础。

一、公路桥梁加宽改造前的准备工作

熟练地掌握原有公路的运输情况。在公路桥梁加宽改造前，工作人员必须清楚的了解原有公路的交通情况，包括月通行量等基本情况，以免因为加宽改造施工而影响车辆的正常通行。同时充分考虑公路桥梁的实际承载力，为后续的公路桥梁加宽拼接处理提供重要的参考依据。

详细了解施工环境状况。施工环境状况可以直接影响公路桥梁加宽改造施工的进度和质量，因此，在公路桥梁加宽改造施工之前，需要派遣专业的技术人员对施工环境进行实地考察，并切实了解施工现场的地质地貌特征，做好施工前的准备工作。此外，还要根据施工环境情况选择合适的施工工艺和施工材料，以保障公路桥梁加宽改造的施工质量。

做好桥梁整体结构设计工作。设计工作是公路桥梁改造拼接工程实施前的必要工作，设计人员应该详细了解原有公路桥梁的整体结构特征，结合实际施工的需要，制定合理的设计方案。并对公路桥梁改造拼接过程中可能出现的变形、沉降问题进行预测和分析，同时制定科学的应对措施，以免影响公路桥梁改造拼接过程施工的进度和质量。

二、公路桥梁加宽拼接技术

上下部均不连接加宽技术。上下部均不连接加宽技术主要是指在新公路桥梁与旧公路桥梁之间预留一定的空隙，使得新旧公路桥梁上下部之间均不连接，然后再根据现有的施工方案对公路桥梁的桥面进行沥青混凝土铺装工作。在采用这种加宽拼接技术对公路桥梁进行改造时，由于新旧桥梁的铺装层均不连接，使得二者之间的受力独立，可以有效地避免地基沉降差异性而导致的桥梁结构变形问题的产生。但是这种技术最大的不足就是在汽车载重作用影响下，新旧桥梁之间的主梁会发生不均匀沉降问题，导致新旧桥梁连接部位的沥青混凝土铺装层产生纵向裂缝，进而使得桥梁发生错台，不仅影响公路桥梁的美观度和舒适度，同时加大了后续桥梁维护的难度。

上下部均连接加宽技术。这种加宽技术主要是指在对公路桥梁进行加宽处理时，将新公路桥梁与旧公路桥梁上下部桥梁结构之间进行有效的连接。在连接新旧桥梁的上部时，可以采用横向植筋以及浇筑湿接缝的方式将新旧桥梁结构各部件之间进行相应的连接。在连接新旧桥梁的下部时，也可以采用植筋的方式将新旧桥梁的墩台帽以及系梁进行相应的连接，然后再通过浇筑混凝土的方式实现新旧桥梁整体结构的有效连接。上下部均连接加宽技术可以使新旧桥梁连接成为一个统一的整体，增强了桥梁结构的整体承载能力，同时减小了桥梁变形问题发生的概率。但是在采用这种加宽拼接技术施工时，不需要在桥面设置隔离带，待旧桥梁的人行道和栏杆拆除后，加宽后的桥梁的荷载量增大，桥梁承载力很难达到规定的要求。同时在进行新公路桥梁主梁施工时，混凝土收缩以及地基沉降问题等导致的桥梁变形会在一定程度上受到旧桥梁的束缚，进而使得新旧桥梁间的相互作用增大，超出新旧桥梁连接面的实际承载能力，最终导致新旧桥梁连接面产生裂缝，对公路通行安全性构成严重的威胁。此外，在新旧桥梁下部进行植筋施工，不仅增大了施工难度，同时增加了施工成本。

上部连接而下部不连接加宽技术。这种加宽改造技术主要是将新公路桥梁与旧公路桥梁的上部结构进行相应的连接，而对二者的下部结构不再做连接处理。采用上部连接而下部不连接加宽技术可以将新桥梁与旧桥梁之间的桥梁基础进行有效的分离，而将新旧桥梁上部结构中的梁板进行相互的连接。然后对旧桥梁边梁的挑壁混凝土进行切割处理，同时将旧桥梁的钢筋与新桥梁的钢筋进行连接。最后对新旧桥梁之间的湿接缝进行浇筑处理，同时对加宽后的桥面铺设沥青混凝土，从而实现公路桥梁加宽的目的。但是在采用这种技术时，由于只对新旧桥梁的上部进行了连接而没有对其下部进行连接，使得新旧桥梁的连接面只能靠桥面板连接并承担巨大的作用力，导致连接面之间的连接力减弱。一旦新旧桥梁的挠度差增大，那么新旧桥梁的连接面将遭受损坏，出现纵向裂缝，影响桥梁的美观度和安全性。此外，新旧桥梁的上部结构不均匀沉降以及施工材料等问题的存在，使得连接后的新旧桥梁上部结构的附加内力增加，从而加大了桥梁通行的危险性。

三、公路桥梁加宽拼接施工中应注意的问题

规范加宽拼接施工操作。对原有公路桥梁进行加宽改造处理不同于新建桥梁施工，加宽改造施工的难度更大，不仅要考虑原有桥梁的实际桥梁，还要科学部署加宽桥梁的施工工作。因此，在实际的公路桥梁加宽拼接施工中，一定要严格规范工作人员的施工操作，选择合适的加宽拼接技术，准确操作各种施工设备，切实确保施工的质量。同时，加强施工人员的安全防范工作，为施工人员发放必要的安全装备，避免在施工过程中发生人员伤亡事故。

做好盖梁施工工作。盖梁是将桥梁上部荷载传递给桥梁下部的重要基础，同时也是承担桥梁上部荷载的重要结构，由于不同的加宽拼接方式对旧桥梁的受力影响不同，同时对盖梁的受力也会产生一定的影响。当采用上下部均不连接的加宽方式时，一般新旧盖梁的施工是分开进行的，因此，对旧桥的盖梁不会产生影响。而当采用植筋连接或者是角钢连接时，应避免植筋施工对新旧桥梁的整体性产生影响，减少桥梁连接部位产生变形的概率。尤其是利用角钢连接时，一定要用螺栓将新旧桥的盖梁上的角钢进行固定，确保新旧桥盖梁的稳固性。此外，还要做好桥梁维护工作，避免公路桥梁加宽拼接施工出现质量问题。

随着交通运输工具类型以及数量的增加，公路运输压力将会不断增大，相应的公路桥梁加宽改造工程的数量和规模也会不断增加和扩大。因此，相关技术人员应该继续加大对公路桥梁加宽拼接技术的研究力度，在实践中不断总结经验，逐步丰富和优化公路桥梁加宽拼接技术体系，切实确保公路桥梁加宽改造工程的质量。

第六节　公路桥梁沥青路面接缝施工技术

公路桥梁作为我国公路运输体系的重要组成部分，为了能够全面提高公路施工质量，通常都要在沥青路面上设置接缝，从而缓解沥青混凝土材料的应力变化。接缝施工技术水平决定了沥青路面的施工质量，如果接缝处理不当，会造成路面不平等现象，甚至产生交通安全事故。基于此，本节首先提出几种常见的沥青路面接缝施工技术，进而提出横、纵接缝的处理方法。

一、公路桥梁沥青路面接缝常规处理技术

热接缝技术。热接缝作为沥青路面最为常见的处理方案，顾名思义是在高温条件下，对接缝处理的一种方法。通过高温让沥青软化，进而对沥青料进行碾压处理。为了避免产生过大的温度差，需要多台压路机同时开工，严格控制摊铺过程中沥青料的温度，特别是临近摊铺带的沥青料，必须要保证温度的稳定性。在碾压过程中，碾压机的碾轮要放到热料车道中，在没有压实的车道上摊铺较厚的沥青料，保证接缝部位的压实度。该项技术在实际应用中很少出现离析情况，纵向裂缝生成率也有所降低。

冷接缝技术。冷接缝技术与热接缝技术方法相反，无须加热施工。主要是对沥青料进行压实、重复搭接、再碾压。冷接缝施工中需要随时修正铺筑完成的沥青料，为了保证搭接紧实度，还需要做好搭接面的清洁工作，并涂抹粘层沥青，反复搭接、重叠直到最终完成施工。还需要将碾压、搭接溢出的沥青料清除，保持平整度，完成接缝处理工作。

切削技术。在压路机对路面压实过程中，边缘会产生低密度的沥青层，此时要对低密度沥青进行切削。切削施工中必须要控制好切削长度，通常不到超过50cm。准备好压路机，安装好碾压轮。切削完成后会出现道路垂面，需要在此部位增加黏层，并用压路机碾压，提高纵缝紧实度，保持抗拉强度不变。

二、接缝的处理方法

横向接缝。横向接缝作为一种十分常见的接缝形式，必须要做好接缝处理工作，避免路面凹凸不平。沥青混合料在拌和到碾压完成过程中，温度会随之降低，而温度降低会产生冷缩现象，内部产生较大的聚合应力，所以要设置接缝缓解这种应力变化。在沥青料摊铺过程中，如果因为客观因素影响导致施工中断，会造成路面产生断续、病害等问题。随着沥青料的温度逐渐降低，一旦温度低于50℃，则要横向压实接缝难度非常大，重度碾压还可能破坏其他部位。所以在横向接缝处理当中，需要在较高的温度下进行，高温时沥青料强度低、可塑性强，更容易推移，可以更好将横缝压实。要求摊铺完成后混合料温度

下降幅度不超过 10℃。在横向接缝处理中，需要从以下几点出发：

（1）接缝位置。在碾压过程中，由于压轮较重，因此在碾压过程中会造成沥青向前推移，产生一个斜面，无法满足路面施工标准。所以要在压路机尾部相隔 1m 位置半提升熨平，在摊铺机离开后的相对位置找平，直尺紧贴沥青面，不得出现缝隙，否则会影响平整度，需要重新找平施工。切割工作要在沥青料温度下降前完成，在切口部位涂抹一层乳化沥青料，之后再进行摊铺施工。

（2）接缝方法。横向接缝可以分为两种形式，即平接缝、斜接缝。对于公路桥梁工程来说，通常都是上面层采用平接缝、下面层采用斜接缝方法，并通过碾压完成施工。接缝混合料搭接长度不得超过 0.8m。摊铺厚度会直接影响斜接缝搭接长度，因此在搭接厚度较大的情况下，建议采用平接缝处理手段。

在实际施工当中，混合料和路面基层黏结度较高时，会增加接缝处理难度。为了能够保证接缝处理工作顺利进行，可以在待铲除部位喷洒一些水，便于后续操作。在混合料冷却后，铲除末端多余的混合料，切割要保持垂直度和干燥性。在下部混合料处理当中，要切除边缘的多余料，保持清洁工作，确保新旧沥青之间黏合度，配合预热、软化压实方案效果更好。在横接缝碾压当中，必须要严格控制沥青料温差，如果沥青料温度较低，会增加横向接缝处理难度，甚至是造成路面损坏；如果混合料温度较高，会增加碾压推移量，增加路面裂缝量。所以必须要控制好沥青料温度，通常在 80 ~ 120℃之内。

切割时要保证接缝部位有一定摩擦度，不能过于平齐，避免结构下层接缝部位，这样才能够保持黏合度。为了避免接缝位置、摊铺料密度失衡，要同步运行摊铺机、振捣器，并保持施工连续性。为了不影响后续碾压质量，可以在制作部位增加一个垫片，螺母位置固定千斤顶，打开油泵挂篮行走。

纵向接缝处理。由于沥青路面摊铺衔接部位一定会有搭接的沥青料，这样可以保证沥青料连接的紧密度以及前后铺筑路面保持一致。在纵向接缝处理中，主要是采用冷接茬处理和热接茬处理两种方法。其主要表现在：

（1）冷接茬处理。冷接茬处理是与压实好的摊铺层进行新层搭接，之后再压实。在半幅沥青路面铺筑当中，不得采用热接缝处理工艺，此时可以在半幅部位增设挡板，用切刀将边缘切割整齐。在另半幅路面铺筑当中，要先清除半幅边缘的颗粒，并涂抹一定量的粘层沥青，这样可以保证半幅路面的铺筑质量。混合料铺筑中，边幅搭接长度控制在 5 ~ 10cm，摊铺完成后，将多余的摊铺料去除，再进行碾压施工。在施工当中需要保证摊铺厚度与前一条摊铺带厚度相同，保持平整度。

（2）热接茬处理。热接茬处理工艺主要是采用 2 台以上摊铺机展开梯队作业形式，同时对路面进行摊铺、碾压。热接茬处理需要采用高温沥青料，也正是由于相邻摊铺带沥青料温度较高，所以纵向接缝处理更加容易，接缝处理之后的强度较高。在施工过程中，铺筑要预留 10 ~ 20cm 的混合料，该部位在摊铺完成后先不碾压，将预留面作为混合料的基准面，在后续摊铺工作完成之后再进行压实处理。

综上所述，随着我国公路桥梁事业不断发展，新建公路桥梁工程数量也不断增多，沥青路面由于耐久性强、施工技术成熟、行车舒适等优势，使用也更加广泛。因此，为了能够发挥公路桥梁工程效益，必须要采用公路桥梁沥青路面接缝处理工作，掌握各项施工技术要点，针对不同接缝种类采用不同施工方案，从而提高公路桥梁沥青路面的施工质量。

第七节　公路桥梁钻孔灌注桩关键施工技术

因为公路桥梁规模庞大，所以面临的地质环境十分复杂，其中不乏一些力学性能低下，不满足施工要求的地质环境，那么为了对此进行改善，现代公路桥梁施工单位常使用公路桥梁钻孔灌注桩技术，此项技术可以有效提高土体力学性能，从而提高工程质量。本节主要对公路桥梁钻孔灌注桩进行了分析，了解其中关键施工技术以及作用原理。

虽然理论上，公路桥梁钻孔灌注桩具有较高应用价值，但实际角度上，如果其关键施工技术出现规范性问题，必然会导致质量问题，所以施工人员应当了解其中关键施工技术的规范性要求，并围绕要求对施工结果进行检查。因为现代公路桥梁钻孔灌注桩应用广泛，而施工中又经常出现规范性问题，所以对此进行研究具有实践意义。

一、公路桥梁钻孔灌注桩准备工作

灌注桩材料制备设计。公路桥梁钻孔灌注桩是一种利用泥浆护壁，对土体内部结构进行保护的施工技术，因此为了保障其能效发挥，在正式施工之前，需要做好泥浆制备工作。灌注桩当中所采用的泥浆，通常由黏土、水等组成，在准备当中，首先需要结合施工要求以及土体强度，对各种原材料凝固后的强度进行设计，再对不同等级的原材料进行选择，其次要进行灌注桩材料制备设计工作，主要对各种原材料的配比进行规划，以供之后制备拌和工作的正确开展。此外在制备设计工作当中，要对所有进场材料的质量严格进行检查，一旦发现不符合要求的材料，应当要求相关厂家进行更换。

施工设备检查。公路桥梁钻孔灌注桩当中的关键设备为泵类设备，主要将灌注材料泵入土体，并破坏不良地质表面土体，使泥浆更容易与土体融合，但如果泵类设备存在参数或机械故障，就会导致施工质量问题，因此有必要在施工之前对泵类设备进行检查。设备检查工作项目大致分为两个部分，即设备参数、设备运作状态，设备参数检查方面，应当根据施工要求，对当前设备泵入参数进行核查，如果参数过高或者过低，就需要进行调整；设备运作状态方面，应当在参数正常的条件下，对设备各项功能进行简单操作，确认设备可以正常运作，如果发现某功能存在问题，需要及时维修或直接更换。此外，施工设备检查时间一般在正式施工前 2 天开展，如有必要可以提前。

放样工作。为了尽可能保障公路桥梁钻孔灌注桩与设计要求一致，在准备工作阶段，需要做好放样工作，放样工作当中，围绕设计要求先对地面钻孔以及护筒位置、方向进行标识，后对每个钻孔的规格进行标识。综上，在两个放样工作完成之后还需要进行检查，不能出现太大误差，以免正式施工时出现质量问题。

二、公路桥梁钻孔灌注桩施工关键技术

施工场地处理。在公路桥梁钻孔灌注桩正式施工阶段，需要先做好施工场地处理工作，主要内容包括场地平整、场地夯实以及泥浆池设置。在场地平整方面，因为实际施工环境的地表平整度难免存在凹凸现象，在这种条件下，施工设备安置、泥浆池设置等都会受到影响，所以要进行整平，整平工作对于平整度的要求并不高，只要肉眼观测没有太多凹凸即可；场地夯实方面，因为实际地质环境可能存在软土土体，这种土体力学性能表现差，且存在很多空隙，所以施工设备在应用当中容易出现突然的倾斜，或泥浆池内泥浆渗入空隙，所以要采用夯实法对土体进行处理，提高其强度与密实度；泥浆池设置，因为公路桥梁钻孔灌注桩施工面积较大，所以泥浆用量较大，对此有必要设置泥浆池来囤积泥浆，设置当中为了避免泥浆渗入土体，应当在其下方铺垫防水层。

护筒埋设。护筒埋设对于公路桥梁钻孔灌注桩而言具有保护作用，所以其重要性较高。在埋设过程当中，首先围绕放样结果对埋设位置进行确认，同时根据桩体横截面大小，对护筒横截面大小进行判断，如果护筒横截面小于桩体横截面，就说明护筒规格存在问题，通常情况下护筒横截面要大于桩体横截面20cm。其次在埋设过程当中，应当重视护筒与桩体的垂直水平关系，因为在很多护筒埋设工作当中，因为地质条件等因素，其埋设完成后都出现了护筒倾斜、位移的现象，使得公路桥梁钻孔灌注桩质量受到负面影响，因此在质量原则上，应当对此进行控制，一旦在埋设过程中发现此类问题，就应当及时改正。

泥浆制备。结合上述泥浆制备设计工作，在正式制备工作当中，首先围绕设计工作当中的配比，挑选出相应比例的黏土与水，此举主要是为了保障泥浆浓度的合理，否则容易造成泥浆护壁等质量问题。其次在制备工艺上，主要将黏土放入搅拌设备当中，借助设备将泥浆变成细小的颗粒，随之将其与一定比例的水混合之后，将其放入护筒当中进行冲击，最终完成泥浆制备。此外，泥浆制备工作应当在泥浆池附近进行，以便于泥浆进入泥浆池。

钻孔工艺。在钻孔工艺当中，首先要采用相应方法对地质土体进行处理，提高土体稳定性，因为土体稳定性存在缺陷，会因为钻进操作的扰动力而出现塌孔，随之依照放样工作，采用钻孔设备对每个钻孔点开始钻孔，但在操作当中要注意两个要点，即钻孔设备安装位置是否正确、钻进路径是否存在倾斜。如果出现了其中任意问题，都需要及时停止钻进作业，采用修复手段来进行改善，同时在钻孔完成之后，有必要对孔壁进行检查，如果出现裂缝现象就需要回填钻孔，夯实后重新钻孔。其次在所有钻孔完成之后，需要对每个钻孔进行清理，清理主要针对孔内的大颗粒物体、植物等进行清理，因为此类物体会阻隔泥浆土体的融合，所以这一点很重要。此外，还需要对完成的钻孔内的泥浆护壁的含沙率

进行检查，一般情况下每 50cm 护壁的含沙率不能超过 8%。

泵入设备安装。首先对泵入设备的导管进行检查，确保导管上没有漏洞或者杂物，其次将泵入设备的导管一端放置于混凝土集料处，此时开启泵入设备即可泵抽混凝土进入导管，完成泵入操作，但是为了保障泵入灌注质量，需要人工对导管进行控制。此外，在每个钻孔灌注完成之后，都需要及时采用密封材料进行封孔，避免灌注料溢出。

三、公路桥梁钻孔灌注桩质量控制要点

围绕实际公路桥梁钻孔灌注桩施工来看，其普遍在钻孔、灌注两个施工工序当中出现质量问题，因此本节将围绕这两个问题，对其中质量控制要点进行分析。

钻孔质量控制要点。在钻孔工作当中，针对不同地质条件，需要重视钻头与钻孔技术的选择，例如如果实际地质环境为软土土体，就需要选择小冲程钻孔方式，这种方式的土体扰动力较小，所以不容易引起塌孔问题，另外为了配合小冲程钻孔，也要选择长度偏短的钻头；如果施工土体较为坚硬，则需要先进行爆破处理，在进行钻孔，相应应当选择硬度大、冲程大的钻头。

灌注质量控制要点。在灌注操作中，应当在完成后对灌注体的泥浆、沉淀厚度进行检测，后将检测结果与设计要求来进行对比，如存在较大误差，则需要进行改善。此外，在导管安装时，要确保导管与孔底的间距在 0.4m 左右，埋深位置需要保持在 2m ～ 6m。

本节主要对公路桥梁钻孔灌注桩关键施工技术进行了分析，主要围绕灌注桩施工的准备工作以及正式施工工序，对其中各项关键技术，介绍了应用方法、注意事项等，可以对公路桥梁钻孔灌注桩施工起到质量保障作用。其次围绕实际钻孔、灌注施工中的普遍问题，对各项问题的质量控制要点进行了阐述。

第八章　公路桥涵施工技术

第一节　提高公路桥涵的施工质量

如今，随着国家经济体制的不断改革和发展，道路建设也随着社会发展过程逐渐进步，道路的发展又加速了桥梁工程的建设。在公路建设中，许多相关单位对项目早期阶段的总体质量进行监管，但对于之后产生的许多重要问题却非常容易忽略，在施工阶段没有建立一个科学、合理的操作程序，没有引起足够的重视，因而造成严重质量的问题。对于桥梁和涵洞的建设，必须要有一个高度的意识来确保解决整体控制问题的能力，而提高这些质量问题的解决方案是很重要的。

在未来道路发展建设的持续过程中，桥涵的建设一直处于重要的地位，桥梁和涵洞的建设决定了公路整体施工的质量，是确保公路能够成功建设的最重要组成部分。在施工过程中，每增加一座桥涵，就多了一个建设工程，且该工程还具有操作比较复杂、不容易返工等一些区别于其他工程的主要特征。然而，由于公路建设的范围越来越大，也出现了许多以次充好的现象，有些严重的施工建设甚至已经影响到了正常的使用。桥梁和涵洞的施工质量管理将直接影响到公路道路建设工期的长短，直接关系到经济利益和社会价值。在外观上保证桥梁和涵洞美观的同时，施工质量也要保证好、控制好，确保不发生公路桥涵的施工质量问题。

一、公路桥涵施工中存在的问题

施工前期的准备不足。桥梁建设在公路建设中占据着非常重要的地位，是保证公路项目工程建设施工质量的核心问题。桥梁对于道路安全来说起着非常重要的贡献，扮演着重要的角色。但是，也正是因为公路桥涵的建设，导致产生的路面质量因素问题多而复杂，对于施工质量控制的把握非常困难。在桥涵道路建设期间，我们需要安排监管工程师对道路的建设进行适当的测试，根据所反馈出来的数据完成相应的测试过程，对于涉及填筑施工的数据部分要对结果进行反馈。对于施工项目团队来说，其所建设的工程平台应该确保达到国家建筑的规范和施工要求，在此基础上再进行一定的扩展和延伸，确保道路施工的所有方面都具有一定的数据监管。

路基平台的建设不够好。在公路建设施工的过程中，我们还必须确保每个路基平台后面都有相应的路拱，确保道路和桥梁都能够对雨水进行疏导，防止雨水发生沉积进而对路堤和桥梁质量产生一定的负面影响。当在山坡上进行路基填充的建设过程时，应该及时地制定措施进行开山、挖掘等山体作业，保证路基平台的建设质量。在建设中，也可以使用压路机对填充料进行压实处理，从而使路基具有非常稳定的基础构造。在进行路基填充操作的过程中，对于正在进行填充的路基平台部分的每一侧应该留出一定的宽度，以确保它可以大于所设计的路基宽度，为之后的施工作业保证施工宽度，保证路基两侧有足够的空间使得后期大型机械能够顺利进入现场施工操作。

路堑平台的建设宽度不够规范。在路堑开挖的过程中，无论是采用机械作业还是人工作业，我们都要注意严格控制平台宽度的设计，保证平台建设的基本面积成型。如果由于技术上的错误导致施工超出了路基的整体轮廓，则必须将它们用同一种土壤进行填充弥补，并且还要按照原先规定的内容完成相关的工作任务，对后填土部分进行压实，保证相应的施工要求。如果建筑物不能满足相应的平整度要求，我们就应该找到一个更合适压实建筑材料的设备进行工作。由于在道路和桥梁施工过程中建筑结构较为复杂，因此需要充分考虑桥梁建设所带来的问题，主要包括桥梁大小的管理、建设项目后期的扩展以及对于管涵的双侧及其顶部、锥体斜坡和挡土墙等结构的建设，对其进行分层压实作业建设。同时，我们还必须做出对称的材料压实。施工过程中应尽可能地使用小型的振动压路机，而对于拱涵的顶部应采取使用轻型压路机的方案。

二、提高公路桥涵的施工质量的措施

加强桥涵工程的施工管理。在当前阶段的公路建设中，会出现大量的桥梁钢体结构。对于小型桥涵的建设来说，一般都在建设前期通过招标的形式将其分担给相应的承包商来负责管理，这种情况下就会产生一部分施工队在没有能力承接公路桥梁建设工作时却硬要去接受。而且许多建设单位的工作人员缺乏职业道德，在追求经济利益的同时非常冷漠，对于施工和质量流程的安全控制经常是偷工减料、玩忽职守、欺上瞒下，出现大量由于质量问题产生的建设危机，这对于我国巨大的市场发展来说是非常不利的。因此在进行公路桥涵施工前，必须选择具备能够保证施工质量和能力的团队来负责建设，对施工队伍的施工人员进行严格的审查，保证施工质量。

加强提高桥涵的基础质量要求。在进行桥涵基础施工的建设中，有关部门必须要严格执行设计图纸的标准规范，符合施工规范的尺寸要求。在开挖至设计标高之后，要及时地检查地质以及地面情况并做好检查记录，以确定是否符合设计要求。建筑公司确认之后，再进行建筑审查程序和审批手续的办理。在沉井接高时，每一个部分的中轴线都应该与第一部分的垂直轴重合。如果垂直轴是倾斜的，就应该尝试纠正这种情况。在沉井下沉到设计的高程时，就要必须检查基板是否符合设计的要求。如果有必要的话，还需要潜水工检查记录无误后进行封底，对于水下的混凝土封底工程一定要做到细致，必须确保无渗漏现象。

加强回填工程的质量控制。回填工程指的就是对桥涵的斜坡、挡土墙等部位进行土体的回填操作。回填工程主要适用于渗水性良好的土壤，要避免回填含杂草多，或处于多年冻土状态的土块、泥土和腐蚀之类的产品。在压实工作准备完毕后，对于土体回填操作必须要选择在接近最佳含水量要求的土壤中进行灌装作业，并对土壤进行分层压实操作。如果需要对支撑桥梁的水平底面上方进行填充操作，也需要将混凝土混合到一定的比例之后才能进行施工操作，具体的要求需要根据实际的使用情况来定。对于控制台背面的回填工程操作来说，就需要按照所设计的宽度进行填足，以避免工程完毕后再进行灌装处理，这样会增加不必要的难度。在进行拱桥台背的回填操作时，要在工程建设程序的操作配合下逐步完成，保证桥梁两侧的压力和推力能够处于平衡状态。

总之，在现阶段的道路施工过程中，桥梁和涵洞施工建设得到了非常广泛的使用，而与此同时，对于桥涵质量的要求也受到了社会的广泛关注。桥涵建筑的质量问题能够直接影响到所有施工的工期进度，要想做好公路桥梁建设的工程质量控制，就必须事先对建筑材料进行检查，充分发挥质量保证体系，确保质量控制工程的有效作用，保证施工的安全和标准。在桥涵施工的过程中随处可见因为追求美观而严重影响到结构的耐用性和安全性问题，所以加强公路桥梁建设的质量，就要加强管理在施工的各个阶段不同方面对于施工质量的要求，我们只有真正、有效地将控制管理应用到实际的项目建设中，才可以实现良好的目标。

第二节　公路桥涵施工中需要注意的问题

改革开放以来，我国社会各方面事业都取得了举世瞩目的成就。近年来，随着经济的发展和时代的进步，我国公路建设事业也获得了长足的发展，与此同时，公路桥梁的建设也获得突飞猛进的发展。本节将针对公路桥涵施工中要注意的问题进行分析探讨，旨在促进我国公路桥梁建设事业的发展与完善，成为我国社会主义现代化建设的有力保障。

在公路的施工建设中，桥梁建设是占有重要地位的，对于行车安全和方便做出了很大的贡献。另外，一个国家的公路桥梁建设也代表了一个国家的经济实力和技术实力，是一个国家综合国力的体现。而道路桥涵的安全性是建设中最为重要的问题，因此，解决好道路桥涵建设中一些问题是尤为重要的，这不仅仅是我国综合国力的体现，更是人们工作、生活安全的有力保障。

一、混凝土外观质量应注意的问题

混凝土搅拌的质量和水泥的质量是影响混凝土外观质量的两个决定性条件。一旦出现质量不达标、质量低劣的原材料，就会大大影响混凝土外观的质量，质量不过关的原材料存在砂率过大、砂石级配较差和水灰比的控制不好等问题，另外，混凝土搅拌的不充分也是影响混凝土外观质量的一个重要原因。混凝土的搅拌有严格的规定和技术指标，搅拌不充分会造成不均匀和不密实，而如果搅拌时间过长，又会导致模板漏浆和造成离析等问题，因此，在搅拌混凝土时，一定要严格按照相应的标准进行操作，避免不必要损失的发生。以上两点如果没有按照相应的要求去做，就会破坏构造整体的性能，也会减少构造的抗击打能力，从而减少构造的使用寿命。

二、施工队伍应该注意的问题

目前，我国社会主义现代化建设正在如火如荼地进行着，城市中有很多桥涵结构物，因此，对于一些小型的桥涵一般都是采取承包的形式进行划分施工。这种现状的实行就会造成一部分没有相应施工能力的施工队伍进入，这种施工队伍建造出来的道路桥涵存在很大安全隐患。经过长期的实践和调查显示，对于这部分没有施工能力的施工队建造出来的建筑都是非常危险的。这部分施工队伍通常缺乏职业道德、安全意识薄弱、追求经济的利益同时不顾工程质量，对自身所承担的施工责任和职业道德都不重视，甚至会出现以次充好、偷工减料等现象，对国家和人民都造成了相当大损失，更是对人民的安全构成了威胁。这类施工队伍的施工属于粗放型施工，不考虑资源的节约以及合理利用，一味地靠成本的提升来完成工程，因此，在进行道路桥涵施工时，一定要选择那些具备施工资质、正规大型的施工队伍来进行建设，这样才能够确保工程的质量，保障国家财产不受损失，保证人民的安全。

三、施工基础和台身应该注意的问题

道路桥涵施工的基础和台身对其自身的功能以及使用年限都是有很大影响的。因此，可以在小型桥涵的基坑开始施工以后，认真核实检验其他地基原状的土质是否相同，另外，地基的承载能力也是必须要确定的因素之一，这样通过加强对基础的处理，可以防范出现基础不均匀的沉陷变形。这种工程的施工情况一般都很复杂，要根据实际情况采取适当的解决办法，在实际施工中，如果没有足够的地基，就一定要通过测算来确定安全基础换填的宽度和深度。总之，在施工过程当中，一定要慎之又慎，严格各项工序的执行，必须有效地预防由于地基承载力的不均匀而造成的基础不均匀沉陷，做到万无一失。

四、桩基的位移和沉降应该注意的问题

桥台和软基的处理因为没有充足预压的时间，沉降在前期没有完成，但是桥台和上部的结构已经建成，而软土下沉速度会超出桩基的下沉速度，所以，桩基会在偏压荷载的作用下产生很大的负摩擦力，因此，就会产生桩基滑移以及竖向的沉降，从而使道路桥涵产生安全隐患，在安全性方面直接造成威胁。因此，在道路桥涵的施工过程中，必须严格按照操作步骤规范施工。而如果在特殊地区施工，例如软土地区施工，则必须要等路基经过处理后才可以对道路桥涵施工，以保证施工的安全以及工程竣工后使用的安全。

近年来，随着我国经济的高速发展，道路桥涵的承载能力明显和经济发展的速度不相符了，因此，我国目前正在大力建设道路桥涵以适应经济的发展，而对于道路桥涵的施工更是建设工作中的重中之重。道路桥涵不仅承担着经济建设的使命，也是我国人民出行安全的根本保障，因此，对道路桥涵施工过程中问题的解决是一项关乎国计民生的大事，解决好施工中存在的问题是当前我国政府工作中亟待解决的问题。虽然目道路桥涵建设中还有诸多问题存在，但相信，在我党的正确领导下，在全体施工人员的努力下，我国道路桥涵的建设一定会成为世界该领域中一颗璀璨的新星。

第三节　公路桥涵施工技术的重点

伴随着我国交通运输数量的不断增加，我国交通运输业的发展也提出了新的机遇与挑战，公路桥梁施工工程技术的发展决定着我国的行车安全和交通的畅通。所以，为了更好地保障我国交通车辆的行车安全和重载行驶的要求，我们对公路桥涵施工技术的要点问题做出了新的要求，因此，该文就公路桥梁的施工要求做出了简要探讨和分析，并着重阐述了在当今新的发展形势下如何提高公路桥涵施工技术的措施和方法。

伴随着我国近几年国民经济水平的不断提高和发展，我国的市场经济体制也是在不断地进步中逐步达到了完善，因为公路桥梁工程是我国社会经济发展过程中的基础行业之一，它的完善决定着我国的基础设施的重要建设的完成度，公路桥梁工程在我国的国民经济中发挥着极其重要的作用，因为公路桥梁施工技术是一项复杂的经济技术活动，包含着复杂的知识理论和及时应变的时世变换特点，受环境及自然灾害和人为的影响作用较大，长期工作在户外，流动作业性质强和需要工作人员高度的配合性等要求，我国目前的公路桥梁工程也处于一个飞速发展的状态中，组成成分之一的公路桥涵施工技术也处于飞速发展状态，公路桥梁施工工程技术的地位越来越高，也就要求我们当今社会对于公路桥涵施工质量的要求也越来越高。

一、公路桥梁的施工技术特点

结构施工难度大、专业技术水平高、工艺复杂，需要的专业机械设备也较多，尤其对于施工人员的专业素质提出了更高层次的要求。同时，还需要建设单位、监理单位等参与单位的交流合作，从而促使施工方案最优化，确保工程项目在满足经济技术合理性原则的前提下如期完成。

工程涉及内容多、精度要求高。混凝土的外观关系到整个桥梁工程的质量，要确保混凝土的质量满足工程项目精度要求，就应考虑到混凝土钻孔桩的排渣、建材运输过程中的环境污染、施工噪声等问题，这一系列问题的存在都有可能影响公路桥梁工程施工项目的顺利开展。

二、公路桥涵施工技术出现的问题和原因

在公路桥涵使用的过程中，时常会出现桩基沉降、桥台裂缝等问题，其出现问题的原因大抵有 3 个：一是在公路桥涵的实际运营过程中，时常发生荷载；二是桥台和路基施工时连接技术上出现问题；三是在公路桥涵施工的过程中，工人没有按规定进行施工。

三、公路桥梁施工技术的改进措施

明确技术管理的职责，注重技术水平的提升：

以法治企，强化落实。建立和健全各级技术管理机构和技术责任制，明确各级人员的权、职、责。组织全体员工，特别是技术干部学习现行规范。尤其是对施工及验收规范的学习，明确施工中各个分项、分部施工技术要求、施工方法和质量标准等要求，并以此来组织施工、检查、评定和验收。学习先进的管理方法和管理经验，组织技术学习、技术培训、技术交流。不断提高企业管理水平和员工技术业务素质，从而预见性地发现和处理问题，把技术和质量事故隐患消灭在萌芽之中，保证工程施工质量。

钢筋施工技术要点。在进行钢筋施工时，必须要做好施工准备。施工人员必须要根据设计图纸的要求，在施工现场进行一个较为深入地勘测，务必把施工现场的地质结构和土质成分弄清楚，选择并采购好适合施工使用的不同类型、不同规格的钢筋。与此同时，施工人员还必须要根据设计图纸的要求，对钢筋的位置和高度进行严格测量，并且对其位置有个大概的印象。

加强路桥过渡段施工技术管理。在路桥工程使用过程中，过渡段容易出现结构变形桥头跳车等现象，因此路桥过渡段施工技术的管理具有重要意义。造成这种现象主要是因为桥台桩基施工技术不规范。解决这一问题首先应该解决软土基问题，减少成桩后地基沉降现象的发生。针对这一点，首先应该选择合适的施工方法解决软土路基不均匀沉降现象。

在对施工技术进行管理时，一方面可以选择降低公路桥梁过渡段的台帽式桥台结构；另一方面还可以根据工程施工具体情况，将桥台段施工时间提前。

混凝土施工技术要点。混凝土施工技术在一个工程中处于十分重要的位置，对工程的质量有着重要的决定作用，而该技术要点的使用必须要按照不同的工程设计的变化而变化。具体而言，必须要做好以下几点：

使用 M10 的砂浆在台身模板与基底的接口堵漏，避免在振捣时出现砂浆崩漏的状况。

在拌料的过程中，必须要按照机械设备的操作做好，不但要严格控制好水灰比，还要按照规定控制好搅拌机。在保障施工人员人身安全的情况下，生产出质量上乘的混凝土。

在进行浇筑混凝土时，必须要分层振捣，确保混凝土的浇筑质量，避免发生离析的状况，也能避免混凝土溅到模板上。

振捣时使用的振动棒必须要符合桥涵台身的高度，确保混凝土能够得到更加均匀地搅拌。

综上所述，根据我国近几年的交通运输业的快速发展与相关要求，我国的交通运输数量及车辆的荷重量不断增加，这一发展不仅预示着我国人民生产生活水平的不断发展，也预示着我国社会主义市场经济的不断完善和飞速进步，所以各种社会功能的完善要求我国人民对于当前公路桥梁施工工程技术的发展提出了越来越高的要求，同时，以公路桥涵施工工程质量的要求越来越突出，因为这一质量的完善标志着公路适应功能的完善，这是一个重要的标志。我们在探讨我国的公路桥涵施工工程技术的质量完善要求过程中，我们发现我国的公路桥涵质量要求与施工工艺包括一定的耐久性、美观性和行车安全性与舒适性等，我们公路桥梁施工工程的每一位人员都应该从每一个环节入手，争取做到每一个环节的完善，将结构物质中的粗制滥造现象削减，认真积极地做好每一个环节，保证工程施工质量，最大限度地保障我国的工路桥涵施工质量。

第四节 公路桥涵施工监理的初步探讨

在公路桥涵施工中，监理有着巨大的作用，充分发挥监理的监管职能，将监理工作贯穿于公路桥涵施工的全过程，可以保证公路桥涵工程在规定期限内按质按量地完成。本节就公路桥涵施工中的监理作了相关分析。

一、公路桥涵施工中监理的作用

公路桥涵作为公路工程建设的重要组成部分，在公路桥涵施工中，监理贯穿于桥涵施工的始末，在施工过程中起着决定性的作用。监理肩负着工程施工质量和安全监管工作，在公路桥涵施工中，由于桥涵施工工艺复杂，施工要求高，很容易出现质量和安全问题，而发挥监理的作用，可以保证公路桥涵施工质量和施工进度，避免施工过程中出现质量以及安全问题，从而确保公路桥涵能够在最短的期限内高质量地完成。

二、监理程序及工作内容

交接桩的监理工作程序。首先，监理人员必须根据施工设计图纸要求，对施工现场交接桩的位置进行确认，确保交接桩导线和水准点位置与设计图纸相符；其次，对各个路线导线进行复测，采用科学的计算方法，判断各桩点坐标值的精度，一旦发现问题，监理人员立即做好记录工作，并要求相关部门进行重新测量。

控制测量监理程序。首先，监理人员要协同施工单位负责埋桩和测量工作，并计算桩位坐标，同时做好测量记录工作；其次，要对测量报告进行审核，保证计算无误，测量记录符合规范要求；再者，要做好水准点布设的监管，监理人员要对施工单位的全部测量记录进行符合，并现场复测核准无误后批准使用。

定位测量的监理内容。在定位测量前，施工单位要提高测量方案，监理工程师要对施工单位提交的测量方案进行审核，检查路线点位放样、基点应用控制网点以及基线桩点是否符合设计要求，一旦发现问题，要立即要求施工单位复测，从而避免误差积累。另外，测放和校核点位时，应当用不同的基点测量，从而保证测量结果的准确性。

质量和安全方面的监理。在公路桥涵施工中，质量和安全是施工管理的重要内容，同时也是监理人员的重要职责。因此，作为监理人员，要全面抓好质量和安全监管工作，要提高自身的质量和安全管理意识和能力，要结合公路桥涵施工要求，采用技术措施和手段进行监管，从而更好地避免施工质量和安全问题的发生。

三、公路桥涵施工中的监理

施工前的监理。在公路桥涵施工前，监理人员要仔细检查承包人的质量保证体系以及施工工艺流程，确保承包人质量保证体系健全、施工工艺流程规范、科学。同时，要对施工所用的设备进行检验，确保设备性能稳定。另外，监理人员应当与承包单位保持紧密联系，划分好各自的职责范围，明确分工，监理要强调技术要求，对施工方案进行陈茶，从而确保公路桥涵工程施工顺利开展。

施工中的监理。施工阶段是公路桥涵的主要阶段，做好施工阶段的监理工作至关重要。首先，监理人员要对公路桥涵施工所用的原材料进行质量、性能检测，确保进场材料质量合格，性能过关，保证填料的干密度和最佳含水量符合标准，如混凝土材料。针对混凝土的水灰比，建筑监理可以将采用电阻率法对其进行试验，从而计算出混凝土的水灰比是否合理，一旦水灰比不合理，意味着混凝土质量不过关，因此，要拒绝使用这种混凝土。其次，要抓好施工现场的监管，对施工设计图纸进行审查，监理人员要亲临现场，监督施工，严格按照设计图纸要求来进行施工，同时落实质量检查机制，对施工每一道工序都仔细检查，直到检查合格后方可进行下一道工序。同时，监理人员在监管过程中要做好记录工作，并与施工单位开展例会探讨，从而更好地避免施工质量、安全问题的发生。

施工后的监理。在公路桥涵施工临近尾声的时候，监理人员要准备好相关施工资料，对公路桥涵的后续工程进行有效的监督，尤其是那些需要养护的工程，要督促施工单位安排专业人员做好养护工作，确保施工质量过关。

公路桥涵施工中，监理的作用十分重要，发挥监理的监管作用，是保证公路桥涵施工质量和施工监督的关键。因此，在公路桥涵施工中，应当将监理工作贯穿施工的始末，全面抓好施工过程中的监管，认真对待施工过程中的每一个环节，落实质量检查机制，从而保证施工质量过关。

第五节　公路桥涵施工技术及质量控制

公路是现代交通的重要方式，而桥涵又是公路建设中重要的环节。发现桥涵施工中存在的主要问题，提出有效的应对措施，才能提高我国公路桥涵的施工技术，促进我国交通事业的发展。

一、公路桥涵施工技术的简单分析

与一般公路相比，公路交通量与荷载强度大，存在环境恶劣，路段的损耗更多的问题，因此对质量的要求更高。而今天，我们不仅要求公路的质量和性能满足使用需要，还希望其外观在确保实用性的基础上尽量符合大众的审美需求。由此可见，公路桥涵的建设技术要求颇高。

公路桥涵的铺装施工技术。在公路的桥涵建设过程中，当桥涵的内部结构施工完成后，将各种高质量高性能的建设材料按照正确的比例和顺序铺设到桥涵的表面。桥涵表面的路面铺装，能够从各个方面对桥涵进行加固和保护：铺设桥面用到的建设材料可能是不同种类的混凝土或者高分子聚合物等，待材料完全凝固硬化后，形成完整贴合的表面保护层，为交通工具提供平整防滑的行驶路面，同时起到坚固桥面并分布荷载的重要作用，并让桥涵表面看起来形状具体，颜色统一。除此之外，施工时可根据不同的环境和需求，选用不同疏水性能的铺设材料，给桥涵加上合适的防水层。桥面铺装过程中有许多需要注意的地方，比如：（1）铺装前要确保基面干净湿润，铺装材料和厚度根据专业知识和经验确定，裸梁表面要有足够的粗糙度，铺装的精确度误差要控制在规定的范围内；（2）铺装后的桥面要满足交通需求的平整度，不得出现暴露在外的钢纤维，建筑混合物材料从出料到最后浇筑时间严格遵守规定要求；（3）在一些技术含量要求较高的作业中，应由专人操作，比如三棍轴整平机作业时轴前料位的控制，或者是摊铺拌合物时车辆的均匀卸料等。

公路桥涵的墩台施工技术。桥涵的墩台包括桥墩和桥台两个部分，墩台有重力式墩台和轻型墩台，墩台施工是桥涵施工的重要部分，是对公路整体施工技术的考验。桥台连接路堤与公路，同时起到支撑和挡土的作用，桥墩经过精确的计算，均匀的矗立在桥台下面，承受主要的重量。从目前的公路桥涵施工技术来看，墩台的施工主要以混凝土技术为核心。接下来我们以砼墩台施工技术为例进行分析：作为最常见的墩台施工工艺之一，砼墩台施工有两道主要工序，墩台模板的安装和砼浇筑。墩台模板的材料和设计要符合桥涵的性能要求，从强度和稳定性等各个方面满足使用的需要，还要求模板表面平整，焊接工艺成熟，拆装容易。安装前要对模板从质量尺寸等方面仔细检查，并试拼成功，安装时位置要依照设计要求，安装过程稳固踏实，以免引起跑模。砼浇筑首先在墩台身浇筑混凝土，混凝土所需的各项材料在检查合格后方能投入使用，浇筑前要对模板、预留孔和保护层等进行确认，浇筑过程严格遵守专业要求。混凝土浇筑后还有一定的养护时间，在这段时间里，要按照养护指标对混凝土湿润度和养护水温度等进行监测和控制，覆盖物不能直接接触混凝土表面。最后拆除模板时，要防止碰撞或擦伤墩台身，并根据墩台不同情况和现场环境，对刚完成的工程采取适度保护措施。

二、我国公路桥涵施工现状分析

受到目前我国桥涵施工技术限制等多种因素，可能会导致施工前对施工地勘测不够准确，桥梁设计不够科学，施工过程没有严格遵守相关规定，桥梁投入使用后实际损耗程度或使用超出原始预判等，都会导致桥梁出现不可估计的问题，引发交通安全事故。例如铺装混凝土的厚度不够，材料拌和比例或者方式时间错误，运输时间过长，暴露在空气中太久，铺装方式错误等，导致铺装过程状况频发，耗时长，铺装后混凝土与桥身结构粘接不牢，甚至在投入使用后短时间内就出现路面开裂或是在大荷载的重力下与地基剥离。下文结合我国公路桥涵施工现状，分析桥涵施工技术目前主要存在的几个问题：

桥头跳车。桥头跳车是我国公路包括公路目前存在的最普遍的问题，给人们的交通出行和公路养护带来了很多困扰。出现桥头跳车的原因主要有以下几个：（1）桥涵处在软土位置，土壤中含水量过大，土壤缝隙比较大，抗压性能弱，在大荷载的作用下，地基变形，路面塌陷，且变形可能持续长达几十年，由于原本土质的局限性，即使施工符合要求，也可能出现桥头跳车的现象；（2）施工填充材料存在许多孔隙，而施工时大型压路机不能靠近施工现场，竣工前材料孔隙没有完全消除，在自身重力和承受的荷载下，填料压缩沉降，造成跳车；（3）施工质量不过关。材料质量不过关，施工一味地赶进度，前期地质考察不严谨，施工过程操作错误，排水措施没做好，填料没有压实等人为原因导致桥头跳车。

桥涵裂缝。裂缝是公路桥涵施工中非常容易出现的问题，这些裂缝不仅降低工程质量，影响交通安全，严重时甚至导致桥身坍塌。按照不同的形成原因，我们可以将裂缝分为结构性裂缝和非结构性裂缝。（1）结构性裂缝可能是设计中采用的桥涵结构在重力作用下出现的裂缝，当裂缝的尺寸处于设计规定的范围，那么这些裂缝就是安全的。假如裂缝超出了这个范围，那么就需要对工程做出重新调查和鉴定，采取可靠措施。也可能是施工导致的结构性裂缝，材料的使用或者施工的错误导致裂缝的出现。（2）非结构性裂缝出现的原因很多，比如混凝土的收缩和沉降，重力作用下混凝土的下沉或是水分的蒸发，都有可能导致裂缝产生。又如混凝土内部和表面的温差导致材料收缩不均，也会使混凝土表面产生裂缝。

受力不均。由于地理位置特殊，桥涵的设计施工比其他段的路面要求要高。而公路交通负担巨大，受力不均更有可能导致交通事故。比如，某段公路桥涵的设计采用了框架梁工程结构，但是建筑中框架结构受力不均，导致整体桥身稳定性低，出现高负荷风险。除此之外，引起桥涵受力不均的因素还有桥涵施工不当和桥身排水障碍等。

三、公路桥涵施工的质量控制措施

针对上文中提出的公路桥涵建设存在的几个问题，做出具体分析，提出相应的改善措施，提高我国桥梁建设技术，提高公路桥涵的性能和质量。

应对桥头跳车的施工策略：

（1）采用各种方法夯实软弱地基：换填法，将桥头的软土挖除，填入沙砾、碎石等硬度较大的材料，防止地基下沉；加固地基效果最明显的是粉喷装复合地基法，耗时较短但是花费较高。（2）如果施工不符合要求，即使设计和建设材料一流也不能排除桥头跳车的可能，因此严格把控施工过程是最根本的办法。合理安排施工进度，选用合适材料，并对每个施工步骤进行监测。

应对裂缝的施工策略：

（1）严格把控混凝土材料、拌和以及运输过程，对原材料进行抽样检查，施工过程遵照技术规范操作。（2）从温度上降低裂缝出现的概率，例如搅拌混凝土时冷却碎石以降低浇筑温度，在外界温度变化时使混凝土表面保持恒温状态等

应对受力不均的施工措施。要解决公路桥涵受力不均的问题，需要在建筑过程中严格遵循施工规定，明确导致受力不均的主要因素，提出具体的应对措施，切实运用到施工过程中。例如在桥墩施工时，确保钢筋和混凝土的材料质量和施工正确，防止桥身受力不均，使桥涵在投入使用后达到预期的受力平衡的效果。

随着现代公路的迅速发展，对公路桥梁的施工技术和性能保障有着越来越高的要求。桥涵的设计和施工不仅要符合相关规定，还要根据实地情况做出相应调整。公路桥涵施工技术的不断发展和桥涵质量的稳步提高才能保证公路的交通安全，满足现代社会的交通需要。

第九章　公路隧道施工安全管理

第一节　公路隧道施工管理的问题

公路隧道施工不仅技术复杂，同时难度较大，具有较强的隐蔽性，极容易受到各种外界因素的干扰，因而如何做好公路隧道施工管理工作，使隧道施工的质量以及安全得到保障，已经成为公路发展过程中迫切需要解决的问题。本节就公路隧道施工管理中存在的问题进行了具体的分析，同时提出了有效的改进措施，希望能够为我国公路隧道施工管理工作提供参考以及借鉴。

近年来，随着社会经济的快速发展，公路建设也得到了蓬勃发展。在公路建设过程中，隧道施工管理是尤为重要的一个环节，不仅决定着整个工程的质量，同时与人们的生命以及财产安全息息相关。要想提高公路隧道施工管理的质量，就必须解决当前施工管理工程中所存在的各种问题。

一、公路隧道施工管理中存在的问题

施工单位缺乏隧道施工管理理念。当前，一些施工单位管理理念较为落后，在实际的隧道施工管理过程中，过于注重形式化，使得隧道施工管理工作并不能获得明显效果，进而影响整个工程质量。此外，在一些施工单位内部，由于各个阶层的相关人员管理参与意识不足，仅仅将管理工作看作是管理者的职责，认为与自己不存在较大关系，这些错误的思想观念使隧道施工管理的实际效果受到了严重的影响。

监督力度不足。在施工单位内部所开展的监督工作就是要检查、监督以及评估隧道施工管理，对其隧道施工管理的科学性以及有效性进行判断。然而，相当一部分施工单位由于其自身缺乏完善的管理体制，同时存在着管理手段不足的情况，使得隧道施工管理工作存在着严重的监督不足现象，其稽核组织以及外部监督部门的监督作用没有得到充分的发挥。例如，施工单位内部稽查机构存在着明显的职能问题，使得隧道施工管理工作面临着巨大的困难。而在施工单位外部，相当一部分监督工作仅仅是走过场。这些问题都使得监督工作无法充分发挥其自身价值。

管理人员水平不足。当前，很多施工单位在隧道施工管理方面发展时间并不长，其管

理人员并不具备足够的专业知识背景，相当一部分施工人员专业水平不高，同时并不具备相关经验，使得隧道施工管理过程中常常出现各种问题，最终导致管理工作无法充分发挥作用。

缺乏完善的内部体系。首先，一些施工单位并没有具体落实并且执行其隧道施工管理制度，同时没有建立一个相应的管理体系。其次，一些施工单位的隧道施工管理方法手段较为落后，同时没有做好管理手段的完善以及更新工作，因而在实施过程中最终效果无法得到保证。

施工人员安全意识不强。在公路隧道项目的实际施工过程中，施工人员自身并不具备足够的安全意识，极容易导致施工过程中各种安全问题的出现。一方面，一些具备熟练经验的老员工由于在隧道工程方面从事工作的时间较长，认为从未出现过任何事故，导致其在实际工作当中盲目自信，片面认为自己不会发生安全事故，进而导致一些安全事故的发生。另一方面，对于年轻的施工人员，由于其参加施工项目的时间较短，并没有熟练掌握相关知识技能，同时施工单位没有做好相关培训工作，最终导致其存在安全意识不足的现象。

二、改进措施

提高施工单位的重视程度。要想保证隧道工程施工管理的效果，施工单位就必须加强对隧道施工管理工作的重视。首先，施工单位相关管理层必须要充分了解隧道施工管理工作的重要性，从而使隧道施工管理工作得以有序进行以及发展。其次，要提高相关管理人员的管理思想，同时管理人员应将这些思想传递给相关施工人员，进而使施工单位形成一个内部合力，从而做好全员管理工作。此外，还需将风险机制引入到施工单位的隧道施工管理工作当中，使全体施工人员均承担风险责任，对各项施工管理工作进行有效落实，进而使施工单位得以健康发展。

建立完善的内部监督机制。做好内部监督工作可以使隧道施工管理工作具备更高的有效性，通过开展自我评估，实现隧道施工管理的自查自纠以及互查互纠。一旦发现问题，必须及时整改并且追踪。如果出现敏感问题，可以委托第三方来独立审计并且监察，使隧道施工管理工作具备更高的针对性。

提高管理团队整体水平。要想提高管理工作的整体水平，就必须做好管理团队的建设工作，通过高素质人才的不断引进，使管理团队具备更高的工作能力。施工单位在进行专业管理团队的组建过程中，一方面要做好录用过程中的筛选工作，另一方面还需积极鼓励具备才华的员工，使其加入到隧道工程施工管理团队当中，只有这样，才能使施工单位经营管理过程中对隧道施工管理团队的需求得到满足，进而提高其工作效率。

建立现代化的管理制度。在施工单位的经营管理过程中，对相关人力以及物力必须要加大投入，从而使隧道施工管理工作得以正常开展。明确隧道施工管理的管理制度，规范其工作内容，使内部管理的各项职责得以明确，对相关责任制进行有效落实，对相关管理人员进行约束，督促其切实履行自身职责，保证各项工作都得以认真完成。建立完善的隧道施工管理制度，保证内部人员都切实参与到施工管理工作当中，对工作人员的职责进行强化，使其第一时间了解施工管理过程中所存在的各种问题，并在此基础上制定一个切实可行的管理方案，提高施工单位的凝聚力，使各项工作都得以高效开展。

提高施工人员安全意识。在实际的工程建设过程中，施工人员首先必须加强对安全防范工作的重视。因而，在开展相关工程之前，施工单位需要做好施工人员的培训工作，培养其安全意识，督促施工单位以及管理部门以安全作为第一准则，对相关施工以及管理环节进行优化。另外，还需建立完善的规章制度以及施工责任制，明确施工人员具体的工作内容，不断对其进行安全教育，做好安全知识的宣传以及普及工作。此外，对于专业性不足或者资质不够的工作人员不得聘用。

隧道工程作为公路工程的一个重要组成部分，其施工管理水平的高低直接影响着施工质量以及施工安全。在实际的施工过程中，应当充分考虑施工具体情况，对施工管理工作不断进行完善，不断提高施工单位的重视度，以安全第一作为施工原则，加强对施工质量的监控工作，对工程质量进行全面监管，进而使施工安全得到保障。

第二节　公路隧道施工管理的实施及注意事项

公路隧道施工作为公路工程的主要环节和基础构建，如何有效控制和管理公路隧道工程，是提高工程质量和效率的重要途径，本节试图通过深层探究，来找寻出有效解决途径。

隧道作为公路施工过程中的最主要环节之一，同时也是最为基础的构成部分。当前公路在建设工程中都能够使用先进的隧道施工技艺，施工人员表示使用这项技术能够有效地缩短建设工期，有效减少施工的成本投入，可以最大限度地减少公路施工过程存在的质量通病。通过采用先进的隧道施工技艺，同时加强隧道施工过程中的质量监督，可以使公路隧道施工质量得到极大提升。

一、公路隧道的施工特征

多属隐蔽工程，具有较强的动态性。对公路隧道的施工工程来说，工程的步骤除需要进行外饰和配套的工程安装之外，其他的工程基本上全部是属于隐蔽性的工程分类。同时，这类隐蔽性工程仅仅只具有一个狭窄的可视面，所以这些工程的施工质量只能够通过表面内容进行外部观察和笼统评价，对工程施工过程及结果中的部分隐患情况不能进行有效的具有实质性的准确判断。此外，公路隧道施工全过程都有可能会受制于地理、地形、地质等条件的制约，会伴随着地质条件的改变而产生难以预知的变动，将会导致施工的过程和初始的设计存在各种各样的差异化表现。因此，在开始的设计方案之中就要对围岩等实际状况开展充分有效的考虑，并能够根据实际情况的变化及时做出动态设计的变更与修订。

多为条件恶劣地区，具有较大的危险性。高速公路的隧道施工过程和路基、桥涵等工程施工存在比较大的差异，而且隧道施工都是在山洞内进行，掘进、通风、支护等作业程序均需在同样的工作环境状态下进行和开展。所以，公路隧道施工过程的作业面较为狭小，各项工序之间均是紧密相连的，在施工过程期间要求施工人员的技能水平和适用的各类设备都是较为复杂的，客观上造成了隧道施工空间小、作业面窄、工序之间相互影响力大等特点。同时又因隧道施工环境比较差，能见度相对较低，噪声较大，空气质量浑浊，会对施工人员的心理和生理造成难以预料的负面影响。此外，隧道中的地理地质条件稳定性较差，并会伴随着偶发性不可预见类危险源的存在，隧道内随时随地都有可能发生危险情况，所以公路隧道的施工过程中的危险性是比较强的。

二、公路隧道的施工问题

隧道施工的管理人员协调力不足。在公路隧道施工的过程中，需要各个不同部门之间的合作平行循环作业，这就要求施工管理人员要有较强的沟通和协调能力，可以有效地避免发生抢占资源、各自为战等混乱现象。同时，公路隧道不同的施工环节一般情况下会分包给多支施工队伍，支钢拱架、打锚杆钻孔、挂网喷浆等不同环节将会由不同的施工队伍承担实施职责，这就对施工的管理工作提出了更高质量的要求。

隧道施工的质量管控力度不足。公路的施工人员素质和技术技艺水平高低不一，且人员的流动性强，因此会导致在不同的施工时期，隧道施工的质量具有较大的差异性，特别是在喷浆和支钢拱架等技术相对要求较高的环节上，工程的质量管控力不足体现的较为明显。同时，业主方现场代表一般会对隧道中的左右两个施工的洞口同时开展监控，这样的做法会造成在关键施工的环节出现质量监控盲点。另外部分监理单位和施工单位可能存在着利益勾结的现象，会导致在关键的技术节点不能得到有效地把控，进而影响工程整体质量。

隧道施工的设计与实践脱节。因为受到施工环境影响的制约，公路的隧道施工项目管理部门一般会位于施工现场较远的位置，因此，现场技术人员经常性地发生缺岗现象，在施工现场急需技术指导的时候，项目部的相关技术人员经常不能及时赶赴现场。同时，技术人员不对施工人员全部传授施工技术细节，也导致了在实际施工的过程中发生的技术难题不能得到及时有效的解决，加上施工方要追赶施工的进度，一般会依照开始时的设计方案进行施工，难以根据实际情况的变化主动做出动态调整，又因建立监控程度不足，会为隧道施工设下重大的安全性隐患。

隧道施工的监控测量质量较为低下。监控测量作为隧道施工管理体系的重要组成部分，具有十分重要且突出的作用，但实践过程中，业主方往往不能对此项工作引起足够的重视，经常性地忽视对监控测量单位资质的严格审查，甚至于会使用非专业人员开展测量的工作。同时，一部分测量单位用于测量工作的仪器十分陈旧，仪器更新换代的速度十分缓慢，也导致测量准确性难以符合施工的要求。

三、公路隧道的施工对策

注意边仰坡与明洞开挖过程的技艺优化。在边仰坡与明洞施工开始前，要将测量放线的工作及时落实到位，要求准确测量出明洞阳坡和边坡的顶线，同时要对放线精确度情况进行科学的把控，并在坡顶位置设置出合理的截水沟。再者，要将施工时边仰坡暴露的时间有效缩短，在必要的时候及时增加支护的力量，在施工中要对支护强化，主要涉及的是喷混凝土的厚度增加、锚杆间距离远近的调节以及钢筋网的合理加密。隧道施工工程中要常用到挖掘机，这就需要刷坡施工过程中以人工配合，协助风钻打孔，同时采用少量的炸药实行爆破，并选择合理角度来强化位移的测定和仰坡的沉降量，用以提升观测点的稳定性。

注意爆破施工技艺的优化。公路隧道的施工过程中，钻爆施工是要以合理的爆破设备作为基本条件，并对钻爆的施工技艺进行严格把控。施工之前要对施工场地内的岩石性质及结构进行认真的勘察分析，要将岩石的性质作为钻爆强度确定的依据。在施工过程中要及时安排专业的技术人员专门负责对使用的设备进行安装调试，对整体施工过程进行实时监控，并做好相关的安全防护措施，避免造成人员伤害。

注意混凝土的喷射施工技艺优化。在公路的隧道施工过程中，涉及混凝土喷射的施工技术主要包含了潮喷技术与湿喷技术这两种技艺模式，潮喷技术的主要目的是通过渐进式改善公路的隧道施工环境，最大限度地节省速凝剂的频繁使用，达到减少工程施工成本的目标；而湿喷技术则要求每次喷射的距离约为10cm，因为回弹力比较低，可以有效提高混凝土喷施技术的黏结性和支护能力，并充分发挥出围岩自身承受的能力，进一步强化支护设施的质量。

注重挖掘洞身的技艺优化。洞身的开挖技术中包括了中导洞的开挖和左右洞的开挖。首先是中导洞的开挖。在中导洞开挖的过程中，相关的施工人员需要在完成洞面之后来进行，开挖的时候应该是以0.5～1.2m的距离循环渐进的模式进行洞身开挖，在洞身开挖逐步成形以后，工作人员要加强分段施工质量检测，确保良好的质量和性能，并要及时开始浇筑混凝土。然后打好定位锚杆孔，使用钻孔的技术，待钻孔、清孔并注入砂浆完成后，需要用U型的钢筋进行插接，并强化支撑拱架的对接后进行台阶挖掘。其次是左右洞的开挖。左右洞的开挖是要在中导洞完成之后开始的，在中墙的混凝土浇筑完成以后，即确保浇筑的强度维持在70%以上时，就可以实施隧道工程左右洞开挖的技艺，施工人员需要使用的是两台阶分布平行开挖的方式进行。

注重防排水技艺的优化。通常在公路的隧道施工过程中，防排水的施工不但是保证隧道施工能够顺利开展和高效率进行的重要手段之一，同时也是保护和防范施工人员的生命及人身安全的重要措施之一。在实际的施工过程中，防排水的施工技艺主要通过借助结构性防水来实现的。在结构性防水的施工设计之中，需要做到的是以隧道的建造结构和当地的水文地质情况作为基准条件，并运用放、排、堵相互结合的方式，保证施工的顺利完成。在隧道的防排水施工过程中，还需要严格地控制变形缝及施工缝的工程质量，坚决要避免隧道出现渗漏等现象。在隧道工程中挖置中心深埋水沟，通过利用地温效果来排泄地下水的方式，最终避免水沟中留存的水出现冻结的情形。

注重施工管理人员协调能力的提升。由于公路的隧道施工特点决定，施工的各个环节必须能够实行连续的循环施工，因此，公路隧道施工对开展施工的管理人员的协调能力方面提出了更加高的要求。如何能够按照顺序完成好各项工程目标，既是业主方的深切期望，更是优化施工管理、提升工程效率的基础条件。要保证好施工的连续性，就要求施工的管理人员保持好与施工人员的连续性沟通，对施工行为及时进行安排和指导，从而避免现场引发混乱的情形。

注重施工方和设计方的配合衔接。要注重施工单位和设计单位沟通的顺畅性，双方能够针对隧道工程的施工环境变化、施工工序变更等情况及时进行协调与配合。在公路的隧道施工开始之前，设计单位就需要和施工单位及时就工前技术与安全交底做好衔接。施工单位在施工的过程中会不断遇到围岩与设计不相符等问题，因此这就需要施工的现场工程技术人员强化与勘测设计单位之间的沟通，及时就现场实际条件和施工情况进行有效的调整，从而对施工的全过程进行实时和有效把控。

在新时代工程建设的新要求下，公路隧道建设工程作为复杂性和工艺性较强的技艺类别，使其在公路建设中成为一道需要不断攻克并优化的难关。在隧道建设的实际实施过程中，要不断提高工程深化提升的工艺技能，优化强化工程监管模式，创新创造施工技术水平，同时更要确保隧道施工的工程安全，为新时期下国家公路建设事业的不断提升发展夯实基础。

第三节　公路隧道施工现场管理

作为公路工程的重要组成部分，隧道工程的施工质量直接影响着公路项目的建设水平及投入使用后服务功能的发挥，而强化施工现场管理是使隧道施工质量得以保证的必要条件，因此公路隧道施工参与方需要积极落实有效措施，强化施工现场管理，实现施工要素配置的最优化，为公路建设水平的整体提升打下坚实的基础。针对公路隧道工程，对其施工现场管理进行了分析与研究，旨在为公路隧道工程施工质量的提升提供必要的参考与借鉴。

一、完善质量管理体系

公路隧道施工现场管理的开展与进行需要以健全的质量管理体系为基础保障。因此需要建立健全施工质量管理体系，组建隧道施工质量管理监督小组，结合具体的工程条件制定施工现场管理机制，并设定具体的质量管理标准，安排专业质检人员负责施工现场的质量检测监督，依据质量体系文件与标准严格开展质量管理与控制，同时在质量检查监督管理上强化施工组织。具体操作中，首先需要实现现场检查与监理质量检查的有机结合与整体统一，尤其需要在后者检验合格后才允许后续施工的开展与进行，对于不合格的工程需要依据规范严格处置。其次，项目负责人需要对隧道施工的全过程进行实时监督，及时解决施工中的技术性难题，保证现场施工始终处于受控状态。此外，对于隧道施工的原始资料与数据需要进行及时搜集、整理与汇总，为施工的可追溯性及技术交工验收提供保障。

二、严格控制施工材料质量

目前公路隧道施工材料主要包括沥青与混凝土，其质量直接影响着隧道工程的建设水平。因此需要在材料进场之前对其出厂日期、标号、种类等进行全面检查，然后进行严格的取样检测，保证其各项使用指标符合工程施工要求。对于材料的保管来说，需要依据其类型、性质与用途进行分开存放，并实施隔离设施设置，避免出现材料因潮湿、腐蚀等发生变质的现象，同时需要在材料安置处设置排水、通风、防潮等措施，如果环境属于干燥型，需要建立水泥库。在混合料拌和中需要保证其配合比的科学性，同时强化混合料拌和的均匀性，避免花白、离析等现象的出现，并在拌和过程中对温度进行严格控制，以保证混合料拌和的效果。拌和完毕后使用自卸汽车进行材料运输，在车底板铺设砂石，并使用油水混合液对底板进行涂刷，以避免混合料与车底板发生黏结。

三、适时调整机械组合

公路隧道施工需要应用多种机械设备，保持机械组合的稳定性是提高公路隧道施工质量的有效手段。因此需要以施工质量要求和进度计划为基础参考，对主导机械进行科学选择，并留有适当的余量。全套机械的生产能力取决于其中生产能力最小的机械设备，因此需要强化机械设备的统一调配，实现机械组合的最佳配置，以保证机械设备运用的整体效率。此外需要构建抢修、维护小组，备有关键配件，保证机械设备的及时维修与定期保养，将其故障率降至最低，以保证其在隧道工程施工中充分发挥自身功能，为公路隧道施工的顺利开展与进行提供支撑。

四、完善施工现场技术管理

公路隧道施工具有线广、面长、点多等特点，并且影响因素较多，加之施工环境比较复杂，因此一旦出现安全故障与质量问题，对其处理就极为困难。例如，公路隧道的地质结构较为复杂，塌方问题时有发生，因此其开挖与支护就成为施工中的重点与难点。其次，要想降低塌方出现的概率，首要任务是提高岩土体的稳定性，因此需要在岩土体打入超前锚杆，对岩土体的变形进行约束，通过向围岩施压，处于二轴应力状态的洞室表层围岩会处于三轴应力状态，如此可以降低围岩体刚度的恶化程度。如有必要，可以针对岩土体实施系统锚杆支护，以构成加固圈，进一步提升岩土体的稳固程度。此外，在围岩裂缝处及围岩破碎洞段强化锚杆与钢筋网片的连接，然后实施混凝土喷护措施，以提高支护的强度与稳定性。

五、强化施工安全管理

强化施工安全管理是保证公路隧道工程顺利施工的前提条件。在公路隧道施工现场实施安全责任制，将安全生产责任落实到具体的人员身上，以此发挥督促作用。施工负责人员需要严格依据施工现场安全管理条例实施管理，统筹施工现场各方力量，重点对防火、防爆、防坍塌、防泥石流等工作进行预防性设施布置，将各种灾害隐患消除在萌芽状态，保证施工现场的安全性。其次需要强化监控量测，以信息化技术为支撑，布设监控网络，对隧道施工现场进行实时监控与管理，而量测过程中如果发现净空位移过大或者收敛无明显趋势时，需要对支护进行强化。另外需要重视隧道洞顶及生产区周围截排水沟的设置，保证排水的及时性与效率，为工程施工现场的有条不紊打好基础。

公路隧道施工是一项工程量大且操作复杂的任务，要保证工程建设的顺利开展与进行，首要任务是强化施工现场管理，因此需要构建质量管理体系，完善施工现场管理制度，并针对施工材料、机械设备、施工技术等要素加强有效管理措施的落实，进而为隧道施工质量的提升打下坚实的基础。

第四节　公路特长隧道施工管理

公路目前在众多交通系统中发挥着重要的作用。一些特长隧道常出现在公路的修建过程中。因此，隧道施工管理和各施工技术在特长隧道的施工过程中发挥着重要的作用。论文结合实际施工案例，对公路特长隧道施工进行全面的研究。

一、公路特长隧道施工技术的特点

公路特长隧道施工在整个工程项目建设的过程中发挥着重要的作用。在施工过程中，交叉作业内容和较为恶劣的施工环境都会直接对隧道施工造成很大的影响。整个隧道施工具有地质情况复杂多变、施工周期短、工作战线长，工程投资大等特点，因此，施工管理较为复杂，且综合要求较高。

二、特长隧道的施工技术难点

特长隧道突出施工技术的难点。在特长隧道的施工过程中，主要包括如下施工难点：

岩爆。由于特长隧道大多贯穿整个山体，因此，埋入深度普遍深，并且常因为应力和岩性2个综合因素发生岩爆。在埋深大于200m的地段以及混合岩地段，非常容易形成岩爆。因此，会对施工人员本身造成非常严重的损伤，甚至会在之后影响隧道的施工质量。

塌方。塌方是任何一个隧道施工过程中都可能会发生的事故。如果在隧道施工过程中穿过了包括水塘、冲沟和水库等水源条件比较丰富的土层，或在施工过程中遇到了溶洞、裂隙和比较明显的岩层分界，很容易引发塌方。发生塌方时，施工用量的估算、施工支护的设计和管线的布置都是施工难点。

涌水。在公路特长隧道内部的施工过程中，常出现涌水现象，会对施工人员的安全造成很大的伤害，必须采用有效措施进行解决。隧道涌水现象是由于隧道内部的含水层被破坏，从而使水动力的条件和围岩力学内部的平衡状态发生急速改变，并在之后使地下水内部存储的能量以最高的速度运行，在最短的时间内形成的一种动力破坏现象。隧道发生涌水事故后，隧道的内部结构会在最短的时间内被破坏，从而使施工人员在施工过程中不能很好地明确隧道内部的情况，难以在短时间内选择合适的施工工具和施工方式。

岩溶。喀斯特（Karst）岩溶，是水对可溶性岩石（碳酸盐岩、石膏、岩盐等）进行以化学溶蚀作用为主，流水冲蚀、潜蚀和崩塌等机械作用为辅的地质作用所产生的现象的总称。由喀斯特作用造成的地貌，称喀斯特地貌（岩溶地貌）。我国喀斯特地貌主要集中在云贵高原和四川西南部。

岩溶区隧道在开挖施工中，会多次遇到溶蚀漏斗区、拱顶脱空（涌泥塌方造成的空腔）、拱顶岩溶（填充物多为高膨胀性黏土夹杂孤石）、断层破碎带等不良地质段。而这些地质状况会使混凝土的结构内部产生裂缝，并在之后降低内部的防水性能。岩溶也会使内部钢筋出现被溶解锈蚀的现象，最终影响隧道施工的正常进行。

三、机电施工安装管理

在金门隧道的机电施工过程中，各类机电设备的安装工作是十分重要的一个环节，也是整个施工过程中的难点，因为在实际的施工工作中，需要要求施工人员交叉作业，而且工作环境极其恶劣，这都会对安装工作增加难度。机电安装工作的施工时间不长，但是它所需要的投入却比较大，对于施工人员的技术水平有着一定的要求，而且因为所涉及的工作战线较长，这导致施工管理方面的工作十分复杂，因此，它是一项对施工队伍的综合能力要求较高的一项工作。

机电施工安装技术准备。为了做好机电施工安装工作，提升它的质量，在进行具体的施工之前，需要做好相关的施工准备，以充分的准备来迎接接下来的高难度工作。这样可以有效地提高机电安装工作的质量，准备工作主要包括以下几个方面：

人力、施工技术准备。公路特长隧道建设的过程中需要大量的人力资源，在机电施工安装工作方面，它要求施工人员的团队具备电气、消防、通风、排水等多个方面的专业知识，而且团队里面的每一个成员都要具备极强的专业水准，其工作能力和专业水平都需要拔尖，这样才能够保证安装工作的施工质量，保证施工的安全可靠，从而按照要求进行施工安装，有效的控制安装工作的进度。

机电安装施工材料准备。因为金门特长隧道建设的过程中的机电系统工程量巨大，机电安装工作贯穿隧道土建后期，而且对于它的质量要求也极高，所以为了能够更好地做好安装工作，这就需要做好施工材料的准备，保证在施工过程中不会出现材料短缺或者施工材料出现质量问题的现象，一旦出现这样的问题，将会直接影响具体的工程进度以及质量。所以在进行施工材料采购之时，需要相关人员制定一系列的采购计划，保证采购合理及时，并且做好材料交接及使用，保证材料可以及时供应，还需要制定详细的材料质量检验计划，按照相关标准严格检验材料的合格性。

四、施工技术要点分析

照明系统要点。公路特长隧道机电施工管理与技术中需要重视的点有许多。在照明系统的施工中，人们都是通过对逻辑开关方式加以利用，以保证照明系统的施工质量。逻辑开关方式的相关控制程序相对简单，而且可以有效地对照明系统进行高效的控制，可以将整个照明系统的线路设计清晰地展现出来，施工人员可以更加灵活自由的选择所需的灯具，并且可以更方便的做好维护保养工作。而且为了保证照明系统所产生的实际亮度可以与人眼的曲线相匹配，这需要施工人员在隧道出入口、过渡段的位置做好灯具的亮度以及高度设置，这样就不会因为照明系统的原因而影响到行人的视线，有效的保证人们在特长隧道中的行车安全。

所以在进行照明设备安装之时，需要计算好安装的高度和位置，按照要求安装照明效果符合的灯具，并且灯具需要保证在照明区域中分布均匀，在保证照明设备的实用性充分发挥之后，还需要保证它的美观性。因此大部分的施工人员都会采用 LED 照明灯作为公路特长隧道中照明设备，设备的布置采用两侧对称。而且可以根据 LED 的特点，在安全通道处，进行拱顶安装。

通风系统要点。连英公路特长隧道机电施工过程中，因为金门隧道的长度约为6公里，这就需要保证隧道内的通风量。金门隧道包括竖井轴流风机一台，洞内射流风机32台，合理规划公路特长隧道中斜井的进风道、排风道，并且做好相关措施，满足在隧道中行车时的通风量。

在进行通风系统的安装时，充分考虑风机的安装位置及安装高度、机组间距等因素，以保证隧道通风时空气流动的顺畅性；隧道内出现火灾等紧急状况时，系统能够有效保持空气的流通，及时快速排出内部烟尘，净化空气，抑制事故周围环境的恶化，降低二次事故发生的危险性。

隧道机电系统要点。隧道机电系统主要包括消防、通风照明、给排水以及监控等系统，它的组成结构十分复杂。在这些系统当中，通风照明系统最为重要，它是评价公路特长隧道建设质量的关键因素，消防系统的功用则是体现在后期，当隧道投入到实际过程中进行使用时，它就是行车最为重要的安全保障。在进行隧道机电系统的安装施工时，需要对其系统结构做出科学合理的分析，这样就可以更加方便的对其质量进行控制。除此之外，因为公路特长隧道进出车辆较多，为了保证行车安全，需要做好应急出口，保证发生安全事故之时，隧道中的人员可以快速撤离，还要做好紧急排烟保证行车安全。

供电系统要点。供电系统是公路特长隧道机电施工过程中十分重要的一个环节，它的工作主要是做好各电压等级变电站、SCADA系统、配电柜等方面的安装，并保证安装的质量，保证安装的各设备可以正常安全的工作，以保证供电质量。所以为了保证供电系统的安全可靠，通常采用双路外电供电方式进行安装，这样可以有效地加强供电系统供电的安全性，同时通过在变电站内部安装两台功能相互独立的变压器，并且两台变压器可以相互备用，这样就可以保证供电系统供电的可靠性。

五、施工管理措施

受到场地环境等因素的影响，施工人员将会面临光线昏暗、场地狭小的施工环境，而且施工量巨大，作业面也巨大。因此，为了保证施工人员的安全，需要严加重视施工安全管理。所以定期对全部的施工人员进行安全意识培训，在一些较为危险存在安全隐患的施工地点和操作设备处张贴醒目的安全标语，增加施工人员的安全意识。提高施工人员的技术水平，对于工作经验欠缺的人员需要多次提醒，以避免在施工过程中出现错误，增加施工风险。

在施工管理工作中，对施工进度进行管理也是十分重要的内容，因为机电工程涉及十分复杂，所以需要通过科学合理的管理手段，以保证施工的顺利进行，更好的管理施工进度。通过制定详细方案，加强施工环节的监管、控制、管理，缩短工期，进而控制施工进度达标。在隧道的机电工程的关键施工位置，设立专门的人员进行全面的控制监管，保证施工质量。

机电施工管理与技术对公路特长隧道的建设有着巨大的影响，所以需要对其不断地进行改善更新，提高技术水平、管理质量，以此提高机电施工的整体质量。特长隧道的机电施工管理是一项重要内容，它不仅关系到施工过程的安全保证，同时对施工质量、施工机械合理调配、工期进度方面也起到关键性的促进作用。

六、实际案例分析

实际施工的情况。某公路全长 8350m，其中，隧道左线长 4165m，右线长 4185m。在实际施工过程中，需要对公路特长隧道施工过程中遇到的复杂地质情况进行分析和处治。

解决措施：

岩爆的处理和处理措施。当隧道内部出现岩爆现象时，可以先设置超前锚杆，再根据实际情况进行喷浆处理，之后进行开挖，以便在爆破前有充分的时间防止石块掉落现象。在锚杆安装完成后，也可以在锚杆之间进行适当的钻孔，从而减少二次岩爆发生的概率。如果岩爆现象比较严重，那么相关人员可以在第一时间撤离到安全地点，之后再让技术人员对岩爆部位进行及时找顶处理。

另外，在开挖前，应仔细核对地质资料，并对资料进行判断和分析，从而提前做好预防岩爆的相关措施。必要时，可以给施工人员配置好钢盔和防弹背心，并通过在支护区设置视频监控观察周围围岩的状态。一旦发现险情，可以在第一时间向施工作业人员警示，并通知他们躲避。

塌方的预防和处理措施。在隧道施工前，必须提前做好超前地质预报。对塌方段做好有效的超前支护、开挖断面调整、施工技术交底和工序调整工作，并在之后配合交叉中隔墙法和中隔壁法等施工方法，从而更好地保证其施工的质量。具体而言，可以采用如下方法治理塌方：（1）如果发生塌方，应在第一时间进行迅速处理，并在观察过程中重点明确塌方的范围和形状，查明塌方发生的原因和地下水的活动情况，认真分析后，制定有效处理措施；（2）如果出现小范围坍塌，应先加固两端的洞身，并及时喷射混凝土，配合联合支护的方法封闭坍塌穴顶部和侧部，并在之后及时进行清查。

涌水事故处理措施。为了在第一时间处治在公路隧道施工过程中出现的涌水事故，应在隧道施工前做好隧道涌水事故的应急工作，并结合自身情况成立涌水事故救援领导小组。在涌水事故发生的第一时间，相关人员应根据事故性质、现场控制程度对施工人员进行疏散，并对受伤人员进行抢救，通知当地的交警部门对周边的道路有效地进行管制，以保证救援过程道路的通畅。环保部门应加强对洞外的巡视，严禁任何闲杂人员进入危险区域内部。注意在洞口配置包括救生圈、安全绳和长竹竿等救生器材。

岩溶区隧道施工措施。在岩溶区采用中空自进式锚杆作为超前支护取代隧道内超前管棚和超前注浆小导管等，可以解决诸如塌孔、成孔困难、无法插杆、自承能力差等难题，发挥锚杆支护的作用，提高围岩的承载能力，保证围岩的整体稳定，并且具有施工工艺流程简单，施工效率高等特点。隧道开挖方式根据现场实际情况易采用中隔墙法或三台阶七步法，确保隧道整体稳定性。

七、特长隧道突出施工的创新点

照明工程中的创新点。照明工程中的创新在特长隧道突出施工的过程中发挥着重要的作用。传统的照明方法已经被淘汰，逻辑开关法在实际施工照明的过程中被有效地运用。这种照明方法不仅操作起来更加方便，而且线路设计的过程也相对较为简洁。

通风技术的创新。由于公路的隧道线路较长，要有足够的通风量才能保证整个工作的顺利地进行。因此，在发展过程中，可以运用吊顶压入式的管道通风技术来代替传统的通风技术，运用彩钢板将公路隧道内部的斜井分为进风道和排风道，之后再通过相关措施完成隧道通风。

综上所述，本节先列举公路特长隧道施工技术的特点和隧道施工的技术难点，结合具体案例分析在施工过程中可能会出现的事故，并提出合理的预防措施。通过分析可知，只有严格遵循施工步骤，并选择合适的施工方案进行施工，才能更好地预防公路隧道施工过程中的各种事故。

第五节　公路低瓦斯隧道的施工管理

随着交通工程的不断发展，公路建设越来越发达，在建设过程中，难免会进行隧道施工，一些隧道还可能穿越瓦斯区域，其施工管理会直接决定整个工程的完整性、安全和质量，因此作业前必须对瓦斯的特性及其风险有足够认识，做好风险评估，采取有效措施，保证隧道施工安全与质量。本节结合泡桐岩瓦斯隧道的工程实例，就瓦斯隧道工程的施工管理做浅要的分析，以供参考。

营山至达州公路泡桐岩隧道，左洞长 1496m，右洞长 1507m，设计为双向四车道。隧道围岩等级为 IV、V 级，根据地勘资料显示，穿越地层为非煤系地层，但下部有煤层，有少量天然气或瓦斯顺构造裂隙上升至隧道洞身，储存在裂隙中。因瓦斯具有较强的隐蔽性和不可预见性，施工不当极易发生爆炸而造成重大的经济损失，甚至人员伤亡。因此，加强施工中的隧道瓦斯管理显得尤为重要。

一、瓦斯监测

瓦斯监测采用自动和人工监测相结合的方式，并建立相关的预警机制，具体内容为：当隧道内的瓦斯浓度小于 0.3% 的时候可以开展施工，但是当这个浓度到达 0.4% 的时候可以自动报警，而此浓度到达0.5%的时候则需要工人立刻停止施工，并且立即开展通风处理。一般情况下，主要于隧道洞口处设置隧道自动监测管理控制中心，同时在隧道的掌子面以及人行通道、车行通道等部位设置一些瓦斯探头，同时每天坚持24h对瓦斯的浓度进行监测，从而对施工人员的安全提供保障。人工监测是专职瓦检员使用光干涉瓦斯检测报警仪，重点监测掌子面及其附近20m处、防水板背后、车/人横通道处、不同断面交界处等容易积聚瓦斯的地方。

建立自动化监测系统。本隧道为低瓦斯隧道，选用KJ90NA型安全监控系统。在洞口设置隧道管理控制中心，在洞内安设CH_4、H_2S、CO、CO_2、风速、开停传感器等，测定洞内CH_4、H_2S、CO、CO_2浓度、风速等参数，以及通风机的开关情况，并将信息传送至管理中心进行分析处理。

人工检测：

检测方式：每班的专职瓦检员携带光干涉式瓦检仪和四合一气体检测仪负责巡回检测整个隧道瓦斯气体浓度及气体有毒有害气体浓度。

检测频率：当瓦斯浓度在0.5%以下时，安全检验人员需要每间隔2h对瓦斯浓度进行检测1次；但是当隧道中瓦斯的浓度高于0.5%的时候，安全检查人员则需要立刻对隧道施工现场的负责人员进行传达，并且指导现场施工人员的疏散。不仅如此，瓦斯安全检验人员在管理过程中，需要在隧道打眼与爆破之前、爆破之后对掌子面区域的瓦斯浓度加以检测，同时还要安排隧道施工的班组长、安全员以及放炮员实施爆破操作，期间严格按照相关规定、流程进行。

检测的部分：主要包括开展掌子面开挖施工期间、初期支护施工期间、仰拱开挖以及混凝土施工、立模等施工期间；瓦斯可能渗出的地点（地质破碎地带、地质变化地带、裂隙发育的砂岩等）；在掌子面进行超前钻孔前，在附近检测瓦斯浓度。

二、加强通风

通风系统。隧道通风方式采用压入式，隧道掘进工作面独立通风。隧道需要的风量，根据爆破排烟、同时在洞的最多人数以及进洞深度的需要分别计算，采用其中的最大值。在开展隧道施工的过程中需要内部时刻保持通风，尤其是对瓦斯容易集中的地方加强通风。在施工期间如果涉及停电、设备检修的时候，施工人员需要及时退出隧道，并将电源立刻切断，以保障大家的安全。

通风设备：

压入式通风机装设在距离洞口30m处。压入式通风机是在洞口安装主风机将新鲜空气压入，新鲜空气由正洞流入，将洞内正洞的污浊空气挤出洞内，形成循环风流。通常情况下，隧道内的通风机电源需要设置两路，同时还需要配上风电闭锁这一装置，这样一来如果施工期间存在一路电源停电的情况，而另一路电源则可以在一刻钟内连接上，从而确保隧道中的风机正常工作，备用电源采用 2 台 250Kw 柴油发电机。

在掌子面施工区域内实施局部通风，可以按照通风机并配备专业的开关、线路、风电闭锁等，而风带可以实施抗静电以及阻燃，当掌子面的距离不低于 15m 的时候百米内的漏风率需要低于 2%。

三、施工管理

洞口监防措施：

隧道口封闭方式。在瓦斯隧道施工过程中要确保施工人员、设备与隧道的安全，隧道口外 20m 范围内采取围栏进行隔离，围栏高 2m，围栏长 200m。所有施工人员经过安保检查合格后才能进入到隧道内，外来人员严禁进入隧道。并且禁止在洞口、通风机周围 20m 范围以内或洞内使用明火、吸烟。

设置检查站及物品存放室。隧道洞口设置安全检查岗，检查岗实行 24h 值班，严格洞口检查制度，严防外来人员翻围栏进入洞内引发意外；检查站设置私人物品存放室，所有进洞人员把打火机、火柴、香烟、手机等严禁带入瓦斯洞内的物品放入物品存放箱内，并妥善保管；人员进洞前登记，人员出洞后销号。

隧道内瓦斯浓度监控视屏。为确保能够在隧道进尺过程中及时发现瓦斯的存在，根据瓦斯的性质科学地设计和布置安装瓦斯监测系统与洞口视屏。洞内瓦斯监测系统与洞口瓦斯浓度监控视屏相接，洞口视屏随时公布洞内的瓦斯浓度，使监控人员有效掌握洞内瓦斯状况，并及时的做出决策及处置。

严格瓦斯监测记录制度。瓦斯员每班监测的瓦斯浓度数据如实填写在瓦斯监测记录上和洞口瓦斯通报视屏上，发现异常情况立即报告安全负责人与项目负责人。

关于施工的用电分析：

分析供电的相关设计。在桐岩隧道中，供电方案主要采取双电源方案，具体就是公用的电网、自备的发电站采取双电源方案，期间以 2 台型号为 250KW 的柴油发电机作为备用电源，同时安装备用电源自动切换设备，以保证电源的正常运行。当公用电网发生故障或者停电时，自备电源能够正常供电，进而保证隧道施工的正常进行。而自备发电机只能供应瓦斯检测设备、照明设备、风机的使用，当出现公用电网停电时，隧道内所有施工全部停止。当采用压入式通风，隧道内供电采用单电源线路，当采用压入与压出通风时，隧道内使用双电路供电线路，以确保隧道安全。对在隧道内使用的局部通风机和施工附近使用的电气设备，需要装备风电闭锁装置，当局部通风机停止运作时，能够自动快速切断通风机电源。

电气设备。洞口至开挖面的电缆全部使用不延燃橡套电缆，电缆与电气设备的连接采用防爆型接线盒；洞内配电设备及照明电器全部采用防爆型，并做到"三专"、"两闭锁"，即专用防爆变压器、专用开关、专用供电线路和瓦斯浓度超标时与供电的闭锁、局部通风与供电的闭锁，以保证瓦斯隧道安全施工；洞内的高、低压配电箱全部采用防爆型，低压配电箱必须具有断相、短路、漏电和接地保护功能；供电系统在局部通风机和开挖工作面的电气设备设风电闭锁装置。当局部通风机停止运转时，立即自动切断局部通风机供风区段的一切电源，保证"风电"闭锁。

施工照明。供电采用动照分供法，照明供电从洞外低压变压器专用电缆单独引出；分路动力开关与照明开关分别设置，照明线路接线接在动力开关的上侧；工作面、防水板铺设和二次衬砌施工等作业平台处及未施做二次衬的地段的移动照明，均采用具有短路、过载和漏电保护的照明信号综合保护装置，电压不大于127V，用分支专用电缆，防爆接线盒接入防爆照明灯具；洞内照明器材及开关全部使用防爆型，已衬砌地段的固定照明灯具，采用 ExdII 型防爆照明灯；开挖工作面附近的固定照明灯具，采用 EXdI 型矿用防爆照明灯；移动照明使用矿灯，并配置专用矿灯充电装置。

瓦斯自动检测报警断电装置。隧道内敷设监控信号电缆，掘进掌子面紧跟安设甲烷、风速传感器等进行实时检测。局部通风机监控采用 1 ~ 5mA 电流型设备开停传感器，按模拟信号处理。当瓦斯浓度 ≥0.4%，传感器发出报警；当瓦斯浓度 ≥0.5% 或局部通风机停电，或风速 < 0.5m/s 时，监测分站发出控制信号实现断电；当瓦斯浓度 < 0.5% 且通风机恢复供风时，停止控制信号，解除闭锁，供电方可恢复。

施工措施：

钻孔施工。根据瓦斯隧道的施工要求，确定隧道采用台阶法开挖。钻孔前，在掌子面附近 20m 进行通风，通风后检测瓦斯浓度小于 0.5% 时方可进行钻孔作业。钻孔时先开水、后开风以封闭粉尘，停钻孔时先关风、后关水，避免产生火花造成安全事故，钻孔全部采用湿式钻孔，严禁打干钻。

炸材选用。隧道为瓦斯隧道，开挖爆破炸药使用煤矿许用 3 号抗水煤矿粉状铵锑炸药，安全等级不低于二级，雷管使用延时 130ms 以内、段位 1 ~ 5 段的 8 号覆铜壳煤矿许用毫秒延时电雷管，起爆线使用多股软质铜芯线，起爆器使用 200 型防爆起爆器。

爆破作业管理。爆破作业严格按照"一炮三检"制度进行；隧道爆破前后雷管、炸药数量要及时清点、回收入库，并做好雷管与炸药回收数量记录；瓦斯工区爆破点 20m 以内，风流中瓦斯浓度必须小于 1.0%，车辆、碎石或其他物体阻塞开挖断面不得大于 1/3；隧道打孔、装药、封堵和放炮符合瓦斯防爆的有关规定，严禁采用明火放炮；装药前清除炮孔内的煤粉或岩粉，不得冲撞或捣实；爆破后，待工作面的炮烟被排除后，爆破工、安全员、瓦检员必须首先检查爆破现场，检查通风、残炮、瓦斯浓度、煤尘、隧道安全情况等。

通风安全的要求。隧道在施工过程中，为了防止瓦斯浓度超标，导致爆炸等安全事故的发生，首先，需要定期加强对瓦斯浓度的检测，其次，还需要加强通风，降低瓦斯的浓度。为了防止由于通风不足而引起层状瓦斯的积聚，通风采用 2*110kW 轴流通风机压入式 24h 通风。为避免由于风筒损坏而供风受到影响，对洞内再使用的风筒进行更换处理。

隧道开挖后的封闭。隧道爆破开挖后，隧道围岩会出现较多细小裂缝，瓦斯会从这些裂缝溢出，而造成瓦斯浓度加大，为有效避免瓦斯浓度增加，施工时及时对掌子面进行混凝土封闭，喷混凝土达到封闭瓦斯溢出通道。

临时停工要求。隧道出现临时停工时其工作面不停止通风，否则必须切断电源，设置围栏和警示标志，禁止人员进入洞内，并向现场负责人报告。当停工的工作面内瓦斯浓度超过规定不能立即处理时，必须予以封闭。恢复已封闭的停工工作面时，必须事先排除隧道内积聚的瓦斯。

瓦斯检测。每班人工瓦斯检测结果应及时上交瓦斯监控中心，由值班瓦斯监控员对人工检测结果与自动监控系统相应位置、时间的自动监控值进行比对，并填写光学瓦斯检测仪与甲烷传感器对照表，两种方式相互验证，发现异常应及时查明原因。瓦斯检测和监测纪录保持连续性、完整性，分类建档，专人负责。

泡桐岩隧道经过以上的措施改进与施工管理，实时地监测隧道中的瓦斯浓度，做到绝对的谨慎，工程得以顺利开展，在保证安全的前提下，稳步推进泡桐岩隧道的施工，取得了一定的经济效益，并促进工程项目的积极性发展。在施工过程中，不断分析与探讨，总结特点与经验，并积极主动地采取针对性改进措施，从而实现对隧道施工全过程的监督与管理，确保隧道工程的整体施工安全与质量，为营达公路的稳步推进提供保障。

第六节　公路双连拱隧道施工的信息化管理

目前我国公路工程中双连拱桥隧道的建设难度较大，而且涉及的工程项目环节较多，要达到工程标准和过硬的质量，在施工建设中就要采用信息化管理的方式来汇总各类双连拱桥隧道建设中各个要素的分析和总结，在信息化处理和分析能力的帮助下，我们重点研究信息管理技术在双连拱桥隧道的建设中到底发挥了怎样的作用。

双连拱桥隧道施工需要的规划设计、工种类别以及建筑材料的选用等方面的信息数据复杂而庞大，工程的复杂程度受人瞩目，要对庞杂的信息进行处理，协调好各部门的工作规划，最好的办法就是将信息处理交给信息化管理技术完成，信息技术对于现代人来说并不陌生，但是在双连拱桥隧道的工程建设中使用还是一个相对比较新鲜的事情，然而一经使用信息化管理技术就展现了其巨大的优势，各种信息数据的搜集和整理，以及各部门的操作和行动时机的管控都很精确而合理，给工程建设带来了良好的施工秩序和高效的工程进展。因此，相关的技术人员要与工程建设人员加强沟通和交流，不断从专业的角度完善双连拱桥隧道信息化管理的技术创新和应用，以此为模板，争取推广到各种复杂的工程项目中，加快我国工程建设信息化的发展步伐，提高基础设施建设的质量和效率。

一、信息化管理技术的应用

该管理系统的作用与构成。一般情况下，在落实这一施工内容的过程中，基于该项工程施工地质条件较为复杂，加上又受到气候条件的影响，致使在实际施工的过程中相应勘查与测量工作的开展难度极大，人工模式下数据信息采集与处理工作难以得到完善且高效落实。而一旦相应数据信息内容收集的不完善，则就难以落实有效的应对措施，进而不仅加大了施工的安全风险隐患，同时施工质量与效益难以得到有效控制。而将信息化管理技术应用于该项工程施工中，则能够实现对施工现场数据的有效监控，进而通过高效的数据采集与处理技术来确保施工的顺利进行，进而保证在工程规定的工期内保质保量地完成施工任务，并提高工程的综合效益。这一信息化管理技术下系统的构成为：第一，管理系统。主要是围绕勘查、设计、施工数据信息的在线监测、数据信息的采集、传输与处理；第二，反馈系统。主要是针对设计优化与施工优化而言的，在施工前通过对数据信息的采集与分析，能够明确地质条件，进而实现相应施工应对方案的制定，确保施工工艺技术的完善落实，实现对施工安全风险问题的规避，进而落实设计与施工的优化，保证施工的顺利进行。

管理流程。运用信息化管理技术来保障双连拱桥隧道建设的正常运转，就要将各项工程事项逐渐融入信息化处理系统之中，按照信息化的管理流程严格执行相应的指令以及要求。这套管理流程的实施不但维持着工程进展的有序推进，还可以从各处环节和要点之中做好质量管控工作，在以往的质量管理中，主要是依靠管理人员的专业素质和职业操守、管理意识来开展工作，一旦出现人为的干扰和制度机制执行不到位，施工就很容易出现大小不一的问题，最终导致工程质量受到不良影响。信息化管理流程在双连拱桥隧道建设的初期勘查、规划以及施工中各阶段的进展情况等方面进行信息和数据的搜集，做出相应的分析后提供给决策者，在一些过程和细节处避免了人为因素的干扰，而且保障了数据的准确性，有助于施工的开展和推进。

此外，信息化管理流程具有掌控全局，扫除勘察盲区的巨大优势，质量管理工作由于受局限性和实效性所限，不能及时全面的掌握施工现场各处发生的事情，容易造成盲区的存在，而信息化管理流程的全盘施工管理方式，不但可以全面细致的了解施工进展，还可以根据其数据搜集后对资料的分析形成方案计划，有效的指导施工人员有序的按照方案逐步完成建造任务。

二、信息化技术下的施工管理与反馈系统

管理系统。这一系统主要是完成信息采集、传输与处理工作，通过管理系统能够确保工作人员第一时间获取施工相关信息资料，并结合自身的经验来实现对数据信息的处理。首先，信息采集系统。在当前社会经济高速发展的背景下，物流运输行业的迅速发展促使相应的公路建设工程逐渐增加，相应的双连拱隧道项目的施工就需要按照具体施工技术规

范的要求，实现勘测监控工作的完善落实，以通过施工信息数据的有效获取来实现对施工阻碍因素的有效处理，进而降低施工的难度并提高施工的安全性。而信息化技术的应用能够为实现施工信息数据的有效采集奠定基础，通过对数据的监控与采集，能够为落实完善的施工设计方案并及时解决施工中所遇到的技术难题提供保障。在实际获取信息数据的过程中，需要确保所采集数据值与采集项目间是对应的，进而才能够通过对数据的有效采集来实现对施工活动的指导；同时，在落实数据监测的过程中，量测间距的定位要满足行业标准要求，比如在围岩的测量上，相应的间距范围在二十到五十米之间。其次，传输与处理系统。第一，在信息传输上，不同技术的应用所呈现出的作用不同，一般情况下，如采用 GPS 技术等，能够提高数据传输的精准性，其在实际操作的过程中相对较为简单，而如果采用的是 FBG 技术，则能够通过技术的抗干扰能力来提高数据质量的稳定性。而采用何种技术则需要结合施工项目当地的状况，根据实际需要来进行技术定位。第二，在信息数据的处理上，需要相应技术人员借助计算机数据处理技术以及自身的能力经验来进行建模，进而对施工的实际情况进行准确预测，为施工的顺利进行奠定基础。

反馈系统。这一系统的功能为：针对信息指导工程施工的情况进行动态监测，在监测的过程中，不仅能够实现对施工情况的反馈，同时还能够对明确施工过程中的突发状况进行反馈。而通过这一反馈系统，则能够为施工的顺利进行提供保障。同时，能够针对施工过程中所出现的问题进行反馈，进而为实现施工设计图纸的优化、落实有效的施工工艺技术提供依据。通过信息技术反馈系统，能够在提高施工质量的基础上，提高施工设计的美观度，为满足道路交通运输需求奠定基础，同时，也能够为提高施工质量、确保道路运输的安全性提供保障。

综上所述，针对公路双连拱隧道的施工管理工作而言，将信息管理技术应用到这一管理工作之中，能够借助信息技术的优势作用来实现对施工数据信息的动态采集、分析与处理，进而为优化与完善设计方案、提高施工质量、确保施工的安全性提供技术基础。对于隧道施工项目而言，除了要保证隧道的施工质量，同时还需要实现隧道的美观性，而借助这一技术能够通过设计的优化来实现这一目标。在实际应用的过程中，需要按照相应的流程来落实管理技术，以充分发挥出信息管理技术在该项工程施工中的作用与价值。

第七节　公路隧道机电预留预埋工程施工和管理

公路是交通枢纽的重要组成部分，社会经济的发展不仅促进了公路的建设，也加快了发展的步伐。隧道机电工程在公路工程中发挥重要的作用，与公路完工运营的稳定性、安全性、高效性具有直接的关系。本节对现今公路隧道机电预留预埋工程施工存在的问题及其原因加以分析，对公路隧道机电预留预埋工程施工和管理提出建议。

公路是交通枢纽的重要组成部分，是社会经济文化交流的纽带，在社会的发展进步和人类的生产生活中发挥着重要的作用。随着经济的发展，各地区之间的经济交流增多，公路等交通基础设施的建设不断增加，隧道工程的建设和隧道机电工程也随之越来越多。隧道机电工程与公路工程建设完毕后能否安全、稳定、高效的运行至关重要，因此，严把质量关，控制机电工程的施工和管理质量是高速公司工程建设的重中之重。

一、隧道机电预留预埋工程施工中容易出现的问题

在公路隧道机电预留预埋工程施工中存在一些容易出现的问题，总结起来主要有以下几点：

（1）在我国北方，公路隧道工程在排水方面通常设计为两侧排水，通常强电沟的设计比弱电沟的尺寸要宽些。对于又长又大的隧道工程，通常在弱电沟的设计上加设消防管道。对于过窄的弱电沟需要先敷设直径为159mm的热镀锌无缝钢管，同时加设发热电缆及保温层，支架间保持合适的间隙。但是此种敷设方法带来的后果是管道架设占用了较大的弱电沟的空间，这就会使弱电光缆的铺设以及监控缆线的铺设空间减少。

（2）在进行隧道风机预埋的施工中，吊装钢板的位置、环向预埋过顶管道、软启柜预留洞室位置与实际施工时的桩号位置有较大的距离，这就使得风机在完成吊装后又拖着一条关系，不仅使美观度大打折扣，在排烟中很容易使线缆起火，从而导致线路发生短路造成严重的后果，而且进行重新地预留预理会非常麻烦。

（3）通行信号灯环向预埋过顶管道的位置不恰当，或者距离横洞太近或者在横洞后面的位置，位置不对导致预埋施工的返工，耽误工期，增加了投入。

（4）机电工程中的预埋件的规格尺寸与设计不符，或者材质不过关，质量控制不严格不规范。

（5）管材的预理预留没有严格按照工艺的要求进行施工，尤其连接的工艺不符合质量要求，从而使得在施工过程中的二衬混凝土发生变形，管道内漏浆，接头不规范，使得缆线无法在管道内串通，只能返工重新进行预埋。

（6）洞室预留的尺寸与设计要求不符合，或者洞室形状不正不规正，有的洞室深度不足，宽带不够。

二、问题产生的主要原因分析

针对施工中容易发生的以上几点问题，通过实践检查和总结，对问题发生的原因进行分析，总结起来原因主要有以下几点：

（1）对于又长又大的隧道，特别是超长的隧道管道的预埋所涉及面较广，牵涉的问题较多，如：通风照明、配电电压、强电和弱电的线路等，大部分的施工单位在此类专业中缺乏专业的工程师，对管道的预留和预埋等工程的具体施工没有清晰的认识，更缺乏专业的设计分析。现代施工技术对于长大隧道施工中使用的二衬台车多是采用模板一次性加工

制成，其特点就是有固定的开孔，如果开孔出现偏差，重新开孔操作起来有很大的困难。而在进行吊装风机的钢板预埋施工中，多是按照预先设计的位置在二衬钢格栅上进行预埋，钢板的预埋和开孔操作二者之间无法同时进行。

（2）隧道机电工程的预留预埋在工程设计交底的时候没能做到清晰明了，对于预埋预留的图纸说明不清楚、不详细或者有歧义存在，使得施工和监理单位对预留预埋的设计不能清楚的了解，对预埋件存在的作用没能明白的理解。

（3）施工单位对隧道预留预埋工程不够重视，缺乏认识，对质量掌控不言，管理不严谨规范，使用不合格的劣质管材。

（4）工程监理单位缺乏隧道机电方面的专业工程师，对专业知识认识不够。隧道预留预埋是隐蔽工程，监理单位缺乏专业知识，同时又对工程的重视度不够，使得工程的质量难以得到保证。

三、关于隧道预留预埋工程的建议

隧道机电工程预埋件的设计：

隧道机电预留预埋的工程设计图纸最后保持与土建工程设计图纸同步设计和完成，如果不是出自同一个设计院，需要做好协调工作，以将预埋工程的设计位置和工程量加以确定，以免各自为战产生工程设计上的偏差和遗漏。隧道土建工程一般采用招标的形式进行工程承建单位的选择，在招标文件上应该含有隧道机电工程中预留预埋工程的项目清单，便于进行工程预算。

隧道机电的供配设计和监控设计如果来自不同的设计院，有必要针对机电工程的设计召开协调会议，对机电设计进行商讨和研究，以免两家设计产生冲突，也避免有遗漏产生。

隧道机电预留预埋在设计的时候就要将线缆的敷设加以充分的考虑，预留出合适的位置和空间，预埋尽可能地使用暗管，充分考虑安全性，保证机电工程在投入运行的时候能够安全、稳定。

设计完成后在进行施工之前做好机电工程预留预埋的设计技术交底工作，做到清楚明了，对预留的意图、作用交代清楚，以使土建单位对预埋设计清楚明白。

做好隧道机电预留预埋工程的施工工作。施工单位在进行机电工程预留预埋的施工中，在进行二衬台车和模板的制作过程中要严格按照图纸设计，在模板台车上预留两处洞室和管道开口，以便在需要的时候对位置进行调整。在施工现场做好施工技术交底工作，使施工队伍对预留预埋的位置进行了解，同时对施工工艺加以明确。对于隐蔽工程，严格控制材料的质量，对接头严格使用套管进行焊接，不可直接对焊，对连接端口的内口进行处理，并对接口进行防锈的处理，一定要确保管道的畅通，坚决抵制假通。保证洞室模板的刚度，避免混凝土发生跑模。配电箱施工完成后对空余钢管进行封闭，对接线的裸露处进行绝缘处理。

做好隧道机电预留预埋工程的监理工作。监理单位要履行职责，严格质量关，对预埋件材料的质量进行严格的控制，对隐蔽工程做好监管工作，尤其是接头的处理，按程序要求保留抽检资料。对二衬施工的工艺进行严格的控制，对于二衬试验段进行单独的验收。对于预埋管道进行细致的检查，保证管道的畅通，无假通的现象存在。在施工单位进场后，监理单位对预留预埋工程进行全面的检查，对发现的问题和缺陷进行技术沟通，及时修复，做好质量监督工作。

做好隧道机电预留预埋工程的项目工程管理工作。对隧道机电预留预埋工作加以重视，配备专业技术工程师，从技术方面做好质量控制工作。在设计阶段做好协调工作，使隧道主体工程设计和隧道机电预留预埋设计保持同步。加强二衬试验阶段的工程管理工作，定期对预留预埋进行专项检查，从而及时的发现问题并解决问题，保证机电工程的顺利进行，减少返工，从而减少成本的投入。

第十章 公路工程科学化施工管理

第一节 公路工程施工监理研究

工程监理制度是公路工程建设中一项科学、有效的管理措施，它保证了工程建设的法制化、规范化和程序化。目前的公路建设市场庞大，监理队伍中存在鱼目混珠、不规范监理等现象，个别监理工作者素质不高、业务不精，监理队伍与目前建设市场不适应。

一、严格审图

工程设计图是工程施工的依据，也是监理的法定文件。设计图不可避免会出现一些疏漏或问题，因此需要认真进行图纸审阅，尽量减少设计失误，使图纸中的问题及疑难之处在设计技术交底中协商解决，从而有利于控制投资、进度和质量。审阅图纸的步骤应先进行粗略的初审，对工程的轮廓和难易程度有大致了解，然后从总平面图起详细审查。

二、编制监理细则与监理交底

监理细则是在监理投标文件的基础上，根据已签订的监理委托合同所确定的工作范围，在经过严格审查设计图纸后，完全了解本工程情况和特点而编制的监理工作实施计划，它是使监理工作得以实现科学化、规范化、标准化的具体操作的指导文件。监理细则的内容一般分总则和实施细则两部分。总则主要叙述本工程概况，监理的依据和要求标准，监理的内容、方法和目标，工程变更的程序，参加本工程监理的人员状况及监理职责，监理的工作会议安排等。细则部分是结合本工程内容、特点而撰写的各道工序在施工中监理的具体要求：叙述各工序的监理流程，原材料、成品、半成品的监理检查要求，监理对工程竣工资料和质量保证资料的核查要求，监理对工程的安全生产、文明施工方面的检查内容和要求，监理计量签证的方法步骤，缺陷责任期间的监理检查方法等。

三、审查施工组织设计

施工组织设计是施工单位根据施工合同和设计文件、设计技术交底及施工现场情况，按照有关施工技术规范、质量要求标准、安全生产规定等要求而编写的科学的施工综合性指导文件。

监理对施工组织设计的主要审查有下面几项：

1. 施工进度计划是否符合施工合同要求，结合施工现场情况和拟提供的进场设备，进度计划是否切实可行，根据进度计划和施工网络图，各分项进度是否充分考虑气候等外界自然因素，如雨季、潮汐、冬季低温、开放交通影响等。

2. 施工方案是否合理，如进、出场便道、便桥架设，深挖方支撑，大梁安装的吊装方案，连续箱梁吊篮施工的平衡问题等。

3. 施工管理体系和质量保证体系是否严密有序，因为足够的施工技术管理力量和质保网络是有效完成工程和确保工程质量的主体，监理在审查人员设置的同时，要注重其管理体制和管理方法，如明确的职责、任务、权限，有无开展质量保证活动的具体要求等。

4. 安全生产、文明施工措施。有无施工机具设备定期检修制度，有无安全生产管理制度，包括水上作业、高空作业、特殊工种的特殊要求。

四、工序质量监控

工序质量监控分 3 个阶段。第 1 阶段是施工前的预控。监理工程须复核施工放样，检查原材料，检查施工设备、施工方案中有无防止发生质量通病的措施等。以砼道路施工为例，监理工程师应检查放样数据，检查砼内有无不合规定标高的部位，检查水泥、黄沙、碎石是否符合规定要求，拌和、运送、浇筑砼的设备是否齐全、完好，控制平整度的措施，胀缝设置方法，下雨的对策等。第 2 阶段是过程控制，主要是现场跟踪旁站监理，检查是否按施工技术操作规范实施，发现问题，随时进行纠正处理。仍以砼道路施工为例，监理检查砼搅拌机的进料是否按规定配合比和水灰比，砼振捣、真空吸水、磨平是否符合要求，建筑缝、胀缝施工是否正确，砼试块是否按规定制作，表面刻纹是否达到规定要求以及养生措施等。第 3 阶段是事后检查签认。

五、施工档案资料检查

施工档案资料是施工阶段收集汇总的各类文、录、表、单、图等，这些资料是施工建设活动的真实记录，是全面鉴定工程质量和工程使用、维修的重要依据。施工阶段是档案资料形成、积累的关键阶段。

公路工程的施工档案资料由竣工技术档案资料和竣工工程质量保证资料两部分组成，资料的完成应与工程进展同步。监理工程师经常检查施工单位收集、记录的资料，对工程质量的真实可靠性起到关键的保证作用。监理工程师自身应按规定及时完成各类监理资料，在每次检查施工单位资料时进行核对，以便发现错误，及时处理，不致影响工程的质量和进度。

六、安全监控

安全生产是确保工程建设的重要因素，控制投资、质量、进度的前提是控制安全。公路工程施工中，现场条件差，露天作业，人、机交叉施工，难度大、不安全因素多，安全监理就更显重要。安全监理是指对工程中的人、机、环境及施工全过程进行预测、评价、监控和督察，通过行政、技术等手段，促使其建设行为符合规范、标准，制止冒险性、盲目性、随意性，以预防为主，有效的控制工程安全。

施工现场的各项安全工作应由施工单位负责，监理工程师的主要工作有以下几个方面：

1. 检查施工单位安全管理状况。检查安全生产管理制度，包括管理网络、生产责任制、三级教育制度、施工组织设计中制订的安全生产措施、专项安全施工方案、安全技术交底制度、安全自查记录，以及检查现场各种施工安全标志。

2. 检查现场施工机具。检查起重吊装设备，各种机具是否符合相应的安全技术规范和标准，运行是否正常、有无无证操作等。

3. 检查施工用电安全状况。检查与高压线的有效距离、检查支线架设、现场照明设施、接地接零、漏电保护和地下管线保护等。

4. 检查高空、水上和沟槽作业的安全状况。检查脚手架、临边保护、安全带、安全网、水上救生设施、沟槽两侧支撑以及安全护栏等。

监理工作只有做到严格监理、监帮结合、秉公执法、妥善协调，注重事前监控，不当事后裁判，就一定能够使工程投资合理，工期得到保证，避免质量和安全事故，保证工程圆满竣工。

第二节施工企业安全管理现状分析及改进建议

铁路、公路等施工企业安全管理一般采用立制度、抓管理、重教育、保经费等一系列措施，使人的不安全行为和物的不安全状态得到消除，确保施工过程中不出现安全事故，实现工程经济和安全效益目标。但我国施工企业安全生产管理层次多样、管理内容繁多、人员构成复杂，很多施工企业面临很想抓安全，又无从下手的窘境。

施工企业作为生产经营单位，是一个复杂的人—机—环境系统，由从业人员、机械设备、作业环境等元素组成，各个元素和影响因子共同构成一个有机整体。施工企业的安全管理应围绕这几个环节从安全生产条件、安全生产责任、安全监督检查、安全经费使用、安全人员管理、评价与考核制度、事故与应急管理、重大危险源管理制度、安全档案管理制度等入手。安全管理部门负责制定并执行相关制度文件。

目前我国施工企业大部分按照4个层次进行管理，即公司总部为经营决策层，分公司为执行层，项目经理部为施工管理层，劳务队伍为施工作业层。总公司与分公司、分公司与项目经理部之间责、权、利关系界定不清，"以包代管"、"以奖代管"和"包盈不包亏"的现象普遍。

由于目前施工企业经营体制的改革，管理层和经营层分离、总分包制度渐行，导致管理层次增多。我国施工企业大致有集团公司直管项目、子分公司直管项目、三级公司直管项目、集团公司与子分公司合管项目、公司与外部协作管理项目5种基本管理模式，各种模式都具有一定的优势和劣势。

目前，大多数施工企业的项目安全管理是层次管理，分为总公司级别、分公司级别和项目部级别，各级别都配备专职安全管理人员。但现实中，各级别都存在安全管理人员由于管理职位较其他人员的等同或较低的现象。

劳务队伍作为施工作业层，是安全管理的主要对象。目前，劳务队伍中的施工人员多为刚放下农具的农民工，学历较低、专业技能较低、从业经验不足、安全意识淡薄。某些劳务公司与项目所在总公司有千丝万缕的联系，因此分公司级别管理较为困难。

按国家规定，施工现场一般都配有安全员，但现场的安全员多为技术职称较低的员工，或录用的应届毕业生，他们精力或经验都十分有限，对现场安全问题不能及时辨识。

企业第一把手作为安全第一责任人，要充分认识安全生产的责任感和使命感，思想认识上做到警钟长鸣，并将安全责任逐层分解、逐级传递，切实将安全责任落实到每个环节、每个岗位，落实"一岗双责"，同时充分赋予专职安全管理人员的话语权和监督权。

项目要建立安全生产奖惩制度，根据各部门、各岗位安全职责建立考核制度，每年对各部门、岗位的安全职责的履职情况进行考核，奖优罚劣。对安全工作做出突出贡献的，在进行奖励的同时，同步考虑晋职、加薪等。

项目管理层需要对安全问题有充分认识和高度重视。因此，项目各级管理人员首先要熟悉工程安全知识。其次要对参与过项目的整体安全负责。第三，为保证管理者的安全管理知识能与时俱进，需参加公司或相关部门组织的安全生产教育培训。

针对安全员的工作特点，建议对现场安全员管理采用"严格录用、垂直管理"的原则，对施工现场安全隐患检查采用"分级上报"的原则。

提高安全员学历层次、经验水平和知识构成。首先把了解工程建设专业知识列为录用安全员的基本条件；其次，安全管理部门工作人员的知识构成应包括工程建设相关专业和安全工程相关专业；第三，安全管理工作应由经验丰富的老员工带头。

为保证分公司和总公司安全管理部门能更好地了解施工现场的安全情况，及时掌握施工现场安全隐患，建议对施工现场安全管理员实施公司委派制，并由总公司安监部直接管理。安全员认真履行监督检查的职能，对重大隐患项目如不整改或整改不彻底，可直接向公司汇报。

按规定，安全员需每日进行安全检查，并将检查结果记入安全日志。在保证安全员知识丰富、经验水平提高、责任心提升的前提下，为确保安全员检查的结果能及时上传至分公司或总公司，建议采用"分级上报"制度。即按照可能发生的事故类型、伤亡人数、经济损失、工期延误等，将安全隐患分为4个等级。四级安全隐患建议由施工队处理，三级安全隐患建议由项目经理部出面解决，二级安全隐患建议上报分公司安全管理部门，一级安全隐患建议及时通知总公司安全管理部门。

当前，我国安全生产形势依然十分严峻，党中央、国务院对安全生产高度重视，党和国家领导对当前安全生产多次做出批示和要求，提出牢固树立安全生产"红线"意识和"党政同责、一岗双责、齐抓共管"的总体要求。各施工企业应该从本身实际出发，强化安全生产主体责任意识，不断创新安全监管模式，并将安全责任逐级分解到项目现场各个环节、各个岗位和个人，确保本企业安全生产形势的持续稳定发展，以促进全国安全生产形势的根本好转。

第三节　信息化环境下公路档案管理研究

公路档案完整地记录了公路建设过程中涉及的文字、图表以及重要的声像内容等，同时公路档案也记录了我国公路建设进程的历史变化，具有一定的历史意义。除此之外，公路档案也是对建设道路进行有效保养与监督维修的重要依据。随着我国现代化进程的不断加快，公路档案的管理工作也逐渐顺应信息化时代的发展，全面实现公路档案的信息化管理，进一步强化了档案的收集与保存。

随着我国经济建设水平与科学技术建设水平的不断发展，相应的办公自动化与无纸化的管理方式也逐渐被应用于日常的管理工作中，并且在此发展基础上，我国的档案管理工作也发生了相应的改变。公路档案管理的文件一般是以机读文件的形式存在，工作人员需要对这些文件提供大量的电脑储存空间，以将这些文件进行分类存放，并且工作人员可以根据文件管理信息的综合系统详细地去读取需要查阅的文件。然而在实际公路档案的管理工作中，工作人员采用的管理方法比较落后，在管理档案的时候还是比较重视纸质的档案，缺乏对档案进行信息化管理的意识。传统的纸质档案不便于保存，随着时间的推移纸质也会泛黄，不利于读取文件的重要信息。除此之外，档案管理人员的职业素质水平也不是很高，在工作中会存在不规范管理、流于形式等职业素质不高的现象。

公路档案的信息化管理是指建立公路档案的数据信息库，在一定程度上可以有效实现公路档案信息资源共享的目的，并且可以进一步提升工作人员的管理效率。通过利用现代化的信息化建设手段，实现科技手段与管理手段来回转化。公路档案对于公路建设的发展而言，具有提供信息服务的作用，可以有效地推动公路建设进程的发展，同时公路建设工程也可以根据以往的建设档案进行相应的强化分析，不断完善公路建设的发展水平。档案的信息化管理可以很好地实现公路建设事业发展的目标，工作人员通过对档案进行信息化管理，有利于对档案资料实行收集、储存以及使用，利用计算机可以增加公路档案的储存量，进一步拓宽档案工作的服务领域，实现强化公路建设发展水平的目标。因此，工作人员通过实现公路档案的信息化管理，从一定程度上来说，对提升公路建设的发展水平是具有非常重要的影响。

强化公路档案信息化管理意识。公路建设部门和相关的档案管理人员应该转换传统的管理理念，应该适当地迎合现代化的管理理念，加强对公路档案的信息化管理手段，为此，相关的管理人员应该强化工作人员对公路档案信息化管理的意识。公路管理部门应该利用一切手段，宣传信息化档案管理的重要性以及必要性，可以开展相应的会议进一步强化档案管理人员的工作意识，强化管理人员对于信息化档案管理工作的重视程度。

强化公路档案信息库的建设水平。为了更好地强化公路档案信息化管理水平，工作人员必须对实现档案信息数字化的工作予以一定程度的重视。首先，工作人员应该摒弃传统纸质档案记录的管理方式，利用电子存档的方式保存公路建设档案。电子存档解决了纸张浪费的问题以及查阅麻烦的问题，有效提高了档案管理人员的工作效率。在利用电子存档管理方式的基础上，工作人员应该全面建设公路档案的信息库，满足档案信息资源的需求，可以对档案信息资源进行及时的补充与更新，进一步完善工作人员对公路档案的接收与整理。

强化公路档案的管理机制。在信息化档案管理的建设工作中，工作人员要注重档案管理机制的管理水平，应该及时完善并且严格遵守管理机制的规章制度，进一步提升信息化管理的可靠性与便利性。公路档案的管理部门可以在遵循《档案文件整理规则》的基础上，对其规章内容进行进一步的完善，做好提升公路档案管理机制水平的优化工作。除此之外，对于档案资料的接收工作、编目工作以及电子文档的录入工作等都应该进行严格的制定规定可以适当地建立赏罚分明的工作制度，进一步强化公路档案管理机制的管理内容。

总而言之，我国公路建设对于档案管理的需求越来越严格，可以说实现公路档案全面信息化管理的工作已经成为当前公路建设工程首要开展的工作，为此工作人员应该及时强化档案信息化建设的工作力度，促使我国档案管理水平进入一个全新的管理阶段。

信息化时代的到来给档案管理工作提出更高的要求，同时也给档案管理工作带来了发展机遇，档案管理在一定程度上决定着发展方向。尤其公路档案管理工作，在经济推动下，公路工程建设遍布全国各地，由于公路信息的复杂性和结构的复杂性，原有的档案管理工作已经无法满足工作需要。信息化环境下，公路档案管理必须进行创新，实现档案管理的信息化建设，从而提高公路档案管理工作效率和工作质量。

管理工作缺乏规划性。公路档案管理工作起步比较晚，所以缺乏相关工作经验，加上缺乏完善的管理制度，在实际操作中容易给工作增加难度。信息化环境下，档案信息利用率不高，在利用过程中也存在一定问题。由于缺乏管理，不同时期出现的不同类型档案信息兼容性不高，无法有效实现信息的良好衔接，从而造成重要数据信息的流失。

档案管理中缺乏系统的数据库信息。信息化时代的到来，要求实现信息化管理，在对数据信息搜集和管理中实现高效利用。但是从当前的管理状况看，信息利用程度不高，传递不及时，没有全面实现信息共享，传统的纸质档案资料转化为数字化资料不充分，造成数据库信息资料匮乏。当使用者对相关信息进行搜索时，很难找到自己需要的资料，这些问题的存在，一方面是因为硬件设施导致数据信息存储不及时，另一方面是因为档案资料收集和整理效率比较低，转化为数字化信息的能力比较差，导致档案信息不够完善。

缺乏专业的管理人员。当前现有的档案管理人员对先进的档案管理技术缺乏了解，没有意识到档案信息实现信息化管理的重要性，档案管理专业能力相对匮乏。另外从事公路档案管理的工作人员流动性比较大，并且在选择档案管理人员时缺乏对专业性的考察，对档案管理工作不够重视，导致公路档案管理数据更新不及时，降低工作效率，阻碍档案管理信息化进程。

建立健全公路档案管理制度。信息化时代下，公路档案管理工作必须顺应时代发展趋势，建立完善的管理制度并严格执行，从而提高公路档案管理工作效率，实现信息化建设。完善的档案管理制度应当包含管理流程和管理方式，同时确保制度严格实施，所以公路档案管理部门可以建立完善的管理机制，从而优化档案管理工作。信息化的到来推动档案管理工作实现数字化管理，对已经实现存档的档案信息加强重视，保证档案资料的安全、完整。档案制度中必须包含奖惩机制，主要是加强对工作人员的管理和监督，对档案管理工作中的信息采集、整理、归档等行为进行规范，提高档案管理部门的形象。同时还要督促工作人员加强对管理制度的学习，对制度中存在的问题进行优化，从而实现良好管理，推动公路档案信息化管理的实现。

引进专业的档案管理人才。公路档案管理工作中缺乏专业的档案管理人员，导致管理工作效率不高，从而给整个公路建设工作带来一定影响。信息化环境下，公路档案实现信息化已经成为必然趋势，所以相关部门必须加强重视，引进专业的管理人员，提高管理效率。在选择公路档案管理工作人员时，加强对其专业性的考察。同时对现有的专业人员应当加强培训，在掌握传统的档案管理模式的基础上，加强对信息化管理的重视，并组织管理人员积极学习信息化技术，熟练掌握现代化档案管理设备。档案管理人员是提高工作效率的重要条件，所以必须加强对管理人员的培训和考察工作。

建立公路档案信息库。公路档案要想实现高效管理必须实现信息化建设，这要求必须针对管理特点进行数字化改革和建设，加强对原有纸质档案的转化工作，并建立统一的公路档案信息库，实现对档案的集中管理。这一措施不仅有效解决了纸质档案储存空间问题，而且还能实现档案管理部门对数据信息的查找和利用，帮助使用者做出正确决策，提高档案利用率，实现档案资料的实效性。信息化环境下，需要档案管理部门充分利用计算机技术和网络技术，在保证档案信息安全的基础上，实现档案资源共享。建立公路档案信息库，有效拓宽信息获取渠道，完善档案管理工作方法和管理模式，提高工作效率。

在社会发展新时期，公路工程建设得到快速发展，为促进公路事业进一步发展，加强公路档案管理工作是必然选择。信息化环境下对公路档案管理工作提出新的挑战，实现档案管理信息化建设对公路工程规划和建设提供重要参考数据。公路档案管理工作起步比较晚，并长期不受重视，在新的发展阶段，必须认识到公路档案管理工作的重要性。针对档案管理工作中存在的问题，进行综合分析，在不破坏档案资料完整性的基础上，规范档案管理流程，实现信息化管理，从而促进我国公路建设事业的快速发展。

第四节　虚拟动态管理方法在公路工程施工中的应用

公路工程施工涉及桥梁工程、道路工程、管网综合、绿化、照明、交安等多工种、多专业工程，协同、平行、立体交叉作业多，容易受各种因素的干扰，使得施工及项目管理具有复杂系统的特点。目前公路工程施工管理的科学化、信息化和规范化程度还不高，各种数据、信息基本是以图表、报表等纸质或二维软件作为媒介展现出来，这样就很难把施工项目的具体位置与实际的工程直观联系起来。公路工程项目从最初的图纸设计、工程施工再到竣工验收、运行管理，每个环节都会牵扯到各种各样的数据，而对工程良好的管理需要各个管理层及时掌握和综合运用这些不断变化的数据，既能对公路工程的施工过程发挥重要作用，也能为正在发展的公路工程网络信息化管理打下良好的基础。

本节拟以石家庄石环辅道工程建设为研究对象，通过运用虚拟动态等管理技术进行研究，对工程施工工期、成本、质量、安全、环保等进行虚拟动态优化管理技术的综合系统研究，实现施工管理的科学化、信息化和规范化，从而有效地提升项目施工管理的效率、效益和水平。

公路工程施工虚拟动态管理技术是指将虚拟现实技术和全面动态优化管理技术方法集成应用，综合运用虚拟技术 VR（virtual Reality）、BP 神经网络、灰色关联理论、显著性理论 CS（Cost — significant）、已获价值理论 EVM、网络计划技术等虚拟优化技术对施工全过程进行计算机三维立体可视化虚拟动态施工管理。使项目的管理者能够对项目的进展情况进行可视化监控，及时对工程目标的完成情况进行总结，针对施工管理产生的问题提出解决对策并对下一阶段要进行的工作提出预控措施，如此循环往复，从而大大提升公路工程施工管理效率和水平。具体模型建立过程为：

在工程施工前，依据工程施工中各个工序的特点，结合大量技术、管理方面的数据资料，建立施工中各工序静态优化管理系统。

确定工期、成本、质量、安全和环保目标控制体系。由项目骨干力量，根据该工程的数据资料制定五控总目标和分目标体系。

工期的目标确定及优化主要是运用网络计划技术的计划阶段来对工期进行计划，计算出计划工期，找出关键线路。首先，确定工作计划中所涉及的全部工作，列出各个工作间的先后顺序和相互关系。其次，估计每项工作在正常情况下所需的时间。在缺乏企业施工定额，并拥有大量以往类似公路工程施工资料数据基础上，运用 BPNN 模型估算各工序的工作时间消耗。在拥有少量以往类似公路工程施工资料数据基础上，运用 GM（1，1）模型等非线性数学方法估算各工序的工作时间消耗。最后，依据工作间相互关系绘制网络图，并将计算出的各个工序时间与日历天数相结合，找出关键路线，确定工期目标。

运用"显著性成本CS"思想（即占项目总造价80%左右的显著性成本项目在数量上仅占工程总数量的20%左右）和"均值理论"，优化确定工程成本目标。在各工序工期、成本目标优化确定基础上，确定整个项目工期、成本、质量、安全、环保总目标。

确定重点控制工序。通过对项目工期、成本目标的优化，可以确定出该项目的关键显著性工序，即关键路线上的项目和显著性项目，并以此作为整个项目工期成本控制的重点。关键显著性项目既可以保证项目工期的顺利实现又可以保证造价控制的准确性。

建立问题原因和对策数据资料库。在工程施工前，由项目管理人员收集已完成类似工程的工程数据，对其产生的问题原因和解决对策进行总结和归纳，建立相应的问题原因、对策数据资料库，为施工过程中快速准确地纠正偏差打下坚实的基础，当遇到新的问题时，管理者可以将根据新问题制定的新对策不断完善到数据资料库中，这样不断循环以提高项目管理能力，增强竞争力。

在施工过程中，管理者需要适时统计和收集已完工程数据资料，及时处理施工过程中产生的问题，并对下一阶段施工进行优化安排，对可能出现的问题进行预测，制定相应预控措施，动态地实现对施工过程的控制，尽可能将施工隐患消灭在萌芽状态，以达到保证工期、降低成本、优化管理最佳状态，由此建立工程施工虚拟动态优化管理系统如下：

根据工程的规模、施工工艺的难易程度以及施工单位的管理水平来决定控制周期，制定循环周期，定期对工程进行数据收集。

建立动态施工过程统计分析系统。建立工期成本动态已获价值（EVM）统计系统。该系统主要是通过已获价值理论来监控关键路线上的项目和显著性成本项目并进行PDCA循环控制。及时动态统计已完工程实际成本ACWP、已完工程预算成本BCWP、计划工程预算成本BCWS、进度差SV、造价差CV指标情况，并与静态优化施工技术指标比较，计算节超情况。

用已获价值法进行三大目标的综合分析控制，主要有三个基本参数即计划工作量预算费用（BCWS）、已完成工作量的实际费用（ACWP）、已完成工作量的预算成本（BCWP），两个偏差指标即进度偏差（Schedule Variance，SV）、造价偏差（Cost Variance，CV）和两个绩效指标即进度绩效指数（Schedule Performance Index，SPI）、造价绩效指数（Cost Performance Index，CPI）[10—11]。已获价值管理可以在项目某一特定时间点上，通过三个指标之间相互对比，得到有关计划实施的进度和费用偏差，判断项目预算和进度计划的执行情况，获取项目三大目标实现情况，因而可以从范围、时间、成本三项目标上评价项目所处的状态。

针对已获价值（EVM）统计系统的数据，重点分析施工过程中工期和成本出现的问题，从问题原因、对策数据资料库中找出解决对策，争取在下一个循环周期内缩小与目标的差距；当所遇问题不包含在数据资料库时，则要及时分析此种新问题产生的原因，制定新对策，并丰富到数据库中，从而为今后的管理工作提供依据。

在施工过程各个阶段，不断循环以上优化程序，使施工管理始终处于工期、成本、质量、劳动组织、资源配备优化状态，并运用计算机虚拟管理技术软件为管理者提供最佳指挥平台，使各种管理优化方案能够在计算机上直观形象显示，为领导正确决策提供先进的决策平台。

本节以石环辅道工程方台桥施工项目为研究对象，尝试对方台桥施工全过程开发和应用虚拟动态优化管理方法，以达到不断提升公路建设项目施工管理水平和经济社会效益的目的。

石环公路辅道工程主体分为西、南、东环三个部分，西环、东环辅道按规划实施，南环辅道一次规划，分期建设。工程起点为北环辅道终点，终点为开发区湘江道，与 307 东互通辅道衔接。多工种、多专业工程相互协同、交叉、平行、立体作业多、干扰大，施工管理复杂、难度大。西环辅道沿石环公路东侧布设，起点位于北环辅道终点，终点位于西良政，全长 16.3 km。其中旧路加宽段 2.8 km，新建段 13.5 km，按规划 24 m 宽路基建设，双向 4 车道，主辅路间绿化带 10 m。设计标准：城市次干路及三级公路。设计时速为 40 km / h，实际采用荷载等级为公路一级，高等级路面。方台大桥为石家庄三环辅道南水北调干渠的一座大桥，全长 199 m 本桥预应力系统采用体内、体外索相结合的方法，以改善结构的受力状况。桥面铺装 10 cm 沥青混凝土＋6 cmC50 防水混凝土，桥墩采用梁固结，桥台采用 GPZ2.0DX 支座，纵横向必须平置。

运用网络计划技术绘制施工网络图，计算计划工期，找出关键线路，估计每项工作在正常情况下所需的时间。首先以公路工程中桥梁施工的钻孔灌注桩工时消耗为例运用 BPNN 模型进行估算：①工程特征因素的选取和定量化描述：本模型选取的特征因素为土质类别、桩径大小、钻孔深度、砼坍落度、砼强度、钻机类型，并进行量化；②建立工时消耗估算模型进行预测分析；③进行结果分析，用收敛后的 BP 网络对数据进行预测，以均值作为最终预测值，并与实际值进行比较。其次，由于本项目中钢箱梁的制作只有少量的历史数据可以借鉴，所以应用 GM（1，1）灰色模型进行估算。其他各个工作技术都比较成熟，用定额便可以很好地估计出工作时间。

运用显著性理论和均值理论确定工程成本目标。该桥梁工程用于计算显著性项目成本的总预算为 2188.3 万元，工序数量 32，得出工序平均预算成本 68.38 万元。用各工序预算成本分别除以平均工序预算成本，找出比值大于 1 的工序，共 8 项，分别是 0＃～4＃钻孔灌注桩、0＃～4＃盖梁施工。将比值大于 1 的工序的预算成本相加，算出该八项工序占所有施工工序数和工序总预算成本的比值分别为 25% 和 77%，满足 CS 显著性成本理论，不需要二次平均。

最终确定出的关键显著性工序为：0＃～3＃钻孔灌注桩、0＃～4＃盖梁施工、0＃桩二次开挖、承台施工、0＃承台砼养生及拆模、0＃～3＃桥台施工、3＃桥台盖梁养护、梁体安装、伸缩缝、桥面铺装、防撞护栏。

在各工序工期、成本目标优化确定基础上，确定整个项目工期、成本、质量、安全、环保总目标。

①工期总目标：拟定于 2011 年 1 月 30 日开工，2011 年 10 月 30 日竣工，总工期 9 个月。桥梁工程：2011 年 2 月 16 日至 2011 年 8 月 30 日；路基工程：2011 年 2 月 16 日至 2011 年 6 月 10 日；附属工程：2011 年 5 月 1 日至 2011 年 10 月 10 日；竣工清理与验收：2011 年 10 月 11 日至 2011 年 10 月 30 日。

②成本总目标：不断降低和优化成本，力争实现和达到预算成本目标。

③质量总目标：标段工程交工验收的质量评定：合格；竣工验收的质量评定：优良。

④环保总目标：整个工程施工将全面运行 ISO14000 环境保护体系标准，积极维护当地自然环境，最大限度地减少施工对自然环境的破坏，系统地采用和实施一系列环境保护管理手段，防止水土流失，杜绝环境污染，争创文明施工标准化工地，以期得到最优化的结果—争创施工环保目标：优良。

根据该工程的特点和施工工艺，将其控制周期定为 7 天。由于各个控制周期的数据收集和统计分析方法基本一致，选择其中两个控制时点和一个控制周期为例来说明对工程项目动态优化管理的过程。本项目的检查点为 5 月 17 日，根据此时工程施工过程的数据资料计算 EVM 的基本参数，计划成本 BCWS、实际施工成本 ACWP、已获价值 BCWP。建立已获价值统计表，计算相应的偏差指标和绩效指标，进行成本—进度评价分析。当指标值大于 1 的时候，说明处于节省的状态，应该总结好的经验；在 0.95 ～ 1 之间，应该在继续进行项目的同时找出产生偏差的原因，制定对策，进行控制，争取在下一个周期减少偏差；小于 0.95，必须引起高度重视，进行重点分析，必要时可以适当调整局部目标以保证总体目标的顺利实现。

根据计算结果，截止到 5 月 17 日，该工程的进度拖后，成本超支。绩效指标在允许的偏差范围之内，因此在继续进行项目的同时应找出偏差原因，制定对策，进行控制争取在下一个周期减少偏差。

依次循环优化控制。这个周期循环的过程是一个螺旋式地改进提高过程，所以从项目一开始便进行这种循环是至关重要的。之后收集方台桥 5 月 24 日的数据并建立已获价值统计表和指标计算表，计算结果显示，通过采取一系列的对策，使得所控制的项目进度偏差有了明显的缩小，成本偏差确有所增大，但是进度偏差缩小的幅度比成本增大的幅度大，这说明整个项目是向着一种好的趋势发展，在今后的控制过程中可以制定一些切实的对策来保证进度进一步缩小，同时要积极寻求降低成本的对策，由于有些成本损失是不可逆的，所以在制定成本对策时应该注重加强技术和管理方面的对策，从而达到解决成本的目的。

在进行项目成本分析时，可以预测项目未来完工成本 EAC。EAC ＝ BAC ／ CPI。其中，BAC 为项目的总预算成本，当 CPI 小于 1 的时候由上述公式可以看出，项目按照目前的效率继续进行一定会超出总预算成本，在应用此指标的时候，我们也可以给出其与 BAC 的关系，例如 BAC ＜ EAC ＜ 1.05BAC，说明必须引起重视，找出原因，制定对策，进行控制；当 EAC > 1.05BAC，说明必须引起高度重视，找出原因，制定对策，必要时可以调整成本计划，使其符合项目的发展，对于该指标的计算在此不再赘述。

在施工循环过程中，及时将每个循环各工序的动态管理情况通过虚拟动态管理软件系统的施工动态管理信息表反馈给项目管理者。

本节主要探讨了结合虚拟技术和已获价值理论、CS 理论、GM（1，1）模型等理论集成的虚拟动态管理技术在公路工程管理中的应用。具体内容为：石环辅道施工虚拟静态管理系统的建立，该系统要求在施工前根据工程的具体情况和合同要求用科学的计算方法建立石环辅道工程"五控"目标，并以方台桥为例，论述在施工前应用 BPNN，GM（1，1）等方法建立工程工期、成本目标；石环辅道方台桥施工虚拟动态管理系统的建立是在施工过程中将整个工程的施工信息在计算机上动态地显示出来，并且与静态目标进行对比，使得目标的完成情况一目了然，有利于管理人员对于目标的控制，并且能够对于出现的偏差迅速纠偏，找出对策，从而保证工程在既定的目标下顺利完成。

通过该虚拟动态管理技术在公路工程管理上的应用，可以得到以下结论：

（1）通过 BPNN 和 GM（1，1）的应用可以科学地制定工程的目标，在此基础上应用网络计划技术、CS 理论可以挖掘工程的关键显著性工序，对关键显著性工序的控制可以在保证控制精度的同时减少计算的工作量，这对于有大量数据需要计算的工程项目来说具有现实意义。

（2）在实践中应用已获价值理论对工程项目工期、成本进行联合监控是有效的。它能统一以货币量作为衡量工程进度和成本的单位，方便对工程工期和成本进行综合控制。在应用已获价值理论的同时建立问题原因对策数据库，可以及时总结施工过程中的经验，提高施工管理水平并且可以减少以后施工中同类问题出现的可能性。

（3）通过对施工过程的虚拟演示和动态管理系统的有效结合可以比较真实的反映现场施工过程和工程整体进展情况，对工程的整体情况有比较形象和直观的了解，显示出传统管理方式所无法比拟的优越性。

虚拟动态管理技术在工程上的应用虽然有其独特的优越性，但目前也存在其局限性和不足之处。

（1）虚拟动态管理技术的应用需要结合实际工程，而现实中由于有些工程人员不够重视、数据靠经验来记录等因素的限制致使工程实际数据的收集和分析整理有难度。

（2）建立完整和完善的工程数据资源库。已完工程必然产生大量的数据，其中也定会存在很多相似的问题，因此可以建立工程来提高管理水平数据资源库。建立怎样的工程数据库和如何建立数据库是以后可以着重探讨的方向。

（3）关于质量、安全和环保如何虚拟动态优化的问题在本节中并未探讨，在今后的研究中可以探讨其目标定量化问题，从而保证施工过程的安全性，减少施工过程对环境的损害，提高工程的整体效益。

第五节 公路工程施工现场安全标准化建设

2011 年 2 月，交通运输部要求全国范围内的在建高速公路开展施工标准化活动。施工标准化活动主要包括工地标准化、施工标准化、管理标准化等内容，专业涵盖路基、路面、桥涵、隧道、绿化及防护工程，有条件的也可在交通安全与机电工程方面实施。2011 年 7 月，为全面提升交通运输企业安全生产水平，构建便捷、安全、经济、高效的综合运输体系，发展现代交通运输业，全面推进交通运输企业安全生产标准化建设工作，交通运输部制定了《交通运输企业安全生产标准化建设实施方案》，适用于在公路水路运输、城市客运和公路水运工程等领域从事生产经营建设活动的交通运输企业。

安全生产标准化的内涵，就是把工程管理的相关要素最大限度地整合优化，明确设定符合实际、符合规范要求的操作性标准，并推动落实到安全生产各个环节，从而使得项目管理更加规范、施工场地更加有序、管理流程更加合理、安全施工更加到位。因此，在公路工程开展施工标准化活动，其主要目的就是确保工程安全。要实现施工标准化，就必须实现施工安全标准化，施工安全标准化活动是施工标准化活动的重要组成部分。

魁奇路横贯佛山市东西方向，是佛山市东西向重要的交通走廊。魁奇路东延线二期工程是魁奇路的组成部分，向东与一期工程相连，将三山港、广州新客站和南沙港等重要交通设施紧密连接起来，是广州新客站西部的重要通道，并与多条南北向的高、快速路实现交通转换，贯通佛山中心组团和广州南部地区，完善了广佛路网衔接，实现了"广佛同城"的战略需要，是佛山市东向主要出口。

魁奇路东延线二期工程呈东西走向，西起禅城区湖景路，途经郜阳村、奇槎村，向东跨越东平水道，与佛山一环东线相交后落地，终止于南海区西龙村附近，与魁奇路东延线一期工程相接。本项目横跨禅城、顺德、南海三区，全长约 4.532km。本项目分禅城段和东平水道、南海顺德段两部分，分别由禅城区和佛山市路桥公司负责组织实施。

魁奇路东延线二期东平水道、南海顺德段路线全长 1962m，包含奇龙特大桥和西龙立交工程，主线桥梁全长 1422m。跨东平水道奇龙特大桥为独塔双索面斜拉桥，跨径组合为 66m+69m+260m=395m，采用塔墩梁固结，边墩设纵向活动支座。桥面全宽 40.5m，按双向八车道加人行道布置。主塔采用菱形桥塔，主塔塔身总高 142m。主梁采用钢混结合的形式，中跨 247m 采用钢箱梁，其他采用预应力混凝土箱梁，梁高 3.5m。全桥共 40 对拉索，呈空间双索面布置。

公路工程施工现场作业包括驻地和场站建设、施工便道、临时码头和栈桥、施工临时用电、施工机械设备、支架及模板工程、高处作业、起重吊装、水上作业、电气焊作业、路基工程、桥梁工程、隧道工程等。

根据交通运输部、广东省交通运输厅、佛山市交通运输局和佛山市路桥建设有限公司关于公路工程施工安全标准化工作的相关规定，针对本项目的特点，构建适合本项目的施工现场安全标准化指南，包括通用作业、下部结构施工、上部结构施工。

本项目通用作业安全标准化包括驻地和场站建设、施工临时用电、起重吊装作业、高处作业、常用设备及机具防护、水上作业等。

通用作业以驻地和场站建设为例进行说明。施工阶段主要风险表现为：临时驻地选址不当造成的被洪水冲毁风险、驻地用电和消防布置不符合规范引发的火灾风险、预制场规划设计不到位带来的基础不牢靠、拌和站地基不牢固造成的倾覆风险、钢筋加工场因消防和用电管理不到位造成的火灾风险、施工便道栈桥未进行专项设计带来的垮塌风险、水上作业防护不到位的淹溺风险等。

施工现场驻地和场站应选在地质良好的地段，避开易发生滑坡、塌方、水淹等地质灾害区域及高压电线下面，宜避让取土、弃土场地。施工现场原材料、半成品、成品、预制构件等的堆放及机械、设备停放应整齐、稳固、规范、标识清楚，且不得侵占场内道路或影响安全。项目经理部内应设置指示牌、宣传栏，标志标牌应做到简洁、美观大方、排列整齐有序。

本项目下部结构施工安全标准化包括钻孔灌注桩施工、承台施工、墩台施工等。

下部结构施工以墩台施工为例进行说明。施工阶段主要风险表现为：明挖基础挖造成的基坑坑壁坍塌风险；钻孔桩作业中钻机倾覆及人员孔口坠落风险；围堰施工造成的边坡坍塌和淹溺风险；墩柱（台）、塔柱施工中模板倾覆、物体打击、高处坠落、机械伤害风险等。

高墩翻模施工应做到以下几点：

模板安装前完成缆风绳混凝土地锚（C30混凝土，外观尺寸为110cm×110cm×100cm）的设置工作。

（2）模板拼装严格按照图纸进行，利用履带吊机配合吊装。模板拼装按先平模后侧模的顺序进行，先用螺栓将模板连成整体，再用$\phi 30$圆钢拉杆进行加固，两端设双螺帽，施工时严禁电焊在拉杆上起弧，模板成型后仔细检查各部位尺寸，符合标准后再紧固缆风绳，将模板固定牢靠，安装防护栏杆和安全网，并搭设内外作业平台。

（3）作业人员的上下通道设置在左右幅两桥墩中间，爬梯架底部与基础预埋件相连接，高度超过10m的，在墩身上设置预埋件进行附壁加强连接固定；每层高2m，爬梯架四周用安全网进行封闭，爬梯架和模板平台之间设置水平通道。

（4）实体墩身使用整体大块钢模板施工，根据墩身高度分次进行，每次施工高度为10m左右。施工中采用履带式起重机配合作业，作业人员站在已安装好的底下一层模板作业平台上进行安装操作，模板就位时应先使用尖头小撬棍穿螺栓孔进行定位，再穿螺栓，待模板的水平方向和垂直方向各最少上好2个螺栓并拧紧螺帽后方可拆除起吊用钢丝绳。

（5）每块模板外均带有作业平台，作业平台满铺脚手板，脚手板选用的厚度不小于5cm，跨距不大于2m，脚手板采用10#铁丝捆绑在平台支架上，平台外侧设置栏杆高度为1.2m，在栏杆底部设置踢脚板，其高度不小于20cm，每层平台下方兜挂水平安全网，安全网固定在平台支架和模板上，每层平台安放 4 个 4kg 的干粉灭火器。

本项目上部结构施工安全标准化涉及支架及模板工程、架桥机施工、主桥施工、桥面系施工等方面。

施工阶段主要风险表现为：预制梁板安装中机械失稳、高处坠落、物体打击风险；现浇梁板施工中支架垮塌、高处坠落、触电风险；悬臂现浇中挂篮倾覆、高处坠落、触电风险；桥面施工高处坠落、触电、物体打击、机械伤害风险。

斜拉索施工应做到以下几点：

（1）斜拉索施工应编制专项施工方案，并对其进行专家论证。

（2）斜拉索展开时，索头小车应保持平衡，操作人员与索体距离不得小于 1m。在拉索锚头牵引并进入拉索套筒时，应将千斤顶严格对中，并通过起吊设备来调整拉索进入管道的角度，防止拉索锚具碰撞、损伤，影响施工。

（3）人员上下通道跳板应满铺。塔内脚手架应稳定可靠，操作平台应封闭，操作平台底应挂安全网，作业人员不得向索孔外扔物品。

（4）塔腔内应设人员疏散安全通道。塔腔内照明应采用安全电压，并应配备消防器材，塔腔内不得存放易燃易爆物品。

（5）塔端挂锁前，应检查塔顶卷扬机、导向轮钢丝绳及卷扬机与塔顶平台的连接焊缝。

（6）挂索前，应检查塔腔内撑脚千斤顶、手拉葫芦及千斤顶的吊点情况。挂索或桥面压索前，应检查张拉设备。连接丝杆与斜拉索应顺直，夹板应无变形，焊缝应无裂纹，螺栓应无损伤。

（7）千斤顶、油泵等机具及测力设备应校验。张拉杆的安全系数应大于 2，每挂 5 对索应用探伤仪检查一次张拉杆，不得使用有裂纹、疲劳及变形的张拉杆。

本节以魁奇路东延线二期工程四川路桥项目经理部施工现场安全管理为例进行施工现场安全标准化建设，针对本项目工程特点，分析了通用作业、下部结构和上部结构在施工阶段的主要风险表现形式，可为施工管理人员提供参考。最后，分别就施工现场驻地和场站建设、高墩翻模施工和斜拉索施工在标准化建设管理方面提出了规范性标准。

第十一章　公路桥梁施工管理

第一节　公路桥梁施工管理的问题及解决措施

公路桥梁建设在一定程度上影响着区域经济的发展，改变着人们的生活方式，提升了人们的生活品质。但目前各种公路桥梁施工事故频发，这就需要完善公路桥梁施工管理，因此本节看重分析公路桥梁施工管理的作用，分析公路桥梁施工管理所存在的问题，并提出相应的解决措施，从而提升公路桥梁施工管理水平。

一、公路桥梁施工管理中存在的问题

（一）施工管理意识薄弱，施工管理流于形式

在公路桥梁施工过程中，很多施工工地管理人员都缺乏一定的施工管理意识，具体表现就在于施工管理人员对物料管理、工程质量、工程安全及进度缺乏一定的重视，导致在施工过程中出现种种的纰漏，不利于公路桥梁施工建设的安全性及其质量，不利于工程进度的掌控。其次，公路桥梁施工管理制度建设不完善，其中主要包括施工管理人员配备不符合工程实际情况，施工管理人员在具体的工作中存在着权责不分的情况，从而导致施工人员在施工过程中没有切实履行职责，从而使得公路桥梁施工管理过程遭遇重重波折。

（二）混凝土及钢筋等施工材料问题，施工材料管理不合格

为了追求经济利益最大化，很多公路桥梁施工管理人员在施工材料采购之上倾向于采购较为低廉的施工材料，同时有些施工人员对原材料的保养维护及其配比上存在着问题，导致施工材料成为造成施工安全隐患的因素之一。其中混凝土所造成的裂缝问题，及钢筋材料造成的腐蚀问题，在施工材料中最为突出。首先是混凝土，由于混凝土本身的问题，导致混凝土产生水化反应，再加上内外温差较大，致使公路桥梁出现裂缝问题；此外由于施工人员在进行混凝土配比之时，没有依据公路桥梁施工工程实际情况进行配比，而单纯地依靠经验来操作，致使公路桥梁出现裂缝问题。其次是钢筋，除了采购人员采购较为劣质的钢筋材料导致腐蚀之外，很多施工队伍在采购完钢筋之后没有对钢筋材料进行防腐蚀保护，从而在遭受雨雪天气时，钢筋材料较容易出现腐蚀情况，继而影响钢筋寿命。

（三）施工过程安全性问题，且存在施工进度质量问题

在公路桥梁施工过程中，由于施工管理者安全意识薄弱，再加上现场施工人员众多，如果没有一套完善的人员管理措施，势必会造成施工现场的混乱，继而影响施工顺利开展，严重的还会造成安全事故，因而施工现场安全管理十分重要。

二、公路桥梁施工管理中存在问题的解决措施

（一）强化施工管理意识，建立完善的公路桥梁施工管理制度

目前在很多公路桥梁施工队伍管理者，其施工管理意识不强，施工管理流于形式，这就为诸多公路桥梁施工埋下了隐患，使施工不能顺利进行，严重影响工程质量及工期进度。因而作为施工队伍管理者，应提升施工管理意识，在物料采购及管理、工程质量、工程安全及进度之上多下功夫，从而使物料采购符合要求、保证工程安全、保障工程质量及进度。除此之外，还需要建立完善的公路桥梁施工管理制度，也就是需要完善工地人员设置，合理划分工地各部分权责，建立奖惩机制及激励机制，从而提升各部门人员责任意识，提高工地人员工作积极性，促进施工顺利进行。

（二）落实采购环节规范性，加强施工材料管理

混凝土及钢筋是公路桥梁施工中的重要建筑材料，一旦混凝土及钢筋材料出现了问题，就会影响整体的公路桥梁工程质量。而目前很多公路桥梁出现的裂缝问题或结构性差的问题，都与这两样建筑材料息息相关，而造成工程质量问题的原因：一是在于采购价钱较为低廉的施工材料，二是在于施工人员管理维护及配比操作等方面经验缺失，因而为了避免因为施工材料问题造成的工程质量问题，就需要从以下方面入手，即：加强施工材料采购环节的规范性，在注重施工材料质量的前提下保证施工材料价格低廉，从而落实施工材料成本管理，保证施工材料性价比；加强施工材料的维护工作，比如钢筋材料，需要做好防腐蚀工作，从而避免出现由于管理维护不当而造成的原材料质量下降；在配比混凝土等原材料时，不能一味按照经验进行配比，还需要考虑到公路桥梁工程的差异性，以及天气及环境的差异性，结合各个工序对混凝土的要求，同时还需要完善混凝土搅拌技术，从而使混凝土配比更为科学合理，避免出现裂缝现象。

（三）重视施工过程的安全管理，加强施工质量管理及进度管理

公路桥梁施工现场人员过于复杂，必须得注重施工现场的安全管理，比如定期在施工现场开展安全培训讲座，在施工现场设置安全警示标志等。这是由于科学的人员管理有助于使工程顺利进行，有助于提升工程整体进度，有助于避免意外事故，有助于保障人员安全。除此之外，施工质量管理及安全管理也尤为重要。落实施工质量管理，就需要选择合适的施工方法及施工工艺，确保施工的经济性及适用性；在施工过程中，应注重结合施工实际情况对施工工艺进行合理科学的调整，以确保顺利施工，保证工程质量；同样在施工

过程中，如果发现质量问题，应考量问题出现的原因，然后制定具体的修复方案。落实施工进度管理，就需要在施工之前制定完善的施工进度纲领，在施工过程中严格按照施工进度纲领进行操作。

公路桥梁施工过程过于复杂，这就需要完善的施工管理制度，从而保障其施工质量，这是由于完善的公路桥梁施工管理，关系着整个公路桥梁建设质量，关系着公路桥梁的安全性及稳定性。因而文章对当下公路桥梁施工管理所存在的问题进行分析，并提出改善建议，从而确保施工过程的顺利进行。

第二节　公路桥梁施工管理养护对策探究

公路桥梁工程对我国的经济建设具有积极的促进意义，尤其是在当前的时代背景下，我国城市化进程加快，公路桥梁工程数量增多，需要加强重视力度，才能促使行业稳定发展。

一、公路桥梁施工管理养护的重要性

公路桥梁施工管理与养护属于一项长期的工作，其主要的工作目标是提升桥梁工程的质量，通过合理的养护消除其安全隐患，并解决存在的问题，延长公路桥梁的使用寿命，提升工程经济性，满足当前时代发展需求。受公路桥梁自身的性质影响，其结构较为特殊，需要长期承受负荷压力，因此导致其局部设施容易出现损伤，此时其损伤对公路桥梁质量产生的影响较小，但需要及时进行处理，以避免其损伤逐渐扩大，最终造成公路桥梁结构损坏，变成安全事故，公路桥梁施工对于我国交通运输行业发展影响较大，也是当前建筑行业的重点内容，工作人员在日常工作过程中，应及时对公路桥梁病害问题进行诊断，及时采取有效的措施进行维护，以延长公路桥梁使用年限，提升工程经济效益。与此同时，合理进行公路桥梁施工管理养护，还有助于降低公路桥梁安全事故的发生概率，消除公路桥梁自身质量对行车产生的负面影响，如道路辙痕、桥头跳桥现象等，均可能造成严重的安全事故，因此必须加强公路桥梁施工管理养护，消除其存在的风险，保证公路桥梁的耐久性与安全性提升，为人们提供优质的出行服务。

二、公路桥梁施工管理养护的特点

公路桥梁施工管理过程中，由于其自身的性质较为特殊，要求工作人员严格按照当前的施工标准进行管理，保证施工技术的安全合理，从整体上进行完善，以提升公路桥梁工程质量。在进行公路桥梁养护过程中，其自身具有一定的强制性，需要定期进行检查与养护，以保证公路桥梁安全隐患与问题得到及时的解决，消除外界因素产生的影响，为人们提供优质服务。公路桥梁施工管理与养护涉及的内容较多，范围较广，例如不仅包括日常的公路桥梁养护与修复，还包括当前的环保设施管理与生活服务等工作，从整体上提升公路桥梁质量。与此同时，公路桥梁施工管理养护方式呈现出明显的主动性与时效性，需要在操作过程中遵循相关的原则，建立规范的管理养护流程，保证其技术具有较强的专业性，灵活应用现有的新工艺与新材料优势，延长公路桥梁的使用寿命，促使城市化进程加快。

三、公路桥梁施工管理养护的有效策略

（一）积极提升公路桥梁养护工作人员的综合素养

根据当前我国公路桥梁施工管理现状，应积极建立高素质公路桥梁施工管理养护队伍，设置完善的养护机构，充分发挥人才的优势，定期进行公路桥梁检验，制定完善的养护管理计划，以满足当前发展需求。例如，现阶段我国对公路桥梁施工养护队伍建设重视力度不足，部分工作人员专业水平素养较低，难以实现高质量的公路桥梁养护，因此应积极进行培训，定期开展相关的基础知识课程，促使工作人员通过培训提升自身的综合水平能力，加强对公路桥梁施工管理养护的认知，充分发挥出自身的作用，灵活应用先进的方法与理念，及时处理公路桥梁中存在的问题，积极开展日常的维护工作，保证公路桥梁质量，为人们提供优质的服务。与此同时，还应积极引进先进的技术人才，通过人才带动技术创新，发挥出新技术优势进行公路桥梁养护管理，从整体上提升工作质量，满足当前的需求。

（二）积极落实公路桥梁施工管理养护工作避免形式化

现阶段，我国部分地区在进行公路桥梁施工管理养护过程中，存在明显的形式化情况，其工作落实不足，导致公路桥梁中经常发生安全风险，甚至部分公路桥梁问题原本对公路桥梁质量影响较小，但由于长期未能进行及时处理，导致其问题进一步扩大，造成不良的影响，最终形成较为严重的安全问题。因此，应积极落实公路桥梁施工管理养护工作，制定完善的养护检查计划，及时发现公路桥梁中存在的微小病害，及时采取有效的措施进行处理，将安全风险消除在萌芽中，以保证公路桥梁整体质量。相关部门应加强监督，与工程单位、技术部以及监理单位进行合作，实行联合处理，从整体上进行工作落实，满足当前的需求。加强资金的投入力度，从整体上进行养护，定期进行公路桥梁加固、维修与养护，并预留充足的资金进行修缮，为我国的公路桥梁工程发展奠定良好的基础。

（三）建立完善的公路桥梁养护档案并积极进行加固维修

公路桥梁施工管理养护属于一项长期的工程，因此工作人员应建立完善的养护档案，针对其公路桥梁存在的问题进行详细记录，并进行合理的保存，为以后的公路桥梁施工管理养护提供精确的数据资料，以满足时代发展需求。制定完善的安全问题应急方案，加强对公路桥梁施工管理，并保证各个环节安全，选择合理的方式施工，从根本上杜绝施工安全隐患对工程质量产生影响，提升管理质量。与此同时，积极对现有的公路桥梁进行加固

维修，如加固混凝土墩台、加固混凝土结构、加固桥基础、加固桥面铺装层等，采取有效的措施进行处理，并消除道路中存在的裂缝，灵活应用新材料与新工艺进行处理，避免小病害变为大病害，提升公路桥梁质量。

综上所述，在当前的时代背景下，我国应加强对公路桥梁施工管理养护的重视力度，从整体上进行完善，制定合理的养护管理制度，定期进行公路桥梁质量检查，针对现有的病害应积极进行处理，避免其扩大影响。培养高素质人才，积极加大养护资金的投入力度，充分发挥出人才优势，以保证公路桥梁质量性能符合运行标准。

第三节　公路桥梁施工管理中裂缝的处理

针对公路桥梁施工管理中裂缝处理现状进行分析，结合公路桥梁工程实例，详细介绍妥善处理公路桥梁施工管理中裂缝的重要性、公路桥梁施工管理中裂缝产生原因，提出公路桥梁施工管理中裂缝处理措施，希望能够给相关工作人员提供一定的借鉴。

最近几年来，伴随我国公路桥梁工程建设数量的不断增多，公路桥梁施工管理中的裂缝处理问题越来越突出，为了保证公路桥梁中的裂缝得到更好的处理，延长公路桥梁的使用寿命，工程中的施工管理人员要结合公路桥梁裂缝特点，不断引进先进的裂缝处理方法进行处理，进一步提升公路桥梁结构的稳定性与安全性，防止公路桥梁工程出现结构失稳现象。鉴于此，本节主要分析公路桥梁施工管理中的裂缝处理要点。

一、妥善处理公路桥梁施工管理中裂缝的重要性

在公路桥梁施工管理过程中，通过妥善处理裂缝，能够保证道路车辆更加安全地运行，有效减少道路交通安全事故的发生。为了保证公路桥梁施工管理中的裂缝得到有效处理，施工管理人员需要结合公路桥梁结构特点，合理控制交通荷载，在保证道路车辆稳定运行的基础之上，减少裂缝的出现。由于我国公路桥梁工程的建设规模比较大，在一定程度上增加了施工管理难度，因此，工程中的施工管理人员要充分认识到施工裂缝对公路桥梁的危害，对原有的裂缝处理方案进行优化，进一步提升公路桥梁结构的可靠性，满足人们的出行需求。

除此之外，通过妥善处理公路桥梁施工管理裂缝，能够有效降低公路桥梁工程施工风险的发生概率，保障施工人员的人身安全。在公路桥梁施工管理过程中，由于施工方法不合理，公路桥梁表面很容易出现较大裂缝，进而降低公路桥梁结构的承载能力，影响道路车辆的正常运行。通过对公路桥梁施工管理裂缝进行妥善修复，能够有效减少道路交通安全事故的发生，保证道路车辆能够安全运行，提升公路桥梁工程的总体效益。

二、公路桥梁施工管理中裂缝产生原因

（一）公路桥梁载重较大

如果公路桥梁的载重过大，不仅会降低公路桥梁结构的可靠性，而且很容易引发严重的裂缝，从而影响道路车辆的安全行驶。在公路桥梁工程当中，由于工程的建设施工规模比较大，需要的施工材料较多，施工管理难度大，如果施工现场中的施工材料堆积过多，公路桥梁工程很容易出现载重较大现象，从而产生较大的结构裂缝，影响公路桥梁施工管理工作的顺利进行。另外，在公路桥梁施工过程中，如果施工设备载重较大，会引发严重的结构裂缝。为了有效减少公路桥梁施工管理裂缝的出现，工程中的施工管理人员要严格控制路面载重，做好施工现场材料布局工作，预防施工管理裂缝的产生。

（二）施工现场管理体系不完善

如果公路桥梁施工现场中的管理体系存在较多缺陷，施工人员经常踩踏各项施工设备，因此公路桥梁很容易出现负荷裂缝，降低公路桥梁结构的安全性。因此，想要有效减少公路桥梁施工管理裂缝的出现，工程中的施工管理人员就需要对原有的管理体系进行完善并结合各项施工材料的使用情况，做好施工现场材料布局工作，保证公路桥梁工程施工现场各项材料得到高效应用。例如，在某公路桥梁工程当中，施工管理人员通过对原有的施工管理体系进行改进，认真检查混凝土、钢筋等施工材料强度，能够有效减少施工管理裂缝的产生。

（三）施工人员的安全意识较差

由于公路桥梁工程中的施工人员安全意识比较薄弱，因此会影响公路桥梁工程的整体施工质量，降低工程经济效益。由于公路桥梁工程的施工规模不断扩大，施工现场的施工人员数量较多，使得施工管理难度不断加大，再加上部分施工人员的安全意识较差，会降低各项施工材料的使用率，延长工程整体施工周期。为了保证公路桥梁工程中的施工管理裂缝得到妥善处理，施工管理人员要定期对施工人员进行安全培训，有效减少施工管理裂缝的出现，提升公路桥梁工程的施工质量。

三、公路桥梁施工管理中裂缝处理措施

（一）工程概况

某公路桥梁工程全长为 500m，工程结构比较复杂。由于该公路桥梁工程施工规模较大，增加了工程的施工管理难度，为了有效减少施工管理裂缝的出现，施工人员要运用合理的裂缝预防措施，结合公路桥梁结构特点，不断引进先进的施工工艺，保证公路桥梁工程结构更加可靠。

（二）裂缝预防措施

公路桥梁施工管理裂缝预防措施如下：

第一，对公路桥梁工程中的结构负荷进行规范设计与管理，并结合公路桥梁的承载能力，选择相应的施工材料，能够保证公路桥梁施工负荷得到更好的控制，减少施工管理裂缝的出现。在公路桥梁施工管理过程中，管理人员要结合荷载的布局情况，将荷载进行合理的分配，有效避免超负荷现象的发生，减少负荷裂缝的出现。由于公路桥梁工程结构比较复杂，在进行结构负荷管理时，管理人员要结合公路桥梁施工进度，适当引进先进的施工工艺，为施工人员提供良好的技术支持，有效提升公路桥梁的承载能力，减少负荷裂缝的产生。

第二，严格控制公路桥梁施工材料，如果公路桥梁工程中的混凝土、水泥等施工材料管理不到位，在施工的过程中，很容易出现热胀冷缩的现象，引发严重的温度裂缝，降低公路桥梁工程结构的稳定性。因此，工程中的施工管理人员要严格控制各项施工材料质量，并做好相应的筛分工作，进一步提升公路桥梁工程的施工强度。

第三，公路桥梁工程中的施工管理人员要适当加大施工环境管理力度，根据相关研究表明，通过对公路桥梁施工环境进行管理，能够有效预防施工管理裂缝的产生。在公路桥梁施工过程当中，施工管理人员要对施工现场环境进行科学管理，允许施工人员在高温环境下向混凝土中加水，保证混凝土中的水分得到有效补充，减小外界环境条件对工程施工质量的影响，避免公路桥梁表面出现较大裂缝。

（三）裂缝修复措施

通过对公路桥梁裂缝进行有效修复，能够更好地提升公路桥梁结构的完整性，保证公路桥梁能够更好地投入到使用中。公路桥梁裂缝修复措施如下：

第一，合理应用内部灌浆法，对公路桥梁裂缝进行修复。施工管理人员在实际工作中，一旦发现裂缝，可以安排施工人员在裂缝内部灌入一定量的水泥砂浆，对裂缝边缘进行妥善处理，做好裂缝口封堵工作，进一步提升公路桥梁施工管理裂缝的修复效果。为了保证灌浆法得到有效应用，施工人员需要合理选择裂缝修复浆液，保证公路桥梁裂缝面与浆液有效结合。

第二，对于公路桥梁表面的细微裂缝，如果采用灌浆法，则会降低裂缝的修复效果，因此，施工人员要结合公路桥梁表面细微裂缝的分布情况进行合理的修复，可以在裂缝表面贴补混凝土，由于混凝土具有良好的防水性能，将其贴补到裂缝表面能够将空气与裂缝阻隔开，对公路桥梁结构整体性起到良好的保护作用，有效提升公路桥梁裂缝修复效率。

第三，针对公路桥梁荷载裂缝，施工人员要采用先进的裂缝修补方法进行修复，可以采用预应力法与结构固定法进行修复，保证公路桥梁外观的美观性，提升公路桥梁结构的可靠性。如果公路桥梁荷载裂缝比较大，施工人员也可以采用锚固补充法进行修复，先对公路桥梁裂缝结构进行锚固，再对公路桥梁表面进行裂缝修复，有效提高公路桥梁工程的施工强度。

本节通过详细介绍裂缝预防措施、裂缝修复措施实施要点，帮助公路桥梁工程中的施工管理人员更好地了解裂缝分布特点，提升公路桥梁裂缝的修复效果。对于公路桥梁工程中的施工管理人员而言，要不断学习先进的裂缝修复方法，提升自身的施工管理能力，保证公路桥梁工程中的裂缝得到妥善处理，从而推动我国公路桥梁工程的稳定发展。

第四节　公路桥梁施工管理工作的研究

近年来，我国经济飞速的发展。在现代的经济发展中，交通运输和物流发挥着重大的作用。交通运输离不开公路桥梁的施工，完善合理的道路就像血管一样为各个地区输送着新鲜的血液。为了保障国民经济的发展，促进社会的进步，保质保量地完成公路桥梁的施工就变成了非常重要的事情。另外，施工的速度和成本的控制在工程量巨大的今天也需要控制，综合来看，在施工的过程中，技术固然重要，但是管理对于工程的整体也是至关重要的。下面就结合工作中的实际经验，介绍一些对于公路桥梁施工管理的研究。

一、工程项目的整体管理

目前的工程项目都是一些庞大的任务，必须要有科学的管理，以前很多盲目的管理，对于工程的整体规划还有一些不和谐的因素。对于工程项目的整体管理，分为三个部分来执行是比较合适的，分别是整体的规划、分阶段的目标制定以及施工过程的进度监督这三个部分，下面具体地介绍一下：

（一）工程项目的计划制定和综合协调过程

随着工程工作量的加大，项目涉及的部分也在不断增多。如何把众多的部分整体协调的调动起来，以最大的效率完成整个的工程项目是管理工作的重要内容。在科学协调管理方面，需要有两个方面的注意事项：一是要有一个整体的管理框架，根据以前的施工经验和项目的具体工作内容，实事求是的做好整体的框架安排，明确各个部分的责任和协调工作的流程。这是管理过程最基础的部分；另外一个方面是，现在的工程涉及的影响因素非常多，任务目标的规划不能过分地死板，否则一个部分出现问题会影响整个工程的进度和质量。为了解决这个问题，在管理的时候要有一定的灵活裕量，方面基层的管理人员根据情况及时的做出调整。为了协调各个部门之间的工作，在材料、劳动力、设备的管理方面都要做好相应的安排。

（二）工程项目各个阶段的任务规划

要想做好一个项目，必须要注意细节。上边提到的是宏观的安排和部署，但是在实际过程中都是由一个个的小目标组成的。第二部分就是工程项目各个部分的规划。在项目中，一般是分为施工准备、施工过程、竣工验收以及交接后的质量保障这几个部分。在各个阶段的维护中，要从项目的具体内容出发，结合管理经验，将工作的内容具体化，不能是一带而过的安排。对于工作的细节作出部署，人员的职责上精确到人，每项工作都要有指定的责任人。在各个部门职责的安排上，要适当地做好分配工作，既要方便施工也要各个部门之间相互制约和监督，避免责任事故的发生。最后，要设立相关的责任监督和信息反馈机制，要根据出现的问题及时地在管理方面做出调整，适应项目的情况。

（三）工程项目的过程控制和进度的监督

一个完美的部署如果没有可靠的执行也是不行的，所以第三个部分是施工过程的监督和管理。在这个部分也有两个方面的重点：一是要管理施工的进度。工期在施工的管理中是一个非常重要的方面，分阶段的做出监督，避免到最后发现不能竣工。二是要监督施工过程中工程完成的质量。施工的过程是环环相扣的，路基的环节出现问题，必定会影响工程的整体质量，轻的话会造成工期的延误，严重的时候会导致出现后果比较严重的责任事故。管理工作的内容是需要及时地了解工程的进展和完成的质量，保障完成的部分都是合格的。在施工的过程中如果出现图纸变更这样的情况，需要及时的联系，对于原材料的供应等问题都需要妥善的解决。

二、公路桥梁施工的质量控制和管理

施工的最终目的是建成一定规格质量的工程，更好地服务社会，所以工程的质量必须要有切实的保障，不能以牺牲工程的质量为前提来加快工程的进度。

（一）施工前准备工作的质量控制

施工的管理者不是施工的执行者，所以在施工前的准备工程中要做好精神的传达工作。强化工人的责任意识和质量意识。从中层管理到基层管理和施工的工人，每个人都要牢固树立质量意思，在施工的过程中不能怕麻烦而偷工减料。对于全员的质量教育工作一定要保障到位。

（二）施工过程的质量控制

对于管理工作而言，施工过程的质量控制是两个方面的内容。一方面，管理工作要有一个合理的规章制度。没有规矩不成方圆，在工程的开始就要制定相关的规章制度，在没有特殊情况的时候，要按照制定的规章制度办事。质量保障制度的建立是保障质量的先决条件。另一个方面是要落实指定的规章制度。不执行的规章制度和废纸是没有区别的，在施工的过程中，安排不定期的抽查，结合定期的检查，并安排一定的奖罚制度，可以保障规章制度的可靠执行。

（三）施工进度的控制

施工进度的控制是保障工期的一种重要方式。在施工进度的控制问题上，要根据现场的情况，定时跟踪工程的完成情况，核实工程的完成情况和质量，在一定的限度内，要尽量增加检查的频率，这样方便及时发现问题。当进度偏慢或者质量不达标的时候，要和相关的技术人员及时开会讨论解决的办法。合理的调度保障工程的进度。

（四）施工成本的控制

施工单位作为企业，完成工程的最终目的还是要有一定的盈利。为了竞标要压低价格，所以如何科学地降低成本成为增加盈利的一种重要方式。下面分为三个方面，详细地介绍一下：

1. 在施工工艺和工序的安排上做文章

在科技发展迅速的今天，施工工艺的发展和工序的改善取决于科技的进步。一般情况下，运用先进的施工工艺和合理的工序，在一定程度上可以降低施工的成本。这样要求在施工的时候要尽量关注科技的发展，利用新型的技术，采购一些效率比较高的设备，这都是降低成本的方法。

2. 在施工的进度和质量上做文章

施工的进度和质量的保障也是降低成本的方式。在较短的时间内完成一个项目可以让企业投入到其他的项目中去，另外，以较短的时间完成可以降低工人的成本，工人的工资一般是按照时间结算的，所以，时间越短，工人的工资部分就越少。此外，如果工程的质量得到了保障就没有重新施工和修复工作，这也是降低成本的方法。

3. 在原材料方面做文章

原材料的开支是工程开支的一个重要方面，要想办法降低原材料的价格。在购买原材料的时候要货比三家，选择质量合格而且价格低的厂家购买。在原材料的使用和运输过程中，要尽力减少浪费，适度地减少原材料的用量，这就可以节省出一部分钱来。

三、施工过程的安全管理和控制

最后一个部分是至关重要的一部分，这就是安全生产。安全生产是我们提倡的一种理念，为了保障安全生产，要做好以下几个方面的工作：（1）做好足够的安全教育工作，不能有麻痹大意的心理。（2）在醒目的位置悬挂警示标语，时刻提醒工人注意安全。（3）根据施工的具体情况，安排合理的制度和工序，确保在正常施工的情况下不会发生安全事故。（4）设立适当的监督，及时发现危险，防患于未然。

公路桥梁的施工管理非常重要，管理是一个涉及方方面面的问题。根据现场情况的反馈，管理的手段和方式内容也需要不断完善，做到与时俱进，适应时代的发展。作为管理者也要不断地研究学习，以更加完善的管理来面对可能发生的问题。

第五节　公路桥梁施工管理的优化

　　到目前为止，受经济发展水平迅猛增长的影响，我国城市化进程不断加快，与此同时，也带动了交通运输行业的快速发展。在此基础上促进了我国交通建筑行业的发展，包括公路桥梁建设的发展。从某种角度来看，建设公路桥梁工程是很重要的，就人类出行来看，对人类出行交通方面起到了很大的积极作用。另外，公路桥梁良好的发展态势也间接的反映了我国城市化进程的加快，以及人民生活水平的提高，甚至于反映了我国国民经济发展水平的提高。所以，在公路桥梁施工工程进行工作之前，每个单位或者每个企业都应有着充足的准备工作，在准备期间应提早掌握各种情况，并且提前做好准备，制定好合理的策划。在施工之前就制定出一个好的策划是必不可少的，这有利于施工工作的顺利开展，同时，也促进施工更好地进行下去。一份优秀的策划不仅有利于施工的顺利开展，同时，在施工过程中，也能最大程度的为企业施工节约成本，提高资源利用效率，为企业减轻经济负担。做好之前的策划准备工作后，就要考虑施工进行过程中出行的种种问题了，在施工进行过程中，要仔细做好监督工作，合理针对具体情况制定出不同的详细的解决措施。

一、影响因素

　　（1）首先，施工过程中会受到施工所需用到的材料问题影响。不管进行什么工作之前，都应在材料准备工作上多下功夫，在施工工作开展之前，应仔细认真的妥善选择好所需的材料器材，尤其是用于建筑的材料的选择。如果前期在建筑材料的选择上出现问题，质量不能得到很好的保障的话，那么建筑物或者说是公路桥梁的建设一定不会符合国家的标准，从而出现不合格的情况。就当前情况来看，单从我国来看，我国建筑行业市场提供的供施工使用的材料普遍不太合格，且有很多产品不符合国家标准，存在着或多或少的质量问题。以市面上经常出现的瘦身的钢筋材料为例，经过特殊处理的钢筋在其外形上是达到了要求的瘦身处理，但也存在着严重的质量问题，一旦投入使用，势必会引起严重的后果。如果企业在选择材料上盲目选择不考虑质量问题，就会直接影响后期公路桥梁工程的整体效果，严重情况下会导致工程因质量问题出现重大事故，造成无法挽回的损失。

　　（2）受人为原因的影响。在人为方面出现问题的话，主要问题将会出现在高层指挥人员、行政监督人员、以及施工工人身上。在这些与建筑施工息息相关的人身上，有很多人并不懂工程的具体事项，只凭感觉进行工作，普遍会出现专业素养低的情况，从而造成工程施工进展缓慢甚至于出现问题。近年来我们国家的建筑施工工程行业不断出现问题或者故障，在很大程度上是由于相关的工作人员、管理人员、执行人员普遍专业素养偏低导致的。就施工的工程管理人员来说，他们在工程施工过程中起着较大的影响作用，他们专业素养的高低也很大程度上决定了工程是否可以顺利完工，以及工程是否能够安全高效的进行下去。

（3）受机器设备影响程度较高。就企业在选择工具来看，机械设备的选择是不可避免的。在很大程度上，选择良好的机械设备能够极大促进工程的进展。这是因为优秀的机器设备不仅自身具有较高的工作效率，而且工作过程时间较为节约，促进了过程进展。但是，对于机械设备的使用方面，也要注意很多的问题，首先，机械设备不同于人工方便管理，在一定时间内，要对其进行检查维修工作。另外，在平时的使用过程中也要注意及时保养工作，保证机械设备完好无损以便下次使用。

（4）受外界环境影响。受外界大自然环境的影响，施工队在进行公路桥梁的施工过程中需要面临很多的考验与挑战。首当其冲的就是受到自然环境的影响，在自然风吹、日晒、雨淋等环境的影响下，就加大了施工的难度。

二、主要解决措施

（一）对混凝土的标准进行严格要求

最重要也是最先进行准备的工作是要仔细选择施工需要的混凝土。在选择过程中要仔细考虑到混凝土中水泥的质量情况。在满足其标准的同时尽量选择质量较高的水泥用于施工过程中。第二，在施工进行的过程中，相关工人必须按照强度等级、抗渗等级配比混凝土，还要充分控制好混凝土入模时的温度，进行分层浇筑以及设计合理的养护措施，通过在混凝土表面覆盖草席草帘等确保降低温度应力，避免混凝土出现温度裂缝。再次，在浇筑混凝土时一定要振捣充分，尤其是腹板内预应力管道比较集中的地方更要做到不欠振不漏振，确保混凝土浇筑密实。

（二）质量工作要严格把关

第一，施工企业在开始施工之前应提前做好准备工作，在施工之前做好勘探测量的准备工作。在进行放线去确定位置的步骤时不能出现错误以及大的误差，在进行过程中，尽量做到准确严密，避免因过大误差引起工程差错。在进行公路桥梁架设工程时，首先要建设桥墩，然后在此基础上开展；其次，由于桥梁结构形式很多，设计好桥面的位置以及平整程度，着重对桥面工作进行处理。这个过程对工人的技术要求比较高，对其技术能力考验较大，因此，这就要求工人拥有良好的专业技能以及能够进行较高水平的操作。所以，施工企业在施工过程中必须认真准确的严格的按照设计进行行动处理，从混凝土的振捣、养生到预应力的张拉等都要严格管理和控制，以确保桥梁结构的承载能力。另外，还要着重注意桥梁外观的美观平滑，不能出现由于施工手段的缺陷或混凝土振捣不均而引起的外观质量欠缺。

公路桥梁的设计工作以及施工过程还需要更完善的处理，同时，也要求更好的优化措施从而更好地促进工程建设以及社会的城市化进程。

第六节　公路桥梁施工管理控制要点

在论述公路桥梁项目控制要点的基础上，结合实践经验和公路桥梁的施工与使用要求，分析公路桥梁施工管理要点，提出包含加强施工安全管理、构建完善的质量保证体系、加强质量控制管理、优化施工环境条件等在内的具体措施，以促进公路建设持续发展。

公路桥梁是公路工程的重要组成部分，也是常见的混凝土工程类型之一。如果公路桥梁施工管理不到位，则容易产生裂缝等一系列问题，不仅影响桥梁质量，还有可能引发安全事故。因此，必须对桥梁施工管理给予足够重视，根据桥梁施工特点，明确施工管理的要点和方法。

一、公路桥梁项目控制要点

（一）进度控制

施工前，项目部需对工期进行倒排，同时制订进度计划表，明确施工主要线路与影响进度的重点工序，将二者作为进度控制的关键。施工中，严格按照进度计划进行操作，编制完善的阶段性计划网络，并对计划完成情况进行检查。

（二）技术管理

公路桥梁的施工技术要求很高，并且在施工中还需充分考虑地形、地质与气候等外界环境因素，通过技术调整克服各种施工难题，这对顺利完成项目十分重要。基于此，项目部需要成立一个专门的技术攻关小组，一方面根据工程实际情况，结合桥梁设计和使用要求，制订合理的技术方案，为施工提供可靠技术支撑；另一方面要始终坚持创新，改进现有施工技术，推广新技术，全面提高施工技术水平。

（三）质量控制

质量控制是公路桥梁项目控制的关键所在，如果施工中缺乏有效的质量控制，极有可能造成裂缝等质量问题。以裂缝为例，裂缝在公路桥梁等混凝土工程中十分常见。裂缝一旦出现，不仅会降低混凝土强度，缩减承载能力，而且在持续受力状况下还会造成变形、坍塌等事故。但混凝土裂缝在标准限度以内，则不会对结构性能造成太大影响。

混凝土裂缝成因有以下几种：

（1）材料存在质量问题，如水泥标号过低，存放时间长，导致水泥发生变质，或受潮导致性能降低；骨料质量低下，为降低施工成本，对骨料实行就近开采，未经检验直接在施工中使用等。

（2）混凝土配比不合理，存在较大随意性，仅凭借个人经验未能按照规范的要求实施配比操作。

（3）浇筑施工中未对混凝土进行有效振捣，或振捣过猛，导致浇筑不均匀，骨料集中、沉塌，而且在养护以后还会出现麻面与蜂窝。

（4）浇筑完成后，水泥放出水化热致使内温急剧上升，热量无法排除造成较大内外温差，形成温度应力，当温度应力超过混凝土极限后出现温度裂缝。

为了避免裂缝问题的发生，必须强化质量控制工作。首先，做好原材料的抽检工作，材料进场前后都要进行抽检，未经抽检或抽检不合格的材料禁止进场使用，以此避免因材料问题引发的质量问题；其次，项目正式开工以后，项目部需将工程目标作为指引，逐步形成以优质、安全和高效为核心的指导思想，开展质量控制活动；最后，还需建立一套系统的质量与安全管理体系，完善管理制度，以确保工程质量。

（四）安全控制

构建一个以项目经理为核心的施工安全领导小组，根据项目施工实际情况采取有效的安全技术措施，同时对可能形成危险源的施工环节进行准确评估，在施工中严格把控安全。要将施工安全放在重要地位进行管控，确保安全施工方面的费用专款专用，通过培训与教育使全体工作人员都树立良好的安全意识，避免不规范操作的发生。

二、公路桥梁施工管理要点及措施

（一）加强施工安全管理

（1）确保施工组织安排的合理性，避免施工人员超负荷工作。公路桥梁施工人员本身工作强度较大，如果施工安全组织不合理，使人员长时间超负荷工作，将造成安全隐患。对此，可采取轮班制的组织方法，在不影响正常施工进度的同时，确保上岗的施工人员精神状态饱满，从而避免由于人员过度劳累造成的安全隐患。

（2）加强技术培训和职业规范教育，提升全体施工人员专业素质，强调施工操作规范对确保施工安全和避免安全隐患的重要性，以此减少人员误操作等原因引发的安全问题，并起到加快进度的作用。

（二）构建完善的质量保证体系

（1）施工质量与人员息息相关，施工单位可采取完善的奖罚制度来激发员工工作积极性，严厉处罚施工中可能影响质量的行为，如违规操作、擅离职守与偷工减料等；而对工作态度积极，并能按要求严格落实质量保证措施的员工，则要给予适当奖励。

（2）除施工人员以外，各类机械设备也是影响施工质量的关键要素，所以必须做好养护与维修工作。机械设备养护、维修虽然由专业机修人员负责，但机械设备的操作人员也要给予充分配合，在操作机械设备时认真观察，若发现异常，应及时上报，以此避免质量问题的发生。

（三）加强质量控制管理

（1）发挥试验检测对质量控制的重要作用。施工中，应在施工现场建立一个完善的驻地实验室，同时配置各类试验仪器与专业试验人员。实验室需要实行制度化管理，健全报告反馈制度，将试验数据作为依据确保施工质量。

（2）强化施工验收。工程监理应充分发挥作用，强化施工检查验收，按照技术规程组织施工，每道工序完成以后需在检查确认合格后才能进行下一道工序，做好工序交接记录。深入分析实际存在的问题，对已经完成的分项要在自检以后转交至监理方进行二次审查。

（四）优化施工环境条件

1. 采光照明方面

公路桥梁施工露天作业，白天可借助自然光进行施工，无须设置额外照明设备，但要注意在关键部位和危险部位设置醒目的识别标志；夜间若有施工任务需配置充足的临时照明设备，施工前进行照度检测，检测合格后即可安排施工。

2. 环境温度方面

夏季时，应尽量避免在中午、下午等高温时间段施工，将一天内主要的施工任务安排在早晨和傍晚进行，以免在高温环境下作业导致施工人员中暑，引发安全问题。冬季则与夏季相反，应将主要施工任务安排在高温时间段进行，并且当环境温度低至不适宜施工时，应临时停止施工直到温度升高后继续施工。

3. 现场环境方面

公路桥梁施工现场不仅有大量施工人员、车辆、设备与材料，而且施工中还会产生飞尘与噪声，导致现场环境十分恶劣。为了降低现场环境对施工人员造成的不利影响，确保施工质量和安全，一方面要加强现场环境管理，另一方面要做好施工人员的安全教育工作，佩戴安全帽等防护装备，并通过技术改进减少飞尘与噪声。

公路桥梁作为典型的混凝土工程，容易出现裂缝等质量问题，此类问题虽然和施工有直接关系，但基本上都是由于施工管理不到位造成的，尤其是缺乏有效的质量控制。对此，在公路桥梁施工中，首先要明确项目控制的重要意义，认清施工管理的各项要点，然后采取有效措施全面强化施工管理，从而在确保进度、安全的基础上提高施工质量。

第七节　公路桥梁施工管理养护及加固维修技术

近些年我国交通事业发展加快，现代化交通量逐步增加，交通荷载不断扩大，对公路桥梁承载力提出了更多更高的要求，所以当前强化公路桥梁施工管理养护以及维修加固成为相关部门关注的重点问题。在施工管理以及加固维修过程中，相关施工部门要全面掌握公路桥梁基本现状，针对性应用不同施工技术与加固措施，提升公路桥梁施工安全性，提高公路桥梁结构稳定性，保障当地交通运输事业能稳定发展。

我国道路建设在最近几年发展非常迅速，然而国内不少的公路桥梁已经出现了损坏，对行车产生的影响非常大，除了导致舒适性降低外，交通安全也难以得到切实保证。

近些年我国城市化进程逐步加快，公路桥梁工程施工建设范围也在逐步扩大。在公路基础项目建设中，公路桥梁是重要组成部分，在长期应用中受到外部荷载作用以及环境要素等影响，其应用质量逐步降低，对交通运行安全性具有较大负面影响。通过规范化的公路桥梁施工管理养护与加固维修能有效提升桥梁安全性，对广大群众人身安全构成有效保障。公路桥梁在应用中会发生不同问题，因此必须要在保证结构稳定的前提下完成结构检测工作。对工程进行养护时，必须要对项目成本予以重点关注，确保施工管理能够真正落实到位。在当前时期，公路桥梁建设的具体要求提高了很多，管理养护、加固维修则是其中的重点所在，同时也是全面提升项目安全性的重要保障。

一、公路桥梁施工管理养护特点

从公路桥梁施工管理养护现状来看，在公路桥梁设计过程中需要拟定规范化设计标准。在公路桥梁工程养护阶段，养护操作具有强制性特征，公路桥梁项目建设在现有交通运输网中占有重要位置，所以项目养护过程中要严格遵循各项规范化要求。公路桥梁在施工管理养护过程中，养护对象较多，具有广泛性与全面性特征。要对道路以及桥涵多个结构进行养护管理，还要对项目诸多服务性设施进行养护。在养护过程中，各项措施应用具有主动性与时效性特征，需要严格依照规定操作程序进行控制，其次养护技术应用专业性较为突出，在各类新材料与新技术工艺应用中，各项综合性养护成本较高，对施工技术人员与管理人员综合素质具有较高要求。

二、公路桥梁施工存在的不足

众所周知，公路桥梁施工呈现出明显的综合性特征，整个施工的周期较长，所要投入的资金也很大，要依据施工需要选择最为合适的施工技术，对施工质量展开有效的管控，如此方可使得施工质量、施工效益得到切实保证。然而从当前施工的现状来看，有些施工人员的责任意识是薄弱的，管理制度形同虚设，这就导致施工效果无法达到预期。

（一）管理技术不足

在公路桥梁施工的过程中，相关的管理工作是不能有丝毫懈怠的。然而从当前施工的现状来看，有些人员的责任意识十分薄弱，有些施工单位并未构建起可行的管理制度，管理技术的应用也不到位，这就使得施工管理呈现出无序的状态，工程质量也就无法得到保证。

（二）养护技术不足

在出现质量病害时，要在第一时间进行修复，同时要将养护施工予以有效落实，这样才能确保公路桥梁的结构更为稳固。然而有些养护单位对于管理是不够重视的，从事养护工作的相关人员也未掌握专业知识，还有就是投入到养护施工中的资金无法满足需要，这就使得养护施工的水平难以达到预期效果。

（三）加固维修技术不足

质量病害的修复、加固是十分必要的，若想使得修复工作有序展开，从事养护维修工作的相关人员就必须要具备一定的综合技能。然而不少的维护人员并未掌握维修技术，这就使得加固维修的实际效果无法得到保证，这样一来，质量病害的修复效果也就难以达到预期，公路桥梁的实用性也就变得较为低下。

三、公路桥梁加固维修策略

（一）桥体裂缝处理技术

在公路桥梁施工的过程中，细小的裂缝是较为常见的，如果施工人员对此不够重视的话，那么在投入使用后，在自然因素、车辆运行的影响下，裂缝就会变大，严重时还会发生断裂。所以说，必须要对桥体裂缝予以重点关注，并采用可行的技术进行处理。首先要通过喷涂的方法对表面进行处理，并使用具有一定伸缩性的材料对裂缝予以涂抹，这样可避免雨水造成严重的侵蚀。在对细微的裂缝进行修复时，此种方法是较为适合的，也就是通过黏度较高的浆液对裂缝表面进行喷射，这样就能够形成保护层，实现裂缝的修补。其次可采用注浆、填充法，如果裂缝较大的话，采用表面处理法难以取得理想效果，就要通过注浆、填充的方法来进行处理。一般来说，用于填充的材料主要是水泥材料、抗氧化树脂材料等。再次是要使用黏结钢板封闭法，桥体产生主拉应力裂缝，导致结构变得不够稳定，在对其进行处理时，就可通过黏结钢板来予以加压处理。

（二）加固混凝土结构

在开展混凝土结构施工的过程中，要将损害混凝土予以清除，如果损害面积较大的话，应该使用高速射水法，并要通过黏结材料来予以封涂处理。如果损害面积并不大的话，应该通过手工方式来进行清除，锈蚀钢筋的处理一定要做到位。如果损害面积很大，而且呈现出一定的深度，对缺损部位进行清理时，要将手动、气动这两种方法结合起来，也就是先完成清洗，继而修补缺陷的部位。

（三）加固墩台基础

对墩台基础进行加固时，要依据实际情况来进行维修。如果水位在 3 cm 以上，要对可能出现的损害展开排查，如果深度在 3 cm 以下，则通过套箱来完成修补。墩台采用的是刚性基础，应该要对基底的底部予以适当增加，对墩台主体进行加固时，则应该在上部、中部以及下部加设三道混凝土围，从而使得主体变得更为稳定。

（四）桥梁加固技术

为了及时修补公路桥梁的裂缝现象，应该对其表面进行处理，在裂缝表面涂抹填料以及防水材料，提高其防水性，延长其使用寿命。另外，对于宽度较大的裂缝，可以采用有伸缩性的材料进行填补，也可以采用注浆的办法，在裂缝内注入树脂或者是水泥类的材料，加固桥梁，以提高公路桥梁的承重能力。

（五）基础加固维修技术

保证公路桥梁基础牢固是非常关键的内容。因此，应该重视桥梁桩基础维修加固，注重施工现场勘查，掌握现场施工基本情况，严格按要求进行施工和维修加固。施工过程中应该把握质量控制和技术要点，保证原材料质量合格，增强桩基础的稳固性与可靠性。对存在的质量缺陷，有必要及时采取加固维修措施，最终保证桥梁基础牢固与可靠，让公路桥梁工程更好的运行和发挥作用。

四、公路桥梁施工管理与养护技术

（一）完善施工养护制度

制定健全的养护制度，为有效开展公路桥梁养护施工提供指引。明确养护人员具体职责，增强他们的责任意识，促进公路桥梁养护施工水平提升。

（二）加大养护资费投入

桥梁养护工程是维持桥梁正常运营，延长使用寿命的重要措施，因此各级交通主管部门需要投入一定的养护资费，其中，在每年的养护工作计划中，都要为桥梁的检查、维修和加固工作保留一定的资金，以备修缮需求。国家对桥梁工程投资重点的倾斜及工程项目集资渠道的多元化，能够为我国公路桥梁工程的发展提供有力保障。

（三）桥梁养护施工管理队伍建设

我国的桥梁养护队伍目前仍然不够成熟。工人的专业素质参差不齐，专业养护难以完全做到。因此，各级公路部门要高度重视起桥梁养护工作，针对养护具体需求培养专业的人才队伍，努力实现专业人员、专门程序和专用方法，将养护管理工作部署到位，能够及时发现和处理各种突发事件，组建一支专业的养护维修团队，能够对桥梁工程进行专业的日常养护，具备进行桥梁小修的能力，向能够进行中修和大修的方向努力。

公路桥梁的维护管理工作一直是桥梁工程关注的重点内容。公路桥梁的管理养护，需要定期对桥梁进行全面评估，及时发现和修缮桥梁病害，控制养护管理，降低养护成本，延长桥梁的使用寿命，确保桥梁工程的质量安全和使用性能。

参考文献

[1] 罗宏俭.计算机网络信息技术在公路建设项目管理中的应用 [J].交通科技，2012，01：114-117.

[2] 王洪涛.动态管理信息系统在高速公路项目建设中的应用研究 [J].公路交通科技（应用技术版），2013，11：210-214.

[3] 秦明健，黄利芒.基于网络技术和 GIS 的公路建设可视化项目管理系统的研究与应用 [J].北方交通，2012，01：72-76.

[4] 史银兰.计算机信息技术在公路施工管理中的应用 [J].交通世界（建养.机械），2013，11：267-268.

[5] 吴海波.建设工程招标管理中的问题及其对策研究 [J].科技经济市场，2009，（7）：16-17.

[6] 苏贞，冯东阁.农村公路建设项目风险认识与防范措施探究 [J].大众科技，2011，（12）：74-75.

[7] 刘海甲，梁婷子.建设工程项目招投标及合同谈判阶段的风险管理探究 [J].大众科技，2012，（5）：73-74.

[8] 聂忆华，张起森.CM 模式在中国公路工程项目管理中的应用 [J].中南林业科技大学学报，2007(6)：140-143.

[9] 詹童强.公路建设项目管理 Partnering 模式与 CM 模式初探 [J].中国高新技术企业，2010(9)：136-137.

[10] 金东元，曹清海.建筑工程组织管理 CM 模式在我省水利工程的应用探讨 [J].黑龙江水利科技，2010(4)：113-114.

[11] 方光秀，白俊鸿.韩国建国大学商住综合大厦 CM 模式研究 [J].建筑管理现代化，2008(2)：45-49.

[12] 华昕若.BIM 技术在高速公路跨线桥施工安全管理中的应用研究 [J].公路工程，2017(1)：147-151.

[13] 柏万林，刘玮，陶君.BIM 技术在某项目机电安装工业化中的应用 [J].施工技术，2015(22)：120-124.

[14] 王婷，池文婷.BIM 技术在 4D 施工进度模拟的应用探讨 [J].图学学报，2015(2)：306-311.

[15] 杨震卿，张红，张莉莉，等．BIM 技术在机电施工中的应用研究 [J]. 建筑技术，2015（2）：132-134.

[16] 刘洁刚．公路交通机电工程的监理措施 [J]. 交通世界，2015（6）：98-99.

[17] 刘胜斌．高速公路交通机电工程设计方案探讨 [J]. 工程建设与设计，2015（9）：86-88.

[18] 朱建华．公路工程施工监理中的问题和对策研究 [J]. 黑龙江交通科技，2015（10）：172.

[19] 成功．如何做好公路工程施工监理 [J]. 科技创新与应用，2012（6）：145.

[20] 谢耀文．公路工程施工监理的现状与对策分析 [J]. 科技风，2012（6）：136.

[21] 杨文礼．郑州西南绕城高速公路工程管理及专业技术论文集 [M]. 河南人民出版社，2006，04.

[22] 张振明．公路技术与交通管理 [M]. 河北人民出版社，2008，09.

[23] 张少锦．公路工程建设执行控制格式化管理 [M]. 人民交通出版社，2007.11.